ŒUVRES
COMPLÈTES
DE JACQUES-HENRI-BERNARDIN
DE
SAINT-PIERRE.

TOME NEUVIÈME.

DE L'IMPRIMERIE DE L.-T. CELLOT.

OEUVRES

COMPLÈTES

DE JACQUES-HENRI-BERNARDIN

DE

SAINT-PIERRE,

MISES EN ORDRE ET PRÉCÉDÉES DE LA VIE DE L'AUTEUR,

PAR L. AIMÉ-MARTIN.

..... Miseris succurrere disco.
ÆN., lib. I.

HARMONIES DE LA NATURE.
TOME SECOND.

A PARIS,

CHEZ MÉQUIGNON-MARVIS, LIBRAIRE,
RUE DE L'ÉCOLE DE MÉDECINE, N° 9.

M. DCCC. XVIII.

HARMONIES
DE
LA NATURE.

SUITE DU LIVRE II.

HARMONIES AÉRIENNES

DES ANIMAUX.

L'AIR pénètre dans les corps des animaux et dans les interstices de leurs muscles, comme dans les plantes; il contribue au mouvement de leurs fluides, et il empêche, par son élasticité, leurs chairs d'être affaissées par le poids de l'atmosphère. Si l'on forme le vide sur une partie de leur corps avec une ventouse, qui est un vase d'où on a chassé l'air par le moyen du feu, on voit la chair, dont l'air intérieur se dilate, monter dans la ventouse : le ressort de cet air n'a plus de contre-poids dans l'air extérieur. On produit un effet semblable par la succion de la bouche sur la main, au point d'en faire sortir le sang. Il y a des vésicules d'air disséminées entre les muscles des animaux et leur peau. Les Japonais attribuent, non sans raison, un grand nombre de maladies à la stagnation et à la putréfaction de cet air intérieur : voilà pourquoi ils emploient fréquemment la ponction et l'adustion pour les guérir. Ils piquent la partie où ils supposent qu'est le foyer du mal, avec un poinçon d'or, ou ils brûlent dessus le moxa, qui n'est autre chose que le duvet d'une espèce d'armoise. La chirurgie des peuples tient toujours de leur caractère : celle des Japonais est cruelle comme eux ; mais la nature ne nous invite point à la guérison d'un mal par la douleur : cela est vrai au physique, au moral, et même en politique ; c'est une vérité que je répéterai plus d'une fois, à cause de sa nouveauté et de son importance. Les Grecs et les Romains, qui n'étaient féroces que par ambition, et dont les mœurs, au fond, étaient douces, remédiaient aux mêmes maux que les Japonais, par les bains chauds et les frictions. Les Indiens orientaux, les plus humains des hommes, y emploient des moyens encore plus agréables : ils se font masser, c'est-à-dire, pétrir les chairs, souvent par les mains des enfants. C'est ainsi que non-seulement ils se guérissent de leurs rhumatismes, mais qu'ils réussissent à les prévenir. Nos savantes théories ne se sont point assez occupées des effets de l'air intérieur dans le corps humain. Il y a grande apparence que c'est à sa pureté et à sa circulation qu'on doit attribuer la légèreté et la souplesse des membres; et à sa stagnation et à son altération les pesanteurs, les douleurs de tête, les rhumatismes, la goutte, la paralysie, et même les maladies humorales, telles que la plupart des fièvres, qui viennent d'un air corrompu que nous respirons. Il est certain que l'air intérieur de notre corps provient en partie de celui de nos poumons, et en partie de celui de nos aliments. Nous ne pouvons douter que cet air ne joue un grand rôle dans l'économie animale ; c'est lui qui, après la mort, échauffé par la putréfaction, dilate les chairs, en décompose toutes les fibres, et en emporte les miasmes au loin. Nous observerons ici que les animaux morts se détruisent à l'air bien plus promptement que les végétaux morts. On voit par là que le temps de la dissolution des êtres organisés n'est pas réglé sur celui de leur accroissement, comme on serait tenté de le croire, d'après le temps de la décomposition de la plupart des plantes. Ce temps, dans les animaux, paraît en rapport avec celui du renouvellement de leur nourriture : il en résulte que les animaux qui jeûnent sont déjà disposés à la putréfaction; en effet, toutes les famines traînent à leur suite des épidémies. Mais il y a une raison morale de la rapidité de cette dissolution dans les animaux, et de sa lenteur dans les végétaux ; car c'est toujours à des convenances morales que la nature assujettit les causes physiques : la plante a été faite pour l'animal ; il était donc nécessaire qu'elle subsistât assez long-temps pour lui être utile, lors même qu'elle ne végète plus, sur-tout dans l'hiver. C'est par ces mêmes convenances que beaucoup de fruits se conservent long-temps dans un état de vie, sans prendre aucune nourriture. Mais l'animal diffère beaucoup de la plante, puisqu'il est doué de sentiment : c'est un être sensible qui, pendant sa vie, est sans cesse agité par le désir de l'entretenir et la crainte de la perdre. Il convenait donc qu'un animal qui craint la mort, n'en offrît pas le spectacle effrayant à ses semblables par son cadavre. Aussi il entre bientôt en putréfaction ; l'air qu'il renfermait se dilate, ses émanations attirent des nuées d'insectes et d'oiseaux qui n'en laissent que le squelette, et des quadrupèdes carnassiers qui en brisent et en digèrent les os.

Le développement de cet air intérieur qui s'élève des cadavres, avait fait croire aux anciens que les âmes des animaux, et même celles des hommes, étaient aériennes. Lorsque le bon Virgile parle de la mort de ses personnages, il emploie souvent, au sujet de leur ame, l'expression *effugit in auras*, elle s'enfuit dans les airs. Si les ames, même celles des bêtes, n'étaient qu'un air animé, rien ne serait si facile que de les recevoir, à leur départ, dans des fioles : on en ferait sans doute des collections fort curieuses. Mais nous ne saurions y renfermer un rayon du soleil, qui nous fait tout voir, ni un filet de son attraction qui fait tout mouvoir : comment donc captiverions-nous des êtres immatériels, des ames qui sentent, pressentent, désirent, raisonnent? Sans doute elles appartiennent à d'autres mondes que celui que nous habitons passagèrement, et leur connaissance à d'autres intelligences que les nôtres. Avec nos sciences et nos machines, et tous nos échafaudages, nous ne connaissons que quelques dehors de l'édifice de la nature ; nous n'en voyons ni les fondements ni les combles, encore bien moins les dedans ; nous n'en pouvons saisir les éléments les plus communs.

Les animaux sont en harmonie avec l'air extérieur, par l'aspiration et l'expiration. La nature leur a donné, pour cet effet, un organe et un viscère qu'elle a refusés aux plantes : ce sont des narines et un poumon. Les trachées des plantes ne ressemblent qu'aux vésicules aériennes des muscles des animaux, et à leurs pores cutanés. Chaque animal a deux narines, et nous remarquerons ici que tous ses organes sont doubles, afin que si l'un était empêché par quelque obstacle, l'autre pût lui être utile. Nous observerons aussi que les deux canaux des narines ne sont point parallèles, mais qu'ils sont un peu divergents, afin de donner plus d'étendue à leur action. C'est ainsi que les rayons visuels des deux yeux partent aussi de deux nerfs optiques et divergents, qui se réunissent au même centre ; cependant ces rayons se croisent au dehors, divergent, et embrassent une plus grande partie de l'horizon que s'ils étaient parallèles, ou que s'il n'y en avait qu'un seul. Il en est de même des deux conduits du nez. Leur respiration ne se croise pas ; mais elle est divergente, afin de donner plus de latitude à leur action coordonnée au nerf olfactoire. Mais nous nous occuperons du sens de l'odorat aux harmonies végétales des animaux ; nous ne parlerons ici que de celui de la respiration, qui n'a pas été compté jusqu'ici au nombre des sens, quoiqu'il soit le plus nécessaire de tous à la vie, et le premier et le dernier en exercice. Il en est de même de quelques autres qui ont été également oubliés par les naturalistes, qui n'en comptent que cinq : la vue, l'ouïe, l'odorat, le goût et le toucher.

Tous les animaux n'odorent pas, mais tous respirent ; l'air est nécessaire à leur existence, ils périssent lorsqu'ils en sont privés. A la vérité, quelques insectes vivent long-temps sous la machine pneumatique; mais c'est que la pompe ne tire pas de son récipient tout l'air qui y est renfermé, et qu'il n'en faut qu'une faible portion pour faire vivre beaucoup d'insectes, comme il ne faut qu'un bien faible rayon de lumière pour les éclairer, ainsi qu'on le voit par le travail des abeilles dans leurs ruches obscures, et par celui des fourmis dans leurs souterrains. La nature a créé des êtres qui mettent à profit jusqu'aux débris de ses éléments. Une preuve que les insectes respirent, c'est qu'on les fait périr sur-le-champ, si l'on frotte leurs trachées d'huile qui en bouche les ouvertures : aussi un des moyens les plus propres de se préserver des insectes de toute espèce, est de s'oindre soi-même de quelque corps gras. Cet usage est non-seulement pratiqué par les sauvages de l'Amérique, qui se peignent de roucou broyé avec l'huile de palma-christi, mais par des peuples policés de l'Europe qui, pour chasser la vermine de leurs cheveux, les enduisent d'essences huileuses et de pommade.

La nature a employé une grande variété de moyens pour faire respirer les animaux jusque dans le sein de la terre et des eaux; les principaux sont les trachées dans les insectes, et les ouïes dans les poissons. Les trachées ou stigmates, découverts par Bazin et de Géer, sont des espèces d'ouvertures pratiquées à l'extérieur du corps des insectes. Les mouches les ont sur le corselet et les anneaux ; le ver à soie et plusieurs chenilles en ont dix-huit le long de leur corps, et la courtilière, qui vit sous terre, en a vingt. Il y a des vers qui portent les leurs au bout d'une corne. De ces ouvertures partent en dedans une infinité de petits canaux formés d'une fibre argentine, roulée sur elle-même en forme de tire-bourre, comme les trachées des plantes. Ces canaux se ramifient à l'infini, et portent dans tout le corps de l'animal, ainsi que dans celui du végétal, l'air, qui ressort par les pores de la peau. Des nymphes aquatiques ont, au lieu des stigmates, des panaches où aboutissent leurs poumons aériens, qu'elles font jouer avec une légèreté surprenante. Il est digne de remarque que les trachées des plantes ayant leurs spires tournées en sens contraire au mouvement diurne du soleil, les coquillages à vis ont aussi leurs volutes dans le même sens, excepté un très-petit nombre, que pour cette raison on appelle les uniques. Il est vraisemblable que le soleil a agi d'abord sur leurs trachées, et ensuite sur les spires de leurs coquilles. Ces harmonies ne laissent aucun lieu de douter de l'influence primordiale de l'astre du jour sur toutes les parties de la puissance végétale et animale, soit que leurs spires aériennes soient considérées dans le sens du mouvement de rotation de la terre vers l'orient, ou opposées au mouvement apparent du soleil vers l'occident.

De plus, on sait que les mouvements diurnes de ces deux planètes, combinés avec leur mouvement annuel, produisent une courbe spirale.

Quant aux poissons, ils tirent l'air de l'eau qu'ils avalent sans cesse par leur bouche, et qu'ils rejettent par leurs ouïes. C'est dans ce passage que leur sang s'abreuve d'air. Les ouïes sont construites avec un artifice admirable : ce sont des tamis qui séparent l'air de l'eau. Elles prouvent les différences essentielles de ces deux éléments, et que, même lorsqu'ils sont mêlés ensemble, ils ne se confondent pas. Elles sont situées à la partie postérieure des côtés de la tête, et renfermées dans une cavité particulière. Ce sont des espèces de feuillets flexibles et rouges, composés d'un rang de lames étroites, rangées et serrées l'une contre l'autre, qui forment comme autant de barbes ou franges semblables à celles d'une plume à écrire. Ces ouïes sont recouvertes d'un opercule et d'une membrane soutenus par des rayons cartilagineux. L'un et l'autre s'élèvent et s'abaissent, et en s'ouvrant donnent passage à l'eau que l'animal a respirée. Un nombre prodigieux de muscles font mouvoir toutes ces parties. Il suffit, pour en donner une idée, de dire que toutes les pièces qui composent la charpente et servent à la respiration de la carpe, sont au nombre de quatre mille trois cent quatre-vingt-six. Il y a soixante-neuf muscles. Les artères des ouïes; outre huit branches principales, jettent quatre mille trois cent vingt rameaux, et chaque rameau jetté de chaque côté sur le plat de chaque lame une infinité d'artères transversales, dont le nombre passerait de beaucoup tous ces nombres ensemble. Il y a autant de nerfs que d'artères. Les ramifications des premiers suivent celles des autres. Les veines, ainsi que les artères, outre les huit branches principales, se subdivisent aussi en quatre mille trois cent vingt rameaux, qui diffèrent de ceux des artères, en ce qu'ils ne jettent point de vaisseaux capillaires transversaux. Le sang qui sort du cœur du poisson, se répand de telle manière sur toutes les lames dont les ouïes sont composées, qu'une très-petite quantité de sang se présente à l'eau sous une très-grande surface, afin que par ce moyen chacune de ses parties puisse facilement être pénétrée par les petites particules d'air qui se dégagent de l'eau.

Il n'est pas aisé d'expliquer comment ces particules d'air sont dégagées de l'eau par les feuillets des ouïes; mais il est bien évident qu'elles le sont en effet, et que c'est à l'air que le sang des ouïes du poisson doit sa couleur vermeille : elle est tout-à-fait semblable à celle du sang veineux des animaux à poumons, qui se distingue de celui des artères par un rouge beaucoup plus éclatant.

C'est au célèbre Duverney que nous devons l'anatomie des ouïes de la carpe, dont je viens de donner ici une légère esquisse. Malgré mon insuffisance et l'ignorance où je suis des premières voies de la nature, dont je ne saisis çà et là que quelques résultats ; je ferai observer ici que si on joint aux quatre mille trois cent vingt rameaux artériels et veineux leurs huit branches principales, et même ceux des soixante-neuf muscles de la carpe qui servent à sa respiration, on aura un nombre fort approché de celui de quatre mille trois cent quatre-vingt-six, qui forme celui des os de sa charpente. Si on y ajoute ensuite les subdivisions de chacun de ces rameaux artériels, on aura de nouveaux rapports avec les fibrilles dont chacun de ses os est composé. Cette remarque confirme les correspondances qui existent dans les végétaux entre les trachées et leurs fibres ligneuses, qui, comme nous l'avons vu, sont en même nombre, puisqu'elles sont unies les unes aux autres ; et elle peut servir à faire connaître celles qu'il y a entre les différentes parties du poumon et les os des animaux ; car l'air communique dans l'intérieur de leur corps avec les aponévroses de leurs muscles, comme nous l'avons déjà indiqué, et comme nous tâcherons de le développer davantage en donnant une idée du poumon, aux harmonies aériennes de l'homme.

Il n'y a pas de doute que les poissons ne tirent

l'air de l'eau par leurs ouïes, puisque c'est par ce moyen qu'ils renouvellent l'air de leur vessie aérienne. Cette vessie est un sac oblong, composé de deux ou trois membranes qui se séparent facilement; elle n'a quelquefois qu'un lobe, ou ne forme qu'une cavité, comme dans les brochets, les merlans, les truites, etc.; d'autres fois elle a deux lobes ou loges, comme dans le barbeau et la carpe; ou trois, comme dans la tanche de mer; ou quatre, comme dans la dorade de la Chine. C'est en dilatant ou en comprimant cette vessie que le poisson, occupant dans l'eau un plus grand ou un plus petit volume, devient plus léger ou plus pesant, qu'il monte et qu'il descend à sa volonté. La division de la vessie en différents lobes n'a pas été faite sans raison. Lorsqu'elle n'a qu'une cavité, comme dans les poissons ichthyophages et voraces, leur mouvement d'ascension ou de descente se fait tout d'une pièce et lentement, parce que comme ils compriment à-la-fois toute leur vessie, tout leur corps se meut horizontalement de haut en bas et de bas en haut; ce qui retarde, par la résistance du fluide, la vitesse de ces tyrans des eaux. Quand cette vessie a deux lobes, comme dans la carpe, ce poisson insectivore, en dilatant le lobe antérieur et comprimant le postérieur, monte rapidement, la tête la première, à la surface de l'eau; ou descend au fond avec légèreté, en imprimant aux deux lobes de sa vessie des compressions différentes. Il en résulte des mouvements plus prompts, qui lui donnent le moyen d'échapper à ses ennemis. Lorsque cette vessie a quatre lobes, comme dans le poisson doré, ce poisson en tire une multitude d'harmonies, en en variant tour-à-tour les contractions et les dilatations. Il s'élève, il s'abaisse, il s'incline, il se dresse, il se tourne, il décrit mille et mille courbes ; il se joue dans l'eau comme l'oiseau dans l'air. Il y fait briller les riches couleurs d'or, d'argent, de ponceau, de pourpre, dont la nature a pris plaisir à le peindre. Ses attitudes sont si gracieuses, et ses mouvements si variés, que les Chinois, qui nous l'ont donné, passent des jours entiers à le contempler dans les bassins de leurs jardins ou dans des bocaux de cristal. Il ne doit sans doute l'aisance et la grace de ses mouvements qu'aux modulations des quatre divisions de sa vessie aérienne.

Les insectes volatiles, qui ont d'ailleurs beaucoup d'analogie avec les poissons, comme je l'ai dit dans mes Études, ont des corps vésiculaires, qu'ils contractent peut-être pour descendre ; car ils volent si long-temps et avec une si grande facilité, qu'ils semblent être en équilibre avec l'air, comme les poissons avec l'eau. Peut-être cet air est-il plus léger que l'air atmosphérique : je suis porté à le croire par l'odeur infecte qu'exhalent plusieurs scarabées lorsqu'ils viennent de mourir. Un jour je recueillis sur une touffe de julienne une douzaine de buprestes ou de scarabées, semblables aux mouches cantharides. Je les mis au soleil ardent dans un vase, et je les couvris d'un verre. Au bout de deux minutes, ils étaient morts; mais lorsque je vins à les découvrir, il s'éleva du vase une vapeur fétide, et perçante qui pensa me suffoquer. Cet air est sans doute de la même nature que celui qui s'exhale des fourmis et des punaises; il soutient en l'air les insectes non ailés, de manière qu'ils peuvent tomber d'une grande hauteur sans se blesser. Cependant je suis porté à croire que les insectes volatiles ont, indépendamment de leurs vésicules aériennes, une vessie d'eau qui les met en contre-poids avec l'air, comme les poissons ont une vessie d'air qui les met en équilibre avec l'eau. Ce qui me fait naître cette idée, c'est que lorsqu'un cousin a pompé le sang dont il se nourrit, et qu'il est chargé de ce nouveau poids, il ne manque jamais de lâcher une goutte d'eau par l'anus, avant de prendre sa volée. On pourrait être tenté de croire que c'est le sang qui est entré dans ses intestins qui le force à cette évacuation; mais elle a également lieu lorsqu'il se trouve pris. Il en arrive de même aux mouches lorsqu'on les tient par les ailes. Elles croient sans doute échapper en se rendant plus légères.

Quoi qu'il en soit, la nature a si bien mis d'accord toutes ses lois élémentaires et organiques,

qu'après avoir étendu, le long des rivages de l'O-
céan et dans l'intérieur des continents, de grandes plages de sable volatil qui doivent réparer les
sommets des montagnes; et qui remplissent en
été l'atmosphère de leurs tourbillons, elle a donné aux yeux des quadrupèdes qui habitent la surface de la terre, non-seulement des paupières
qui les couvrent et découvrent à volonté, mais
même des cils dont les poils horizontaux et rangés
près-à-près, sont comme autant de palissades qui
les abritent de la poussière. La plupart des oiseaux, et sur-tout ceux qui volent dans une atmosphère élevée et pure, ont des paupières pour
voiler la lumière; mais ils n'ont point de cils. Les
poissons qui vivent sous l'eau, où les rayons du
soleil sont presque sans action, ont les yeux nus.
Les insectes les ont pareillement nus, parce qu'en
général ils vivent à l'ombre. Mais comme ils habitent les parties basses de l'atmosphère, remplies
de sables volatils qui surchargeraient leurs corps
délicats et boucheraient leurs trachées, la nature
les en a garantis par un mécanisme fort ingénieux;
elle a mis leurs cils au bout de leurs pieds. Voyez
une mouche en repos, elle est quelquefois toute
remplie de poussière; mais elle a six pates, dont
les deux premières et les deux dernières sont garnies de brosses à leurs extrémités. La mouche net-
toie alternativement sa tête, son corselet et sa
croupe. Les deux pates du milieu n'en ont point,

elle n'eût pu en faire usage; par leur position, elles ne lui servent qu'à se soutenir lorsque celles de chaque extrémité sont en action. Les scarabées, comme les hannetons, n'ont point de brosses à leurs pieds, parce que leurs ailes, semblables à la plus fine gaze, sont renfermées sous des étuis où elles se reploient avec un art admirable; et elles sont couvertes d'étuis, parce que la plupart s'enfoncent dans la terre pour y pondre leurs œufs; il y en a même dont le surtout est enduit d'une huile parfumée, comme l'escarbot stercoraire, qui, au moyen de cette onction, s'enfonce sans se salir dans les excréments des animaux, et conserve la beauté de sa robe d'un bleu pourpre. Il y en a un, appelé le capucin, à cause de sa couleur marron, qui s'enfonce au milieu d'une bouze de vache, et descend jusqu'à huit pouces de profondeur en terre, où on le trouve avec ses petits sur son dos; car il est vivipare. C'est là qu'il brave l'hiver avec sa famille.

On m'accusera peut-être d'entrer dans trop de détails; mais ce reproche ne doit être fait qu'à ceux qui décrivent les ouvrages des hommes, parce qu'ils nous en montrent le terme. Les détails, dans ceux de la nature, présentent toujours des idées neuves. C'est en descendant dans les plus petits, qu'on entrevoit son immensité. La nature, dit Pline, est grande dans les grandes choses, mais elle est très-grande dans les plus petites. Les insectes mettent à découvert les profondeurs de son intelligence. La trompe du moucheron est plus ingénieuse que celle de l'éléphant. On vante la force des ailes et le vol audacieux de l'aigle ; mais les ailes des mouches sont construites avec plus d'art. La mouche commune, si fragile, qui vit sans armes défensives au milieu des dangers de toute espèce, vole plus hardiment et plus long-temps que l'oiseau de Jupiter ; trace mille courbes en l'air, s'y élève et s'y abaisse ; elle y plane et elle s'y fixe comme un point immobile. Elle se joue, par la légèreté de son vol, des animaux les plus féroces, qu'elle met quelquefois en fureur ; enfin elle voltige impunément autour de leur maître, dont elle se fait la commensale, malgré lui.

Il est sans doute plus intéressant d'étudier les jeux de ces enfants de l'air au sein de l'atmosphère, que les convulsions de leurs poumons dans la machine pneumatique. N'inspirez jamais aux enfants le goût des expériences cruelles. Lorsqu'ils sont barbares envers les bêtes innocentes, ils ne tardent pas à le devenir envers les hommes. Caligula, avant de tuer des citoyens, s'était exercé à percer des mouches. La morale de l'homme avec l'homme commence par celle de l'enfant avec les insectes. Ne faites donc jamais acheter aux enfants une vérité par un vice, et ne perfectionnez pas leur esprit aux dépens de leur cœur. Ne leur faites pas étudier les lois de la nature dans le malheur des êtres sensibles, mais bien plutôt en suivant sa douce chaîne dans leurs plaisirs. Qu'ils interrogent, non leurs douleurs, mais leurs jouissances. Voulez-vous leur donner une preuve du besoin que les insectes mêmes ont de l'air? menez-les, en été, sur le bord des ruisseaux; montrez-leur l'araignée aquatique se promenant au fond de l'eau, au milieu d'un globule d'air qu'elle a eu l'art d'enfermer dans des fils. Notre aérostat s'élève dans l'atmosphère; le sien, plus merveilleux, descend au fond de l'eau, et nous serait sans doute plus utile : le nôtre monte, au moyen d'un gaz plus léger que l'air atmosphérique; le sien plonge, peut-être à l'aide d'un gaz plus pesant que l'eau. Faites observer aux enfants, dans les prairies, cette multitude de souterrains qui servent de retraite aux insectes, et les tertres de la taupe qui se couvrent ensuite de vigoureuses graminées. Tous ces soupiraux, nécessaires à la respiration des insectes laboureurs, fécondent la terre en y introduisant l'air, et ont peut-être enseigné aux cultivateurs la première théorie des labours. Les êtres en apparence les plus méprisables, ont donné à l'homme les plus importantes leçons de son industrie.

On ferait une infinité de volumes sur le simple vol des oiseaux, sur-tout sur celui des insectes. Toutes leurs espèces offriraient des observations curieuses et utiles par la configuration de leurs ailes, leurs divers mouvements, et les saisons de leurs émigrations. Nous verrons, aux harmonies animales, qu'on peut rapporter les genres primitifs des animaux, comme ceux des vents, des mers, des montagnes et des plantes, aux harmonies générales de la nature; mais on pourrait rapporter le genre volatile à ces mêmes harmonies générales, puis les multipliant par les harmonies aériennes, en tirer un grand nombre de genres secondaires, qui auraient tous des caractères distinctifs, et classeraient les diverses espèces des oiseaux et des insectes.

Nous jetterons ici un simple coup-d'œil sur les moyens que la nature leur a donnés de traverser avec des corps pesants un fluide aussi léger que l'air. Ces moyens sont des ailes. Celles des oiseaux sont divisées en trois parties, comme les bras de l'homme : elles sont formées d'os poreux, très-légers, et de nerfs très-forts. Elles sont garnies de plumes, dont les plus grandes et les plus fortes s'appellent pennes. Chaque penne est composée, à sa partie inférieure, d'un tuyau cylindrique très-léger, très-dur et très-élastique. On trouve dans son intérieur une pellicule membraneuse, sèche, qui provient du suc nourricier qui l'a développée. La partie supérieure de la penne est formée d'une tige remplie d'une substance spongieuse comme la moelle d'un végétal. Cette tige est ar-

2.

quée, courbée et pyramidale. Elle est sillonnée à sa surface intérieure, et garnie des deux côtés de barbes composées de filets très-légers, et qui s'engrènent parallèlement, sur leurs longueurs les unes avec les autres, de sorte que l'air ne peut les traverser. Ces barbes sont courtes d'un côté de la tige, et elles sont alongées de l'autre, de manière que ce côté se met en recouvrement sous la penne suivante, comme l'extrémité d'une tuile sous celle qui est au-dessus. Les pennes entrent profondément dans l'aile jusqu'au périoste. Elles sont recouvertes, à leur insertion, de plumes plus petites, posées en recouvrement pour les fortifier et arrêter le passage de l'air. Enfin, l'aile entière est attachée par des muscles pectoraux très-robustes, au centre de gravité de l'oiseau. Ce sont là les rames sur lesquelles il se tient en équilibre dans l'air ; mais pour qu'il puisse y avancer, ses ailes sont, par leurs articulations, susceptibles d'un mouvement oblique : la nature lui a donné de plus, pour se gouverner, une queue, formée pour l'ordinaire de plumes longues, droites, et dont les barbes sont égales. La queue de l'oiseau est son gouvernail ; car il ne la dirige pas plutôt d'un côté que sa tête se porte de l'autre, et il change à son gré la direction de son vol. Les oiseaux qui ont la queue courte et les jambes fort longues, comme les grues, les cigognes et les hérons, alongent en arrière leurs pieds, qui leur servent alors de gouvernail, en se combinant avec les mouvements en sens contraire de leur long cou.

C'est avec leurs ailes que les oiseaux, en frappant l'air, se soutiennent comme sur un corps solide, et nagent dans ce fluide beaucoup plus léger qu'eux. Les uns y rament, comme le pigeon pesant; d'autres y volent par longs jets, comme la perdrix; d'autres par ondulations, comme le moineau; d'autres y glissent, comme l'hirondelle, et y décrivent de grands cercles à la surface des moissons. L'alouette y tourne en spirale; elle semble tracer la vis d'un escalier pour s'élever vers les cieux; mais ce sont ses petits qu'elle se plaît à contempler du haut des airs, et dès qu'elle les a réjouis de son chant, elle se laisse tomber tout-à-coup auprès de leur nid.

De tous les volatiles, ceux dont le vol est le plus curieux et le plus à notre portée, sont les insectes. Les uns ont des ailes de la plus fine gaze, comme la mouche : elle exécute toutes sortes de vols, et quand il lui plaît, elle s'arrête en l'air, et y devient stationnaire; d'autres, tels que les papillons, ont des ailes couvertes d'écailles fines comme la poussière, et brillantes des plus vives couleurs. Bien différentes de celles des oiseaux, qui se ressemblent toutes, et qui leur sont distribuées par paires, elles sont patronées sur une infinité de formes, et quadruples. Les papillons n'ont point de queue, comme les oiseaux, mais la plupart sont couronnés d'antennes qui dirigent leur vol. Leur gouvernail est à leur tête. Le papillon, avec sa trompe et ses antennes à bouton, semblables aux filets à anthère qui sortent du sein des fleurs; avec ses ailes quadruples et éclatantes qui imitent leurs pétales; avec son vol incertain que balance çà et là l'haleine des zéphyrs, ressemble à une fleur volante. Il y en a qui, comme le ptérophore ou porte-plume, volent parmi les graminées avec deux ailes simples, faites comme deux plumes à écrire. Je me suis arrêté quelquefois avec plaisir à voir des moucherons, après la pluie, danser en rond des espèces de ballets. Ils se divisent en quadrilles, qui s'élèvent, s'abaissent, circulent et s'entrelacent sans se confondre. Les chœurs de danse de nos opéra n'ont rien de plus compliqué et de plus gracieux. Il semble que ces enfants de l'air soient nés pour danser; ils font aussi entendre, au milieu de leur bal, des espèces de chants. Leurs gosiers ne sont pas résonnants comme ceux des oiseaux; mais leurs corselets le sont, et leurs ailes, ainsi que des archets, frappent l'air, et en tirent des murmures agréables. Une vapeur qui sort de la terre est le foyer ordinaire de leur plaisir; mais souvent une sombre hirondelle traverse tout-à-coup leur troupe légère, et avale à-la-fois des groupes entiers de danseurs. Cependant leur fête n'en est pas interrompue. Les coryphées distribuent les postes à ceux qui restent, et tous continuent à danser et à chanter. Leur vie, après tout, est une image de la nôtre. Les hommes se bercent de vaines illusions autour de quelques vapeurs qui s'élèvent de la terre, tandis que la mort, comme un oiseau de proie, passe au milieu d'eux, les engloutit tour-à-tour sans interrompre la foule qui cherche le plaisir. Cependant nous remarquerons que ces courbes si agréables et si variées que les volatiles décrivent dans les airs, sont les mêmes que celles qui dessinent les contours des plus belles fleurs; et que celles dont les astres nous offrent les premiers patrons dans leurs formes circulaires et dans leur cours. Ces formes mêmes, par la plus ravissante des harmonies, sont toutes, comme nous le verrons, réunies dans les différentes parties du corps humain.

Combien de découvertes ont été dues aux instincts des volatiles et à leur vol ! Les anciens croyaient, non sans apparence, qu'il y avait quelque chose de divin dans le vol des oiseaux: Christophe Colomb s'assura, en pleine mer, qu'il approchait du Nouveau-Monde, par le vol des oiseaux de terre qui allaient d'une de ses îles à l'autre. Plus d'un village, dans une terre aride, a dû la découverte de son puits à des moucherons qui voltigeaient au-dessus des vapeurs de sa source souterraine; plus d'un voyageur a trouvé, par le vol d'une abeille, le miel caché au sein des forêts. J'ai admiré souvent, au milieu du vaste Océan, le vol rapide et infatigable de la frégate, qui, après avoir circulé tout le jour autour de notre vaisseau voguant à pleines voiles, retournait le soir coucher sur ses rochers, dont les plus voisins étaient à plus de cent lieues; mais le vol de la simple abeille me paraît encore plus étonnant. Des marins dignes de foi m'ont assuré qu'on voyait sur les côtes de Normandie des mouches à miel arrivant des îles de Jersey et de Guernesey, situées à plus de six lieues au large. Elles viennent sur le continent picorer les fleurs, et s'en retournent à leur ruche chargées de butin. Toute distance est relative. Une lieue, pour un homme de six pieds, fait une distance deux mille cinq cents fois plus grande que lui; mais elle est trois cent soixante mille fois plus grande pour un insecte de six lignes, et deux millions cent soixante mille fois plus considérable, si elle est de six lieues. Il faudrait qu'un homme, pour faire le même chemin que la mouche, fît plus de huit cent soixante-quatre lieues. Il est impossible donc que l'abeille aperçoive sa ruche à six lieues, et même que ses yeux puissent la guider dans sa route. On pourrait supposer qu'elle y trouve des lieux de repos; mais dans les intervalles de ses voyages, on fauche les moissons et les prés qui lui sont connus. Elle traverse des fleuves et des bras de mer qui n'ont que des ondes mobiles. Ce ne sont point les signes inconstants de la terre et de la mer qui guident les volatiles dans leurs courses; c'est le soleil qui les oriente. L'abeille qui travaille dans sa ruche, à la plus faible lueur, peut apercevoir encore l'astre du jour, même au travers des nuages obscurs, altéré par les émanations des vapeurs du continent; peut-être a-t-elle l'instinct de s'abandonner, dans ses allées et venues, aux brises de mer et de terre qui soufflent souvent pendant l'été. Elle se guide sur le lever et le coucher du soleil. La frégate, qui vole dans l'atmosphère à une grande hauteur, aperçoit encore les derniers rayons de l'astre du jour, quoiqu'ils ne soient plus visibles sur l'horizon du vaisseau : peut-être se dirige-t-elle aussi sur le cours des astres. Il me semble en avoir vu arriver en pleine nuit sur le rivage de l'Ascension. Ce qu'il y a de certain, c'est qu'un astronome, en observant les étoiles, à minuit, aperçut, à sa grande surprise, un aigle qui traversait le champ de son télescope. Non-seulement les volatiles se dirigent sur le soleil, mais encore sur les reflets de sa lumière que la lune nous renvoie. Il y en a beaucoup qui règlent leurs voyages, leurs chasses et leurs amours sur le cours de l'astre des nuits.

L'organisation des volatiles, leur instinct et leur vol, peuvent se rapporter à une infinité de besoins de la vie sociale; ils peuvent servir à découvrir les propriétés des végétaux, à annoncer l'arrivée des orages, le changement des saisons et les îles qui sont hors de la vue des navigateurs. Les volatiles sont les premiers habitants des terres; de tous les genres d'êtres organisés, le leur est seul cosmopolite. Les sommets les plus escarpés des montagnes, les mers les plus étendues, les sables les plus brûlants de la zone torride, et les glaces éternelles des pôles, nourrissent des oiseaux et jusqu'à des mouches : dans les forêts profondes de la solitaire Finlande, c'étaient des moineaux qui m'annonçaient l'approche des villages. Combien de fois je me suis amusé, sur le vaste Océan, à voir les oiseaux de marine tracer dans les airs de longues lignes! Leurs diverses espèces me signalaient des terres et de nouveaux climats; les alcyons, en rasant les flots; les goelands et les mauves, les côtes de l'Europe; les manches de velours, le cap Finistère; les goelettes blanches, semblables à des pigeons, les hauts fonds et les écueils; les envergures et les fauchets, la pleine mer; les fous et les frégates, le centre de la zone torride; les damiers aux ailes casées de noir et de blanc, les approches du cap de Bonne-Espérance; les albatros, appelés moutons du Cap à cause de leur grosseur, les bancs et les hauts fonds de ce promontoire des tempêtes; les pailles-en-queue ou oiseaux du tropique, l'Ile-de-France, où ils dirigeaient leur route comme nous. Lorsqu'en retournant en Europe, je débarquai sur l'île stérile de l'Ascension, j'y vis arriver le soir des légions de fous et de frégates qui revenaient de la pêche. Ils se perchaient çà et là sur les rochers, auprès de leurs femelles posées sur leurs nids, auxquelles ils apportaient de la nourriture qu'ils dégorgeaient de leurs jabots. J'en pris plusieurs dans mes mains sans qu'aucun d'eux s'effarouchât. Je pensais que, si j'avais été naufragé sur quelque écueil semblable, j'aurais pu former avec ces oiseaux une société moins inconstante que celle des hommes; j'aurais tâché de disposer leur naturel sociable, par les douceurs de l'habitude et des caresses, au service de l'amitié. Ils étaient déjà si familiers, qu'il m'aurait été très-facile d'attacher un billet à leurs ailes, et d'instruire peut-être de ma destinée, avec leur aide, quelque peuple hospitalier de l'Amérique ou de l'Afrique. Ce moyen me paraissait infaillible avec des onocrotales ou pélicans. Ce sont des oiseaux voyageurs, beaucoup plus gros que des cygnes, que l'on trouve dans toutes les parties du monde, et qui viennent, en été, jusque sur les rivières et les étangs de l'Europe. Ils sont si aisés à apprivoiser, que j'en ai vu un, au cap de Bonne-Espérance, qui, quoique sauvage, ou libre, jouait avec un gros chien auprès de la douane. Culmanus a écrit à Gesner qu'un onocrotale privé accompagnait l'empereur Maximilien par-tout, même à l'armée : il vécut quatre-vingts ans. Les pêcheurs chinois et les sauvages de l'Amérique les dressent à pêcher pour leur compte, et à leur apporter du poisson dans la grande poche que la nature a suspendue à leur gorge. Le vol du pélican est très-long et très-élevé ; cet oiseau peut aussi se reposer sur les flots et y reprendre son vol, au moyen de ses pates palmées comme celles des canards. C'est un oiseau d'ailleurs triste et mélancolique. Il parait destiné, par son caractère sérieux, par son goût pour la vie errante et la sociabilité, par la longueur de sa vie, la force de son vol, et par son sac, à être le messager des navigateurs. Il leur rendrait, en cette qualité, plus de services que les pigeons courriers aux habitants d'Alexandrie. Combien de marins ont péri sur des écueils inconnus, qui auraient pu revoir leurs compatriotes, s'ils avaient pensé à les instruire de leur sort par la voie des oiseaux ! Vous leur devriez peut-être la vie, vous et vos compagnons, o infortuné La Peyrouse !

HARMONIES AÉRIENNES

DE L'HOMME ET DES ENFANTS.

L'HOMME exerce sur l'air une puissance qui suffit à tous ses besoins. Il le force d'allumer son feu dans un poêle, de lui apporter de l'eau dans une pompe, de moudre son blé avec les ailes d'un moulin, de lui chanter des airs dans une flûte, de le voiturer sur l'Océan avec les voiles d'un bateau, et même au haut de l'atmosphère avec le globe aérostat. Il en fait son serviteur, son musicien, son esclave et sa bête de somme. Mais le pouvoir de l'homme sur les éléments est le résultat de ses harmonies sociales. Nous l'allons considérer soumis lui-même à l'empire de l'air, seul, nu, enfant, et gémissant sur le sein maternel.

La voix et l'ouïe sont, par leur nature, deux sens jumeaux en harmonie; les autres sens ont leurs jouissances séparées, ceux-ci les ont communes et réciproques. La vue, qui a tant de perspicacité, ne voit ni les odeurs, ni les saveurs, ni le tact; et les organes de ces sens n'odorent, ne goûtent ni ne touchent la vue; mais la voix parle à l'ouïe, et l'ouïe entend la voix. Ce n'est point pour être en rapport avec les éléments, mais c'est pour réunir deux ames, que la nature a donné à chacune d'elles un sens actif et un sens passif, non en les séparant et les leur distribuant comme des sexes isolés qui ne devaient les rapprocher qu'à certaines époques, mais en les réunissant dans le même individu, afin de les lier en tout temps d'une double harmonie. Un être souffrant crie, et il est entendu par un être sensible qui lui répond et qu'il entend à son tour. Telle est la double chaîne dont la nature forma la première des harmonies morales, la fraternelle ; mais comme elles s'attachent toutes au sein maternel, nous en montrerons ici les premiers anneaux.

Je ne connais rien de plus touchant que les cris d'un enfant. Je laisse aux philosophes à trouver quels rapports des sons inarticulés, aigus, en apparence sans art et sans méthode, ont avec les fibres de la pitié, tendues par la nature dans le cœur humain; j'observerai seulement que Virgile,* qui en a si bien connu toutes les convenances, a mis, à l'entrée de ses enfers, un limbe gémissant d'enfants morts à la mamelle:

> Continuò auditæ voces, vagitus et ingens,
> Infantumque animæ flentes in limine primo;
> Quos dulcis vitæ exsortes et ab ubere raptos

* Énéide, liv. VI, vers 426 et suiv.

Abstulit atra dies, et funere mersit acerbo.
Hos juxta falso damnati crimine mortis.
Nec verò hæ sine sorte datæ, sine judice, sedes.

« Bientôt on entend des voix plaintives et un vagissement lointain d'ames d'enfants qui pleurent à l'entrée des enfers : sevrés des premières douceurs de la vie, et ravis à leurs mamelles, un destin barbare les enleva et les plongea dans la nuit du tombeau. Près d'eux sont ceux qui furent condamnés injustement à mort. Ces places ne sont point données au hasard, sans que le juge ait prononcé. »

Warburton prétend que Virgile a voulu peindre, dans la descente d'Énée aux enfers, l'initiation aux mystères de Cérès, et que l'état malheureux des enfants morts à la mamelle et des innocents opprimés par la justice, réveillait la tendresse des parents, et inspirait de l'horreur pour les jugements injustes. Les professeurs de l'université de Paris, qui ont donné, en 1751, une traduction de l'Énéide, n'ont pas manqué d'y mettre en note ce trait d'érudition de Warburton, et d'y applaudir ; cependant, s'il m'est permis de le dire, je crois qu'il porte à faux. Des hommes avaient-ils besoin qu'on leur montrât leurs enfants et leurs concitoyens morts innocents et déplorant leur destinée, pour redoubler de tendresse paternelle pour leurs petits enfants, et d'horreur pour des juges iniques ? Je crois bien plutôt que l'intention du poëte a été d'inspirer la pitié, au commencement de sa description des enfers. Il se garde bien d'introduire son héros et son lecteur dans des scènes d'horreur, comme ont fait depuis, en pareille circonstance, les poëtes italiens, et entre autres, le Dante. La sibylle conduit d'abord Énée dans le lieu destiné aux enfants victimes innocentes de la justice divine, et dans celui qu'occupent les victimes de la justice humaine, qu'il rapproche par une consonnance de destinée. Il met plus loin ceux qui se sont ôté eux-mêmes la vie, et il ne leur donne d'autre punition qu'un amer repentir ; il inspire, il accroît par degrés la pitié. Il décrit ensuite la campagne des pleurs, *lugentes campi.* Il y fait errer, dans une forêt de myrtes et parmi des routes solitaires, des femmes que leurs passions rendaient infortunées : Phèdre, amoureuse d'Hippolyte ; la jalouse Procris, qui périt par la main de Céphale, son époux, trop tendrement aimé ; Ériphyle, qui découvrit la retraite de son mari Amphiaraüs, et fut punie de mort par son fils Alcméon ; la trop fidèle Evadné, femme du géant Capanée, qui se jeta de désespoir dans le bûcher de son mari ; Pasiphaé, amoureuse d'un taureau ; Laodamie, qui mourut de douleur en apprenant la mort de Protésilas son époux ; Cénée, de fille devenue garçon et invulnérable, étouffée sous une forêt d'arbres par les Centaures, aux noces de Pirithoüs ; enfin, la malheureuse et silencieuse Didon. Après ces différentes victimes de l'amour, viennent celles de la guerre. Énée voit parmi elles les ames de la plupart de ses amis qui avaient péri au siége de Troie; mais lorsqu'il approche des prisons infernales destinées aux supplices des scélérats; quand leurs portes redoutables s'entr'ouvrent, et roulent sur leurs horribles gonds, la sibylle l'arrête et lui adresse ce vers si touchant et si philosophique :

Nulli fas casto sceleratum insistere limen.

« Nulle ame pure ne peut entrer dans le séjour du crime. »

Elle lui peint alors, dans un simple récit, ce lieu de tourments où Hécate elle-même l'avait introduite, en lui confiant la garde des bois de l'Averne.

Virgile a donc voulu uniquement exciter la pitié, en mettant des enfants à la mamelle et des femmes infortunées par l'amour, à l'entrée des enfers. Tâchons de parvenir au même but en mettant les uns et les autres, dès cette vie même, à l'entrée du paradis. Il n'y a point d'être qui ait plus besoin de secours qu'une femme qui vient d'accoucher et qu'un enfant qui vient de naître.

Quelque bruit qu'on fasse autour d'un enfant nouveau-né, pendant les six premières semaines de sa naissance, il ne détourne pas la tête : d'où l'on conclut qu'il n'entend pas. Je crois l'observation vraie, et je m'en suis assuré moi-même en partie; mais la conséquence qu'on en tire n'est pas juste. Si l'enfant ne fait pas attention au bruit, c'est qu'il n'a pas l'expérience des causes qui le produisent, et qu'il n'est pas en rapport avec elles. Je suis persuadé qu'il s'entend lui-même, et qu'il a l'ouïe et la conscience de ses cris, qui annoncent ses besoins. Je crois, de plus, qu'il entend la voix de sa mère, comme un agneau distingue celle de la sienne au milieu d'un troupeau de brebis, et court à elle sans faire aucune attention aux autres brebis qui bêlent autour de lui. C'est par ses cris qu'un enfant nouveau-né invoque la mamelle de sa mère, dont il a le besoin et le sentiment, s'il n'en a pas l'idée. On lui a donné le nom d'enfant, du mot latin composé *in-fans*, non-parlant. Cependant il se fait très-bien entendre avec des cris et des gémissements, dont les sons, supérieurs à toute éloquence, remuent le cœur maternel. Philosophe, démontre à une mère, par les lois de la physique, par l'amour de l'ordre, par celui même de la patrie, qu'elle doit allaiter son enfant. Que lui répondras-tu, si elle oppose à tes raisons générales ses raisons particulières, sa délicatesse, de longues veilles, des inquiétudes toujours renaissantes, un ordre qui l'opprime, une patrie indifférente à ses besoins, et cet enfant même, objet de tant de soucis, qui, devenu homme, fera peut-être son plus cruel tourment? Mais elle entend la voix gémissante de son enfant, et elle l'allaite sans raisonner.

Comment arrive-t-il ensuite que des parents deviennent insensibles aux cris de leurs enfants? Comment se peut-il qu'eux-mêmes les fassent naître par des châtiments à-la-fois obscènes et cruels? Les sauvages les plus féroces envers leurs ennemis, rougiraient d'en employer de semblables; cependant on voit encore dans nos écoles, des maîtres et des maîtresses les mains armées de verges et de fouets. Les choses n'ont changé que de nom : les habitudes, les mœurs et les hommes sont toujours les mêmes. Passe pour des maîtres mercenaires, qui ne veulent gouverner que par la terreur, et qui, dans des enfants étrangers, ne voient que des esclaves; mais le père qui, trompé par de mauvais exemples et de fausses autorités, ose violer envers son fils le premier pacte de la pitié formé entre eux par la nature, le viole en même temps envers le genre humain!

La mère est le premier instituteur de son enfant; tâchons de l'aider dans les premiers soins de son éducation. Il est nécessaire qu'elle renouvelle fréquemment l'air autour de lui : c'est, après la chaleur, son premier élément et son premier aliment. Non-seulement elle doit renouveler l'air qu'il respire, mais elle doit laver ses langes, son berceau, ses rideaux, la chambre même où il couche; afin d'en enlever les miasmes méphitiques, qui s'attachent par-tout, et qui proviennent de la transpiration et de la respiration. Je n'ai pas besoin de dire qu'il faut en ouvrir les fenêtres pendant le jour. Un enfant languit sans air, comme la plante qui en est privée; il pâlit et s'étiole comme elle, dans une chambre fermée. Rien ne le fortifie davantage que de l'exposer au grand air, même en hiver. Pendant le froid rigoureux que nous avons éprouvé au commencement de 1795, mon épouse avait souvent l'attention de se promener au soleil et à l'air, à l'heure de midi, en tenant ma fille bien couverte dans ses bras; elle était alors âgée de six mois. Elle jetait souvent des cris dans la chambre, sans doute par le besoin de respirer le grand air; car, dès qu'on l'y portait, elle devenait tranquille, et bientôt elle était saisie d'un sommeil doux et paisible qui la faisait profiter à vue d'œil.

J'ai toujours remarqué qu'elle pleurait et criait quand on lui mettait ses vêtements, et qu'elle se réjouissait quand on les lui ôtait. Tout enfant est gai quand il est nu. C'est donc avec raison qu'on représente ainsi les Amours. La gaieté dans les enfants nus ne provient pas seulement de ce qu'ils sont débarrassés de la contrainte de leurs langes, car ma fille n'a jamais été gênée dans les siens; mais elle vient, je pense, aussi de l'action de l'air qui pénètre par les pores du corps, et y facilite le mouvement des fluides : au moins, c'est par les pores que le corps transpire. Beaucoup de maux ne proviennent que de transpirations arrêtées; peut-être le corps même respire-t-il par le tissu cellulaire. C'est sans doute dans cette idée qu'un médecin célèbre conseillait les bains d'air comme très-salutaires. J'attribue le prompt accroissement des enfants des nègres, non-seulement à l'influence du soleil sur eux, mais à ce qu'ils vont tout nus à l'air; car les enfants des sauvages de l'Amérique, élevés de la même manière, ne sont pas moins vigoureux. Les uns et les autres étant accoutumés, comme les animaux, aux vicissitudes de l'air, étant hommes, ils ne sont point sujets, comme nous, aux rhumes et aux rhumatismes.

Avant de guérir les maux des enfants, occupons-nous du soin de les prévenir. Si nos mœurs ne nous permettent pas de les laisser aller tout nus, au moins accoutumons les garçons à vivre à l'air le plus vif, la poitrine découverte. Sortons-les, même au milieu de l'hiver, de l'air de l'école, et donnons-leur quelque instruction en pleine campagne; menons-les à la promenade sur une hauteur. La seule attention que l'on doit avoir, est, que les enfants échauffés dans leurs jeux, ne se refroidissent pas subitement. Il faut les faire bien couvrir de leurs habits, lorsqu'ils cessent de jouer, et les tenir toujours en mouvement jusqu'à ce qu'ils soient de retour à la maison. On évitera, par ces précautions, les pleurésies, les fluxions de poitrine, les rhumes et les rhumatismes, qui ne viennent que de transpirations arrêtées.

On peut, avec ces exercices amusants, leur donner une idée des sciences les plus profondes. La chute de leur ballon leur rendra sensible l'attraction de la terre ; et la courbe qu'il décrit en l'air, la théorie de la parabole, composée du mouvement perpendiculaire de la pesanteur, et de son mouvement horizontal de projection. Tandis que quelques-uns élèvent à grands cris leur cerf-volant, et qu'ils le voient avec admiration s'élever, en se balançant, au haut des airs, expliquez-leur le mécanisme de son ascension et les lois de la décomposition des forces, c'est-à-dire du vent sur le plan, incliné du cerf-volant. Vous pouvez même, si le temps est favorable, leur donner avec prudence le spectacle étonnant de l'électricité atmosphérique, par un cerf-volant dont la ficelle est filée avec un fil de laiton, qui attire le feu électrique, et terminée par un cordon de soie, qui en arrête le cours, dans la main de celui qui la tient. Vous pouvez leur dire que l'électricité atmosphérique est le feu solaire répandu autour de nous d'une manière invisible ; que ce feu se communique aux nuages, et ne les rend foudroyants que parce qu'il cherche partout à se mettre de niveau ; qu'on distingue, pour cette raison, deux électricités, l'une en plus, et l'autre en moins ; que les métaux, entre autres le fer et le cuivre, lui servent de conducteurs; que c'est à cause de ces propriétés, qu'on met au haut de plusieurs édifices des barres de fer, avec des fils de fer qui s'en éloignent, non pas pour attirer le tonnerre, comme le pense le vulgaire, mais pour le soutirer et l'éloigner du corps du bâtiment. Une aiguille électrique n'attire pas plus le tonnerre sur le toit d'un édifice, que la gouttière de ce toit n'y attire la pluie. L'une et l'autre servent au contraire à en écarter ces deux météores. Quant au coup invisible qui frappe celui qui touche la ficelle du conducteur dans le cerf-volant électrique, j'en ai entendu donner des explications savantes; mais j'avoue que je n'y ai rien compris. Je soupçonne seulement que le feu électrique, et que tout feu en général, renferme en lui plusieurs propriétés qui nous sont inconnues, entre autres, les principes du mouvement; je pense aussi que tout feu vient du soleil : la chose me paraît évidente.

Au reste, comme Michel Montaigne, j'avance mes opinions, non comme vraies, mais comme miennes, dans toute espèce de système. On ne doit jamais balancer à avouer ses doutes et même son ignorance.

Il est sur-tout nécessaire, lorsqu'on parlera aux enfants des lois générales de la physique, d'en faire l'application aux besoins de la société. En tout il faut fixer leur jugement sur des faits qui les intéressent. Donnez toujours un corps et une action aux principes, c'est le seul moyen de les leur rendre sensibles. Vous pourrez donc, en leur expliquant l'ascension du cerf-volant par la force du vent qui, en se décomposant sur son plan incliné en deux actions, l'une horizontale, et l'autre oblique, le force à monter, leur faire connaître que cette même force, en se décomposant sur les plans inclinés des ailes d'un moulin, les fait mouvoir circulairement. Peut-être le cours d'une rivière profonde pourrait-il produire le même effet sur les ailes d'un moulin à eau disposé semblablement. Il est bon de jeter de temps en temps des corollaires au milieu de l'instruction : ce sont des perspectives au milieu d'un paysage ; elles étendent et développent le génie. Rien n'est égal peut-être à celui de l'inventeur du moulin à vent, car je n'en vois point de modèle dans la nature, quoique je sois bien persuadé qu'il y est, ainsi que tous les modèles de nos inventions. Mais c'est sur-tout par son utilité que cette ingénieuse machine est recommandable. Elle fournit à notre premier besoin dans la plus grande partie de l'Europe, et épargne aux animaux et aux hommes une multitude de fatigues. On aurait dû élever une statue à son auteur, dont le nom même est ignoré. Le célèbre mathématicien de Lahire ne passait jamais devant un moulin à vent sans ôter son chapeau, par respect, disait-il, pour la mémoire de celui qui l'avait inventé. Combien de gens ne le regardent que comme l'habitation d'un meunier ! Apprenons de bonne heure aux enfants à n'estimer les arts et les hommes que par rapport à leurs besoins. Reprenez-les quand ils parlent, même à de simples manœuvres, avec mépris ou en les tutoyant. Le ton de l'extrême familiarité devient celui de l'orgueil, quand il n'est pas réciproque. D'ailleurs, des enfants, quels qu'ils soient, doivent toujours respecter un homme. Tirons leurs leçons de morale de leurs actions les plus communes, ainsi que leurs lumières de leurs jeux : c'est à la morale qu'ils doivent rapporter toutes leurs sciences. Si j'en effleure par-ci par-là quelques-unes, si je leur ai fait entrevoir l'influence nécessaire du soleil et de l'air sur toutes les puissances de la nature, c'est non-seulement pour leur propre utilité, mais pour celle de leurs semblables ; c'est pour qu'un jour ils ne plantent pas sur leurs propriétés de grands arbres dont l'ombrage puisse nuire à leurs voisins ; c'est afin qu'ils soient plus justes que les lois qui le permettent. J'ai vu dans le pré de Saint-Gervais, par ces plantations de bois, un riche propriétaire forcer successivement tous ses voisins de lui vendre leurs jardins et leurs champs, jadis si bien cultivés, mais qui maintenant couverts d'ombre, n'avaient plus ni soleil ni air.

C'est le soleil qui, par sa présence et par son

absence, est cause de toutes les harmonies de l'atmosphère, sur les eaux, la terre, les végétaux, les animaux et les hommes. Ce sont peut-être ses reflets, que la lune nous renvoie au milieu des nuits, qui modifient l'action des vents. Souvent la lune produit, à ses différentes phases, des changements de temps. Les naturalistes modernes n'en sont pas d'accord; mais l'expérience des laboureurs et des marins est plus sûre que la théorie imparfaite des physiciens. Ceux-ci assurent qu'elle soulève l'Océan, et ils nient qu'elle puisse mouvoir l'atmosphère. Ce sont deux erreurs qui se contredisent. Je l'ai vue souvent sur la mer, à son lever, fondre et dissiper les nuages suspendus dans les régions glaciales de l'air, sans doute par la même influence qui lui fait fondre les glaces des pôles. Quand elle s'entoure d'un limbe jaune, attendez-vous au mauvais temps. La lune nous annonce, par sa pâleur, la pluie; par sa rougeur, le vent; et par sa blancheur, la sérénité.

Mais le ciel se couvre de toutes parts. Le soleil, voilé par des nuages sombres, laisse échapper de longs rais d'une lumière pâle qui nous annoncent la tempête. Déjà elle s'élève : des giboulées de neige volent dans les airs, comme des plumes d'oiseaux; les troupeaux inquiets mugissent au fond des vallées; le berger, trompé par l'espoir d'un beau jour, se hâte de les rassembler avant la nuit. Le terrible vent du sud-ouest s'élève de l'horizon ; il couvre le ciel de montagnes de nuages semblables à celles des Alpes ; dans sa course rapide et pesante, il creuse la surface des eaux, et courbe les cimes des forêts, qui font entendre au loin de rauques rugissements ; les troncs des arbres tombent avec fracas : tandis que ces vieux monuments des siècles sont renversés, un oiseau paraît immobile dans les cieux. L'épervier lutte contre la tempête, en jetant des cris funèbres ; il épie quelque oiseau malheureux, qui ne doit plus revoir le printemps.

Ne regardez point les tempêtes de l'atmosphère, les ravages des forêts et les guerres des animaux, comme des désordres de la nature : tout est bien dans un plan infiniment sage. L'oiseau de proie, en détruisant les oiseaux âgés ou infirmes, prépare de nouvelles places à leurs générations. Les tourbillons du sud-ouest renouvellent les vieux végétaux, et disséminent au loin leurs graines ; ils portent aux régions glacées du Nord l'air chaud de l'Afrique, chargé des vapeurs de la Méditerranée ; ils adoucissent l'atmosphère de notre zone, et entassent sur notre pôle septentrional des montagnes de neige, qui doivent donner, à l'équinoxe du printemps, de nouvelles sources à l'Océan.

Enfants, hâtez-vous de rassembler vos ballons,

vos volants et vos cerfs-volants : déjà vos mères inquiètes accourent et vous rappellent à vos foyers. Heureux celui qui habite avec des parents chéris une humble chaumière au fond d'un vallon ! A l'abri des collines et de ses vergers, il entend, la nuit, sans crainte, les mugissements des vents. Il s'endort au murmure lointain des forêts, et en fermant les yeux à la lumière, il bénit celui qui a pourvu aux besoins de tout l'univers.

LIVRE III.

HARMONIES AQUATIQUES.

Inspirez-moi, douces Naïades, soumises aux influences du Verseau, vous qui répandez sur la terre les ondes argentées! Venez aussi à mon aide, Néréides qui les exhalez en vapeurs vers les cieux, et qui les recevez dans les bassins des mers! Je suis né sur vos rivages. Combien de fois j'ai vu s'écouler mes journées sur vos grèves solitaires, ne me plaignant qu'à vous et au ciel des injustices des hommes! Vos gémissements semblaient répondre à mes gémissements. Souvent, assis au pied d'un rocher, j'ai contemplé vos orages, images de ceux de ma vie. Alors, mes yeux mouillés de larmes suivaient sur vos horizons une voile lointaine, emportant vers d'autres mondes un ami malheureux. Moi-même j'ai poursuivi vers d'autres climats, à travers vos plaines liquides, un bonheur inconstant comme elles. Par-tout j'ai trouvé une fortune trompeuse comme les hommes ; mais par-tout j'ai senti une nature bienfaitrice, immuable. Les hautes montagnes des Alpes n'ont rien de plus élevé que vos profondeurs, et les vastes continents ne renferment point d'objets plus ravissants que les ombrages de vos rives. C'est vous qui avez nivelé les terres, creusé les vallons et arrondi les collines ; c'est sur vos bords verdoyants, c'est au sein de vos flots azurés, qu'au milieu d'une nuit jusqu'alors éternelle, Vénus apparut baignée de vos ondes transparentes, et éclairée des premiers feux de l'aurore. Viens m'animer des mêmes feux, soleil, astre brillant du jour : la lumière, la chaleur, les couleurs, les formes, les mouvements et toutes les harmonies de la vie naissent sous tes rayons éclatants. Maintenant que ma course rapide est sur son déclin, viens éclairer mon couchant d'un rayon de tes aurores éternelles. Attire-moi de cette terre de boue, vers la Divinité, dont tu es la plus sensible image. Vastes mers, inspirez-moi des pensées profondes comme vos abymes ; et vous, agréables fontaines, des paroles mélodieuses comme vos plus doux murmures. Puissent-elles à-la-fois paraître sublimes aux sages, et touchantes aux mortels les plus simples !

HARMONIES AQUATIQUES

DE L'AIR.

C'est aux simples vapeurs de l'eau que l'atmosphère doit les riches couleurs et les belles formes de nuages qui font la beauté des cieux. Si ces vapeurs n'existaient pas, le soleil nous apparaîtrait sensiblement plus petit dans un firmament d'un bleu foncé, ainsi qu'on le voit du sommet des hautes montagnes. Il n'y a rien de plus monotone qu'un ciel sans nuages.

C'est aux vapeurs aquatiques de l'air qui décomposent les rayons du soleil, que l'aurore doit ses magnifiques couleurs. Elles se manifestent d'abord à l'horizon par la couleur blanche, qui est celle de la lumière pure. On lui a donné le nom d'aube, du mot latin *alba*. Cette blancheur, en s'élevant au-dessus de l'horizon, se décompose en différentes nuances de jaune, qui parviennent au jaune doré, qui est en général la couleur des rayons du soleil dans notre atmosphère. Ce jaune doré, relevé d'un peu de vermillon, forme la couleur de l'aurore proprement dite, et s'élève ensuite, par différentes teintes de rouge, jusqu'au carmin au zénith : de là, descendant par les nuances du pourpre et du violet, il arrive au bleu vers le couchant, et enfin du bleu au noir au lieu où la nuit étend encore ses voiles. Toutes les teintes imaginables sont composées de ces cinq couleurs primitives. Je ne m'arrêterai pas ici aux harmonies de ces couleurs, parce que j'en ai parlé assez au long dans mes Études. Je ferai observer seulement que ces cinq couleurs primitives et leurs nuances principales, semblent réparties aux sept puissances de la nature : le blanc au soleil, le bleu à l'air et à l'eau, le jaune à la terre, le vert aux végétaux, le rouge au sang des animaux, et toutes les couleurs aux hommes, depuis le blanc des peuples septentrionaux, jusqu'au noir des peuples méridionaux. Il n'est pas moins remarquable que le goût de ces couleurs primitives est adopté par les peuples, suivant un ordre géographique en rapport avec l'ordre atmosphérique. Ainsi, les Chinois, situés à l'orient, ont pour couleur principale le jaune de l'aurore ; les Africains, au midi, le rouge ; les peuples de l'occident de l'Europe, le bleu. Les peuples latéraux, comme les Thibétains, ont choisi l'orangé ; les Russes, le vert ; les Italiens, le violet. Ce sont là les couleurs impériales, royales et distinctives de ces nations. Le blanc et le noir, par leurs durs contrastes, sont chez elles des signes de deuil ; le blanc, chez les nations noires; et le noir, chez les nations blanches.

C'est dans le ciel, comme dans le genre humain, que s'harmonient à-la-fois toutes les couleurs primitives. La pluie nous les montre rassemblées dans les couleurs de l'arc-en-ciel : alors il suffit d'une goutte d'eau pour les engendrer.

Si les vapeurs aquatiques dispersées dans l'air décomposent en une infinité de couleurs les rayons du soleil, et tracent même un arc de sa circonférence, lorsqu'elles sont réunies en gouttes de pluie; elles représentent quelquefois le soleil lui-même en entier et avec tout son éclat, lorsqu'elles sont en forme de nuage : c'est cette image qu'on nomme parélie, des mots παρα, ηλιος, qui signifient soleil proche, ou autour (du véritable).

Ces faux soleils ne sont communs que sur les mers glaciales, où ils servent puissamment à accélérer en été la fonte des glaces polaires; car la nature ne fait rien en vain. Martens, qui les y a observés fréquemment, dit qu'ils sont d'un éclat éblouissant, et qu'ils ont plus de chaleur que le soleil lui-même. Cela doit être; car ils en rassemblent les rayons sur un grand diamètre, et produisent l'effet d'un miroir ardent.

Les parélies sont communs dans les zones glaciales, rares dans les tempérées, et on n'en a

2. 4

peut-être jamais vu dans les deux torrides, quoique l'australe soit très-aquatique, et par conséquent très-nuageuse. Il est aisé d'en sentir la raison : les parélies qui fondent les glaces de l'Océan boréal et austral, causeraient des incendies dans les forêts des zones torrides. Mais il n'est pas si facile de trouver pourquoi il ne s'en forme pas dans les nuages des zones torrides : car ils sont en grand nombre, et la plupart de ceux qui remplissent l'atmosphère y prennent leur source, pour se répandre de là jusqu'aux pôles.

Je crois cependant entrevoir la cause de ces effets. Différents dans les mers méridionales et dans nos étés, les nuages dilatés par la chaleur s'étendent horizontalement dans une atmosphère dilatée. Au contraire, dans les mers glaciales, ainsi que dans nos hivers, les nuages, comprimés par le froid, s'élèvent perpendiculairement ou obliquement dans une atmosphère condensée. Il résulte de ces deux dispositions que les nuages horizontaux des contrées et des saisons chaudes, donnent peu de réflexions solaires et beaucoup d'ombre ; et qu'au contraire les nuages perpendiculaires ou obliques des régions ou saisons glaciales, produisent peu d'ombre sur la terre et beaucoup de reflets solaires.

Ces différences de réflexions sont sensibles dans nos climats même, non-seulement dans le cours de l'année, mais dans celui du jour. Lorsque le soleil est, le matin, à l'horizon, il éclaire les nuages en dessous, et y fait naître les riches couleurs de l'aurore. Quand il est à son midi, il les éclaire en dessus : alors ils sont sans couleurs et jettent beaucoup d'ombre; mais quand, le soir, il est au couchant, il leur donne un éclat encore plus vif qu'au matin, parce qu'il a élevé beaucoup de vapeurs pendant le jour.

On peut observer aussi que les parélies, ainsi que les arcs-en-ciel, n'ont lieu que lorsque le soleil est peu élevé sur l'horizon.

Ceci posé, les nuages des mers glaciales sont formés, en été, des brumes peu dilatées qui s'élèvent perpendiculairement des glaces en fusion. Elles réfléchissent dans leurs cavités les rayons et le disque même du soleil, comme les glaces dont elles émanent, et qui sont alors d'un éclat éblouissant. Elles échauffent tellement l'atmosphère, que Martens dit qu'elles faisaient fondre par leur reflet le goudron de son vaisseau. Ce sont ces mêmes nuages perpendiculaires ou obliques, et semblables par leurs croupes entassées et éblouissantes à des portions des Alpes, qui descendent, au mois de mars, du nord dans notre atmosphère. Ils contribuent par leur réverbération aux coups de soleil si fréquents dans ce mois, en augmentant l'activité de ses rayons sur une terre engourdie par l'hiver. Ceux, au contraire, que les vents du sud nous amènent de la zone torride, sont obscurs, étendus dans les cieux, et projettent leurs grandes ombres sur la terre. La nature a donné aux nuages des zones chaudes et froides les mêmes dispositions qu'aux feuillages de leurs végétaux, dont les uns, horizontaux, sont des parasols, et les autres, perpendiculaires, sont des réverbères. Voilà pourquoi le palmier de l'Afrique diverge ses rameaux en ombelles, et le sapin de la Russie élève les siens en pyramides.

Non-seulement les nuages, condensés par le froid, perpendiculaires ou obliques à l'horizon, renvoient des reflets, et quelquefois des images du soleil; mais il est possible qu'étant horizontaux, ils nous présentent l'aspect des objets terrestres. Ainsi, les montagnes, les forêts, les armées même, qu'on a cru quelquefois apercevoir dans les nuages, ne sont pas toujours aussi illusoires qu'on le pense.

J'appuierai ce paradoxe de faits assez curieux. Quelque temps après avoir publié mes Études de la nature, un homme vint me dire qu'il avait trouvé le secret d'annoncer l'arrivée des vaisseaux, lorsqu'ils étaient encore à soixante ou quatre-vingts lieues du port, et même plus loin. Il en avait fait, ajoutait-il, l'expérience plusieurs fois à l'Ile-de-France, devant plusieurs témoins, qui avaient signé son mémoire, et il voulait le présenter au ministre de la marine, pour la réitérer en France. Son dessein était de me prier de l'apostiller, parce qu'il supposait qu'ayant été ingénieur à l'Ile-de-France, j'avais ouï parler de sa découverte, et que j'en devais sentir la possibilité, parce que je m'étais livré à l'étude de la nature. Il concluait que quelques succès en ce genre dans le public, avaient dû me donner beaucoup de crédit dans les bureaux. Je lui répondis qu'étant à l'Ile-de-France, j'avais ouï dire en effet que les oiseaux du tropique annonçaient l'arrivée des vaisseaux d'Europe en les devançant de fort loin et en venant aborder avant eux; mais que les faits personnels qu'il alléguait m'étaient entièrement inconnus; que j'étais un solitaire sans crédit; qu'il n'avait besoin d'ailleurs de celui de personne pour mettre sa découverte en évidence, et que pour attester son expérience il ne fallait que l'expérience même et des témoins irréprochables. J'ignorais alors qu'il ne suffit pas de présenter aux hommes la vérité toute nue pour la leur faire adopter; qu'il faut la couvrir des voiles du mystère, lui donner un théâtre, des prôneurs et des protecteurs, et que ces accessoires sont si puissants, qu'ils suffisent par toute la terre à l'erreur pour cacher la vérité aux yeux même des plus clairvoyants. Mon spéculateur de vaisseau ne fut pas content de ma réponse. Il avait avec lui un avocat qui avait rédigé le mémoire de sa prétendue découverte. Il s'était imaginé que je lui ferais d'avance beaucoup de compliments, et qu'il en prendrait acte, comme d'une autorité. Cependant, pour l'encourager autant qu'il m'était possible, je lui dis que j'étais intimement convaincu qu'il y avait dans la nature une infinité de choses inconnues aux hommes, et surtout à moi; que sa découverte pouvait être de ce nombre; qu'elle m'était problématique; que je ne la croyais pas, mais que je ne la niais pas non plus.

J'ai appris depuis qu'il avait été envoyé à Brest pour faire son expérience devant des commissaires, et qu'elle n'avait pas réussi.

J'ai pensé que cet observateur avait pu, dans quelque circonstance favorable et commune dans le ciel des tropiques, avoir la vue des vaisseaux éloignés par la réflexion des nuages. Ce qui me confirme dans cette idée, c'est un phénomène très-singulier qui m'a été raconté par notre célèbre peintre Vernet, mon ami. Étant dans sa jeunesse en Italie, il se livrait particulièrement à l'étude du ciel, plus intéressante sans doute que celle de l'antique, puisque c'est des sources de la lumière que partent les couleurs et les perspectives aériennes qui font le charme des tableaux ainsi que de la nature. Vernet, pour en fixer les variations, avait imaginé de peindre sur les feuillets d'un livre toutes les nuances de chaque couleur principale, et de les marquer de différents numéros. Lorsqu'il dessinait un ciel, après avoir esquissé les plans et les formes des nuages, il en notait rapidement les teintes fugitives sur son tableau avec des chiffres correspondants à ceux de son livre, et il les colorait ensuite à loisir. Un jour, il fut bien surpris d'apercevoir au ciel la forme d'une ville renversée ; il en distinguait parfaitement les clochers, les tours, les maisons. Il se hâta de dessiner ce phénomène, et, résolu d'en connaître la cause, il s'achemina, suivant le même rhumb de vent, dans les montagnes. Mais quelle fut sa surprise de trouver à sept lieues de là la ville dont il avait vu le spectre dans le ciel, et dont il avait le dessin dans son portefeuille !

La réflexion d'une ville observée dans les airs par Vernet, n'a rien de plus extraordinaire que le phénomène du détroit de Sicile, près de Messine. Il y est connu sous le nom de Fée Morgane. Tous les voyageurs qui ont été dans cette partie de l'île en parlent avec étonnement. Voici ce qu'en dit Brydonne :*

« Les anciens et les modernes remarquent
» souvent que, dans la chaleur de l'été, après
» que la mer et l'air ont été agités par les

---

* Voyage en Sicile, lettre IV.

» vents et qu'un calme parfait succède, on voit,
» à la pointe du jour, dans cette partie du ciel
» qui est sur le détroit, différentes formes sin-
» gulières; quelques-unes sont en repos, et d'au-
» tres se meuvent avec beaucoup de vitesse ; à
» mesure que la lumière augmente, elles sem-
» blent devenir plus aériennes, jusqu'à ce qu'enfin
» elles disparaissent entièrement un peu avant le
» lever du soleil.

» Les auteurs siciliens parlent de ce phéno-
» mène comme du plus beau spectacle de la
» nature. Léanti, un de leurs meilleurs écri-
» vains, vint ici pour le voir. Il dit que les cieux
» paraissaient remplis d'un grand nombre de
» palais, de jardins, de bois....; que des figures
» d'hommes et d'animaux semblaient être en
» mouvement au milieu de cette scène magni-
» fique... Girardina, jésuite, a fait dernièrement
» un traité sur cet objet; mais je n'ai pu le trou-
» ver. Le célèbre Gallo, de Messine, a aussi
» publié un ouvrage sur la même matière. Si
» je viens à bout de découvrir ces deux livres
» dans l'île, vous satisferez pleinement votre cu-
» riosité en les lisant. Les gens du commun
» disent, suivant la coutume, que ce phéno-
» mène est produit par le diable ; et c'est, à la
» vérité, la manière la plus courte et la plus fa-
» cile d'expliquer une énigme. Ceux qui lui re-
» fusent cet honneur et qui se piquent d'être

» philosophes, sont fort embarrassés d'en rendre
» raison; ils croient qu'il provient de quelque
» réfraction extraordinaire, ou d'une réflexion
» de rayons de lumière, causée par l'eau du dé-
» troit. Ils disent que cette eau, emportée en
» plusieurs tournants et tourbillons, doit par
» conséquent produire un grand nombre de dif-
» férentes figures lumineuses. Cette explication
» ne me paraît guère sensée; et, jusqu'à ce qu'ils
» en inventent une plus raisonnable, ils auraient
» aussi bien fait de rapporter le tout au diable.
» Je soupçonne que c'est une espèce d'aurore
» boréale, ainsi que plusieurs autres grands phé-
» nomènes de la nature. Il est peut-être pro-
» duit par l'électricité, qui aura sans doute
» autant de célébrité, dans les siècles futurs,
» comme agent qui règle l'univers, que la gra-
» vitation de Newton, ou la matière subtile de
» Descartes.

» Ce pays de volcans produit une plus grande
» quantité de vapeurs électriques qu'aucun autre.
» Ne peut-on pas supposer que l'air, fortement
» imprégné de cette matière, resserré entre
» deux chaînes de montagnes, et extrêmement
» agité au-dessous par la violence du courant et
» les tournants impétueux des flots, donne nais-
» sance à ces différents phénomènes? »

Il est fâcheux que le savant Brydonne n'ait
pas observé lui-même des effets aussi extraordi-

naires pendant son séjour à Messine. Je lui sais bon gré, comme anglais, de secouer un peu le joug de son compatriote Newton, et de rapporter à l'électricité plusieurs phénomènes qui en dépendent évidemment, tels que ceux des aurores boréales et les longues queues des comètes, que les newtoniens attribuent à l'attraction, dont ils veulent faire une loi unique dans l'univers. Mais je pense qu'il ne doit pas rejeter lui-même avec mépris l'explication simple des philosophes siciliens. Il est très-probable que, quand l'électricité serait la cause du phénomène qu'on aperçoit au-dessus du détroit de la Sicile, il s'y joint des reflets de ce détroit, qui se manifestent dans les cieux par des ondulations, des aspects de forêts, des châteaux, etc. Brydonne lui-même adopte cette opinion, puisqu'il attribue ces mouvements aériens aux tournants impétueux des flots qui sont au-dessous ; mais il se trompe quand il fait résulter cette espèce d'aurore boréale des vapeurs volcaniques de la Sicile : car il est bien certain que les pôles qui nous renvoient, en hiver, de si magnifiques aurores, n'ont point de volcans au sein de leurs glaciers.

J'ai vu fréquemment, en Russie, des aurores boréales qui s'étendent quelquefois jusque sur le climat de Paris et au-delà : elles sont blanches, bleues, vertes, rouges, rayonnantes et fluctuantes. Je suis très-disposé à attribuer leurs différentes couleurs et leurs mouvements aux reflets mêmes des glaces polaires, des forêts de sapins du Nord, des mines ferrugineuses et rougeâtres de la Sibérie, et aux ondulations de l'Océan, qui se réfléchissent dans les cieux. Ce qui me confirme dans cette idée, c'est que l'aurore australe, si souvent observée par le capitaine Cook, est blanche et bleue, sans le mélange d'aucune autre couleur. Cette uniformité vient sans doute des simples reflets des glaces et de l'Océan du pôle austral, qui, comme on le sait, n'a point de continent qui l'environne. Je remarquerai que ces aurores n'ont lieu aux deux pôles que lorsque le soleil est au-dessous de leur horizon, c'est-à-dire, dans leur hiver, et qu'il en est de même de celles du détroit de la Sicile, qui ne sont sensibles qu'avant le lever du soleil, à la fin de la nuit. Il paraît donc que leurs effets résultent d'une atmosphère vaporeuse, condensée par le froid, qui réfléchit à-la-fois les objets de la terre et la lumière des cieux. Ces réverbérations terrestres doivent être assez communes dans l'atmosphère des montagnes à glaces de l'Italie, telles que les Alpes et les Apennins. Vernet les y a observées. J'en conclus qu'il est possible que le physicien qui m'est venu voir, ait réussi, à l'Ile-de-France, à découvrir un vaisseau qui en était à de grandes distances, au moyen de l'atmosphère condensée de l'Ile-Bourbon, qui en est à quarante lieues, et dont les sommets sont toujours couverts de glace ; et qu'il ait échoué au port de Brest, dans l'horizon duquel il n'y a point de semblables montagnes, et par conséquent point de vapeurs spéculaires.

Non-seulement les vapeurs aquatiques décomposent les rayons du soleil en couleurs, et réfléchissent sa circonférence dans les arcs-en-ciel, et son disque entier dans les parélies ; mais elles s'imbibent de sa chaleur, et la transmettent à la terre par les pluies qui la fécondent. L'eau est le véhicule du feu. Observons d'abord que l'océan de vapeurs dont l'atmosphère est remplie, contient toute l'eau des fleuves qui doit couler en un jour sur la terre, et que s'il tombait du ciel en masse, il ravagerait toutes les campagnes ; mais il tombe en longs filets divisés par gouttes, dont la chute ne produit point de dommages. L'eau aérienne est la matrice du feu électrique, c'est-à-dire de ce feu solaire, souvent invisible, qui féconde et anime tout l'univers. C'est par les rais de la pluie, comme par autant de conducteurs, qu'il descend des nuages qui le renferment : en effet, il n'y a point de tonnerre sans nuages. A la vérité, les anciens ont observé qu'il tonnait quelquefois en temps serein ; Pline, qui rapporte ce phénomène, ajoute qu'il était d'un grand présage. Il est douteux qu'il ait jamais eu lieu; mais il ne l'est pas qu'il ne sorte quelquefois des éclairs de la terre : et c'est ce que les anciens, suivant le témoignage du même auteur, appelaient foudres infernales. Cet effet doit arriver lorsqu'une portion métallique de la terre, isolée sur quelque roche vitreuse ou sulfureuse, se trouve plus chargée de feu électrique que l'atmosphère qui lui correspond; car, ne pouvant se répandre au dedans par la qualité antiélectrique, propre au verre et au soufre, il s'élance au dehors vers le nuage qui l'attire; il se met de niveau, passant du corps qui en a le plus à celui qui en a le moins. C'est sur ce principe qu'on a imaginé les aiguilles électriques qui surmontent nos maisons, et qui les garantissent de la foudre. C'est dans un morceau d'ambre que la propriété électrique fut aperçue pour la première fois, et l'homme est parti de ce point pour arracher la foudre du ciel.

Une preuve que le feu électrique vient du soleil, c'est, comme nous l'avons déjà dit, qu'il y a en hiver très-peu de tonnerre, parce que cet astre a peu d'action sur notre hémisphère; et qu'en été, au contraire, où il en a beaucoup, les orages sont fréquents. Il est remarquable aussi que les pluies d'orages, qui sont pénétrées de ce feu électrique, font éclore très-promptement les semences des végétaux et les œufs des insectes. Le tonnerre annonce presque par-tout l'arrivée du printemps, c'est-à-dire l'action du soleil sur la végétation. En Russie, le peuple ne se croit dans le printemps que quand il a entendu le tonnerre ; en France même, nos paysans disent en proverbe : « Quand » il tonne en avril, le laboureur se réjouit. » Cependant plusieurs d'entre eux regardent ce brillant météore comme un signe de la colère de Dieu envers les hommes ; ils sonnent de toutes leurs forces les cloches de leur village pour l'en écarter, et assez souvent ils le font tomber sur le clocher même, dont la croix de fer le soutire. Le tonnerre, loin d'être une preuve de la colère de Dieu, en est une de sa bonté. Il rafraîchit l'atmosphère en en faisant écouler les couches supérieures, toujours froides, dans les inférieures, trop échauffées par les reflets de la terre ; et il verse sur celle-ci des eaux tièdes, sulfurées et nitreuses, qui la fécondent. A la vérité, ses feux vifs et ses roulements, accompagnés d'éclats, ont quelque chose d'effrayant ; mais rien n'est fait en vain. Comme cette communication rapide du feu des nuages avec la terre, est meurtrière pour ceux qui se trouveraient dans sa direction, son bruit avertit les animaux qui ont les sens de l'ouïe et de la vue, de se mettre à l'abri. Un autre météore l'accompagne souvent, c'est celui de la grêle. Il est nuisible aux vignes et aux moissons, mais il est toujours funeste aux insectes, dont les orages favorisent la multiplication. Il s'annonce aussi par un bruit alarmant et une espèce de cliquetis lointain, qui donnent au moins aux hommes le temps de l'éviter. D'ailleurs, tout est compensé : les contrées les plus sujettes aux orages sont les plus fertiles, ainsi que celles qui sont voisines des volcans, ces tonnerres de la terre et des mers.

C'est donc par les harmonies aquatiques de l'air mises en action par le soleil, que s'opèrent la décomposition de la lumière en mille teintes colorées ; les pluies fécondantes, sources des fleuves ; les arcs-en-ciel, les tonnerres rafraîchissants des zones torrides, et les parélies des zones glaciales.

C'est pour produire ces différents effets que le soleil pompe sans cesse les eaux de l'Océan en vapeurs, qu'il les rassemble en nuages, qu'il les disperse dans l'atmosphère par plans élevés les uns au-dessus des autres, pour y produire ces perspectives aériennes si ravissantes, qui donnent tant d'étendue à nos horizons, et dont la magnificence redouble avec le coucher de l'astre du jour.

On vante beaucoup l'aurore et fort peu le couchant. Il en est de même du mois de mai, cette aurore de l'année végétale, et du mois de septembre, qui la termine. Le mois de mai n'amène pas toujours la fin des orages; je l'ai souvent trouvé humide et froid comme l'aurore, tandis que septembre est sec et chaud comme le couchant. L'aurore et le mois de mai ont sans doute de grandes beautés ; mais la principale est de plaire à notre imagination, parce que l'une nous annonce le commencement du jour, et l'autre celui du printemps : au contraire, le couchant et le mois de septembre sont les précurseurs, l'un de la nuit, et l'autre de l'hiver. Les premiers sont les symboles de la jeunesse et de ses plaisirs, les seconds de la vieillesse et de ses infirmités. Nos idées morales dénaturent souvent nos sensations physiques. Pour moi, j'ai trouvé, dans le cours de ma vie, le couchant plus intéressant que l'aurore, septembre plus doux que mai, et mon automne plus agréable que mon printemps.

Lorsque j'étais en pleine mer, et que je n'avais d'autre spectacle que le ciel et l'eau, je m'amusais quelquefois à dessiner les beaux nuages blancs et gris, semblables à des croupes de montagnes, qui voguaient à la suite les uns des autres sur l'azur des cieux. C'était sur-tout vers la fin du jour qu'ils développaient toute leur beauté en se réunissant au couchant, où ils se revêtaient des plus riches couleurs, et se combinaient sous les formes les plus magnifiques. Sur la terre, chaque site présente toujours le même horizon; dans le ciel, chaque heure, et sur-tout, chaque soir, en offre de nouveaux. J'ai tâché d'en tracer quelques tableaux dans mes Études. Je vais ici en esquisser un, aussi imparfait que mes crayons.

Un soir, environ une demi-heure avant le coucher du soleil, le vent alizé du sud-est se ralentit, comme il arrive d'ordinaire vers ce temps. Les nuages qu'il voiture dans le ciel à des distances égales comme son souffle, devinrent plus rares, et ceux de la partie de l'ouest s'arrêtèrent et se groupèrent entre eux sous les formes d'un paysage. Ils représentaient une grande terre formée de hautes montagnes, séparées par des vallées profondes et surmontées de rochers pyramidaux. Sur leurs sommets et leurs flancs, apparaissaient des brouillards détachés, semblables à ceux qui s'élèvent autour des terres véritables. Un long fleuve semblait circuler dans leurs vallons, et tomber çà et là en cataractes; il était traversé par un grand pont, appuyé sur des arcades à demi ruinées. Des bosquets de cocotiers, au centre desquels on entrevoyait des habitations, s'élevaient sur les croupes et les profils de cette île aérienne. Tous ces objets n'étaient point revêtus de ces riches teintes de pourpre, de jaune doré, de nacarat, d'émeraudes, si communes le soir dans les couchants de ces parages; ce paysage n'était point un tableau colorié : c'était une simple estampe, où se réunissaient tous les accords de la lumière et des ombres. Il représentait, non une contrée éclairée en face des rayons du soleil ; mais par derrière, de leurs simples reflets. En effet, dès que l'astre du jour se fut caché derrière lui, quelques-uns de ses rayons décomposés éclairèrent les arcades demi-transparentes du pont, d'une couleur ponceau, se reflétèrent dans les vallons et au sommet des rochers ; tandis que des torrents de lumière couvraient ses contours de l'or le plus pur, et divergeaient vers les cieux comme les rayons d'une gloire ; mais la masse entière resta dans sa demi-teinte obscure, et on voyait autour des nuages qui s'élevaient de ses flancs, les lueurs des tonnerres dont on entendait les roulements lointains. On aurait juré que c'était une terre véritable, située environ à une lieue et demie de nous. Peut-être était-ce une de ces réverbérations célestes de quelque île très-éloignée, dont les nuages nous répétaient la forme par leurs reflets, et les tonnerres par leurs échos. Plus d'une fois des marins expérimentés ont été trompés par de semblables aspects. Quoi qu'il en soit, tout cet appareil fantastique de magnificence et de terreur, ces montagnes surmontées de palmiers, ces orages qui grondaient sur leurs sommets, ce fleuve, ce pont, tout se fondit et disparut à l'arrivée de la nuit, comme les illusions du monde aux approches de la mort. L'astre des nuits, la triple Hécate, qui répète par des harmonies plus douces celles de l'astre du jour, en se levant sur l'horizon, dissipa l'empire de la lumière, et fit régner celui des ombres. Bientôt des étoiles innombrables et d'un éclat éternel brillèrent au sein des ténèbres. Oh! si le jour n'est lui-même qu'une image de la vie; si les heures rapides de l'aube du matin, du midi et du soir représentent les âges si fugitifs de l'enfance, de la jeunesse, de la virilité et de la vieillesse; la mort, comme la nuit, doit nous découvrir aussi de nouveaux cieux et de nouveaux mondes!

HARMONIES AQUATIQUES

DE L'EAU.

Quoique l'eau soit évaporable, et qu'elle puisse occuper, dans cet état, un espace plusieurs milliers de fois plus grand que dans son état naturel, elle est incompressible. On a beau la presser, on ne fait point rentrer ses molécules en elles-mêmes, comme celles de l'air. L'eau fortement comprimée dans un tuyau de métal, le fait crever s'il est de fer, et passe à travers ses pores s'il est d'or. On en peut conclure encore que les molécules de l'eau sont plus déliées que celles de l'air, et qu'elles en diffèrent; car celles-ci, quelque pressées qu'elles soient, ne transpirent point à travers les pores de l'or. D'ailleurs, les vapeurs de l'eau s'élèvent dans l'air le plus dilaté, et ne se confondent point avec lui.

Cependant, il ne faut pas croire que l'eau soit incompressible en elle-même. La nature a des moyens inconnus à notre physique, et bien supérieurs à nos machines. Elle condense l'air dans le chêne, au point d'y en renfermer le tiers de la pesanteur de ce bois, suivant l'expérience qu'en a faite le chimiste Homberg. Il paraît qu'elle y comprime l'eau dans une proportion beaucoup plus grande. Quoique ce bois paraisse, à l'intérieur même, dans un état de sécheresse, on peut connaître qu'il renferme une grande quantité d'eau par la fumée qui en sort lorsqu'on le brûle. Une corde de bois, qui pèse près de deux milliers, ne donne qu'un boisseau de cendre qui ne pèse pas vingt livres. Tout ce qui s'en est évaporé n'était presque que de l'air et de l'eau, qui y étaient combinés sous une forme solide. Cependant, dans cet état de combinaison intime, l'air et l'eau diffèrent encore ; car le premier sort invisible, mais souvent avec des sifflements et des murmures ; et l'autre en silence, sous la forme de vapeurs obscures. Il faut sans doute en déduire la matière même du feu, qui résulte de la combinaison des rayons du soleil dans le bois, lesquels, par un mécanisme encore plus merveilleux, y acquièrent de la pesanteur, s'y engagent d'une manière invisible, et se développent en feu et en flamme par la combustion.

Si l'eau, réduite en vapeurs, réfracte les rayons du soleil, et les décompose en couleurs ; lorsqu'elle est fluide, elle les réfléchit au dehors, tandis qu'elle reflète, en apparence au dedans, tous les objets qui l'environnent, et qui, comme on sait, renvoient de toutes parts des rayons colorés qui les rendent visibles. Je dis que l'eau reflète, en apparence au dedans, les objets qui l'environnent, car ce reflet n'a lieu qu'à sa surface, ainsi qu'à celle de tous les corps polis.

Je n'ai jamais bien compris comment il se pouvait faire que l'eau renvoyât au dedans la lumière comme un miroir, et qu'elle ne réfléchît pas également au dehors les formes des corps coloriés et même lumineux. J'entrevois la raison de ces lois de l'optique, sans en concevoir la cause première ni le mécanisme. Quoi qu'en disent nos docteurs, nous ne saisissons que des causes finales. Il était nécessaire que les rayons du soleil fussent réfléchis et étendissent leur action vivifiante sur la terre. C'est pour cela que les eaux sont répandues dans toute sa circonférence, et sur-tout aux pôles, dont les neiges et les glaces sont réverbérantes, afin de dédommager les zones des longues absences de l'astre du jour. Mais si ces mêmes eaux, soit fluides, soit solides, eussent réfléchi les images des corps, mille formes illusoires se fussent mêlées aux véritables : le vaste Océan eût réfléchi dans le ciel un autre ciel et un autre soleil ; les fleuves qui circulent eussent représenté des forêts et des collines mouvantes, perpendiculaires à leur surface ; le ruisseau eût offert, sur la sienne, la verdure et les fleurs de la prairie voisine ; la bergère, trompée, eût mené paître ses moutons sur les eaux, et eût cru y voir doubler son troupeau. Elle-même, en y consultant ses attraits, eût reculé épouvantée en voyant une figure, semblable à la sienne, s'élever au-dessus de l'onde et lui sourire. Son berger, incertain, n'eût su à laquelle des deux adresser son hommage, et lui-même, dans sa propre image, eût cru rencontrer un rival. Le chien seul, par son instinct, fût resté fidèle au troupeau, à la maîtresse, à l'amant. L'eau eût renvoyé tous les objets de la terre dans les airs. Mais, par une magie céleste, sa surface mobile réfléchit vers les cieux la lumière qui en descend. Elle éclaire, de ses reflets, les ombres des corps voisins, tandis que leurs formes paraissent s'enfoncer dans sa profondeur. Ainsi, l'hémisphère réel et l'hémisphère réfléchi forment une sphère entière séparée par des jets lumineux, et consonnent entre eux au lieu de se confondre.

Cependant les eaux liquides présentent quelquefois les mêmes phénomènes que les eaux évaporées. J'ai vu, dans des tempêtes, les couleurs de l'arc-en-ciel sur la crête des flots. Il est possible même qu'elles figurent des parélies dans leurs courbes, lorsqu'elles se creusent en vallons par le poids des vents, et qu'on voie sortir des soleils du sein des mers, ainsi que des nuages condensés du nord. C'est par le même effet qu'un miroir concave renvoie dans l'air et y fixe l'image d'un objet qui lui est opposé. J'attribue à de semblables réverbérations une espèce de flamme bleue que j'ai vue quelquefois sortir de la mer au coucher du soleil, au moment où son disque disparaît de dessus l'horizon.

La réflexion des rayons du soleil est plus grande sur l'eau que sur la terre. Les matelots sont plus basanés que les laboureurs, aux mêmes latitudes. Les coups de soleil sont plus fréquents sur le bord des rivières qu'au milieu des campagnes. Les reflets des eaux sont proportionnés à leurs ondulations, d'où il arrive que, dans les tempêtes où le soleil apparaît, la mer renvoie une chaleur plus forte qu'à l'ordinaire, parce que ses flots, en se creusant, doublent leurs surfaces et leurs réverbérations. Si cependant il y a des rivages dont l'atmosphère est plus froide que celle des terres qui les avoisinent, c'est que les eaux qui les baignent, sortent de quelque souterrain, ou d'une montagne à glace, ou des pôles mêmes de la terre.

Non-seulement les rayons du soleil se réfléchissent sur les eaux, mais ils les pénètrent jusqu'au fond. Si, comme on le croit communément, les abymes de l'Océan ont autant de profondeur que les plus hautes montagnes ont d'élévation, il est certain que les rayons du soleil parviennent jusqu'au fond de leurs bassins, à travers des masses liquides de plus de trois mille toises. Si cela n'était pas, il y aurait des cavités sous-marines, dont l'eau, tout-à-fait privée de la chaleur du soleil, fondrait à certaines périodes. Or, si ces effets avaient lieu, on verrait au milieu des mers torridiennes, qui sont les plus profondes du globe, des glaciers sous-marins s'élever tout-à-coup à leur surface, frapper de congélation l'atmosphère chaude de leurs îles, et en faire périr à-la-fois les végétaux et les animaux. Le Caraïbe vagabond, le Nègre misérable, le voluptueux Taïtien, n'oseraient voguer autour sans craindre, à chaque instant, de voir leurs pirogues portées au haut des airs par des roches jaillissantes du fond des mers. Il était donc nécessaire que le soleil en réchauffât de ses rayons toute la profondeur, afin qu'une zone glaciale n'apparût pas subitement au sein de la zone torride.

On ne peut que spéculer sur des lieux aussi éloignés des recherches des hommes; mais on est tenté d'y pénétrer au moins en esprit, lorsqu'on pense que c'est là que se combinent tant de matières qui servent aux principaux besoins de la vie. C'est au fond de l'Océan que se sont formés les argiles, les pierres de taille, les pierres à chaux, les marnes, les ardoises, les marbres, les gypses, les grès, les cailloux, et les métaux même, disposés pour la plupart par couches horizontales, et remplis de coquillages marins qui attestent que tous ces fossiles sont les ouvrages des eaux de l'Océan. C'est sur ses bords que, par un battement continuel des flots et le roulement des cailloux, se pulvérisent ces longues grèves, dont les sables volatils vont, à l'aide des vents, réparer les sommets des montagnes les plus élevées dans l'atmosphère, et les plus reculées dans le continent : ce n'est donc pas sans raison que, dès la plus haute antiquité, l'Océan a été appelé le père de toutes choses.

Si l'Océan est le berceau de la terre, il en est aussi le tombeau. C'est dans son sein que se rendent les débris des roches et des montagnes, que les torrents entraînent dans les fleuves, qui en deviennent tout noirs ou tout jaunes après d'abondantes pluies. C'est là que flottent, en dissolution, les huiles, les bitumes, les nitres, qui forment des volcans sur les rivages ; c'est là aussi que les siècles ensevelissent à la longue les ruines des villes et des puissances humaines. La meilleure partie de Rome n'est plus sur le sol de Rome ; elle est au fond du Tibre et dans les bancs de la Méditerranée. Ses peuples innombrables ne gisent plus dans leurs catacombes, et ses empereurs dans leurs vastes tombeaux : il n'en reste tout au plus que les squelettes ; leurs chairs se sont écoulées avec les eaux souterraines vers les feux du Vésuve et de l'Etna. Quant à nous, peuples modernes, l'Océan est pavé de nos boulets, de nos canons, des lingots du Pérou et du Mexique, et des ossements des nations qui se les sont disputés, par le fer et le feu, au sein des eaux.

Oh! que la cloche du plongeur nous serait bien plus utile que le globe de l'aérostat! Les monuments mensongers et passagers de notre gloire sont dans nos histoires et dans nos places publiques; mais ceux de nos misères et de nos fureurs sont permanents au fond des mers. Ils y sont rangés par ordre de siècles. Un jour, ils apparaîtront dans les carrières ouvertes par nos descendants, comme les os des éléphants et des crocodiles nous apparaissent dans celles du nord.

Nous verrons, dans le paragraphe suivant, comment le temps opère ces grandes révolutions. Nous remarquerons seulement ici que tous les coquillages et les poissons qui ont des couleurs brillantes, fréquentent le bord des eaux, afin sans doute que l'homme puisse jouir de leur beauté; tandis que ceux qui ne sont revêtus que de robes obscures, vivent à de grandes profondeurs ou en pleine mer. Il est certain que les marbres, vivement colorés de rouge, de pourpre, de bleu, de jaune, de vert, ont été formés par les débris des premiers, et les marbres gris et noirs par les derniers: d'où l'on pourrait conclure que les carrières des premiers indiqueraient les anciens rivages de l'Océan, et celles des derniers, les fonds de son bassin. On pourrait peut-être encore juger, par leurs différents degrés de dureté, des profondeurs où elles ont été formées au sein de la mer; car les différentes élévations de ses eaux doivent comprimer plus ou moins son fond. On peut citer à l'appui de ces diverses conjectures, deux petits morceaux de marbre lumachelle ou conchyte, de la grandeur d'un petit écu, que l'on voit au Muséum d'histoire naturelle. Ils brillent des plus riches couleurs de l'aurore, au moyen de quelques fragments de moules de Magellan, qu'ils renferment à leur surface : d'ailleurs ils sont très-tendres. Il y a apparence qu'ils ont été formés à la surface des eaux, car c'est là que les moules habitent. J'ignore d'où ils viennent; mais ils jettent un éclat si vif, que notre reine infortunée, à laquelle ils appartenaient, les destinait à s'en faire des bracelets.

L'eau de la mer est plus pesante d'un trente-deuxième que l'eau douce, à cause du sel qu'elle contient. Comme c'est dans son bassin que se sont formées les pierres calcaires, il serait curieux d'examiner si ces pierres sont salées en elles-mêmes; car, si elles ne le sont pas, on en pourrait conclure que la mer n'était pas salée dans l'origine, et que le sel dont elle est imprégnée vient originairement des terres; et si elles le sont, que le nitre qui se manifeste quelquefois à leur surface, est une efflorescence ou décomposition du sel marin. Quoi qu'il en soit, l'eau marine étant plus pesante d'un trente-deuxième, les corps qui y surnagent, y enfoncent d'un trente-deuxième de moins que dans l'eau douce. Il arrive de là qu'un vaisseau échoue dans celle-ci à la même profondeur où il voguerait dans la première. Ces différentes pesanteurs sont peut-être des moyens de pêche que la Divinité a donnés aux hommes, pour profiter des baleines et autres cétacés qui viennent souvent chercher des aliments aux embouchures des rivières, et qui y échouent.

Le centre de la terre attire à lui tous les corps qui sont à sa circonférence, comme nous le verrons au paragraphe suivant. C'est un aimant universel, qui toutefois a des pôles particuliers. L'eau doit à cette attraction son niveau et sa circulation. Il y a deux sortes de niveaux : l'apparent, qui est en ligne droite, et le réel, qui forme une courbe sphérique : l'instrument qui porte le nom de niveau n'en donne que l'apparence. Il ne peut servir que pour de petites distances, car son rayon visuel n'est qu'une tangente au globe. Le niveau réel, au contraire, est celui par lequel les eaux se mettent en équilibre par leur tendance vers le centre de la terre : d'où il résulte qu'elles se disposent en sphère tout autour de lui. Cette courbe est si sensible sur la mer, qu'elle cache à six lieues de distance, un vaisseau du premier rang, dont la mâture a cent quatre-vingts pieds d'élévation ; qu'elle en laisse apercevoir les girouettes à cinq lieues, les mâts de perroquet à quatre, les mâts de misaine à trois, les mâts inférieurs à deux, et le corps entier du vaisseau à une lieue.

Les eaux, attirées vers le centre de la terre, coulent des lieux les plus élevés vers les plus bas, comme on le voit aux ruisseaux, aux rivières et aux fleuves, qui descendent tous de quelque hauteur pour se rendre à la mer ensemble ou séparément. Il s'ensuit donc que, lorsque des eaux ont un courant, elles descendent d'un lieu plus élevé vers un plus bas. Or, comme l'Océan a un courant général qui va du nord au midi, depuis l'équinoxe du printemps jusqu'à celui d'automne, il en résulte que notre zone glaciale est plus élevée que la zone torride. Comme ce courant coule pendant les six mois de notre printemps et de notre été, il est évident qu'il doit son origine et son entretien aux fontes des glaces de notre pôle, qui ont quatre à cinq mille lieues de circonférence, et dont le soleil échauffe alors l'hémisphère. Un courant contraire a lieu dans l'Océan, six mois après, par des causes contraires. On en doit donc conclure que les pôles de la terre sont alongés, sinon, par eux-mêmes, au moins par les montagnes et les glaces qui les surmontent.

Ce courant général de l'Océan produit, pour l'ordinaire, sur ses côtes deux contre-courants latéraux qui vont en sens contraire. Ils résultent du déplacement de la masse d'eau du milieu de l'Océan, qui force, par son cours, les eaux latérales de remonter en sens contraire pour la remplacer. C'est ainsi qu'un vaisseau qu'on lance à l'eau, la fait d'abord fluer en avant, et ensuite refluer vers son arrière. Ce remous ou reflux latéral est sensible dans un ruisseau qui coule dans un bassin, ou qui passe d'un lieu large dans un plus étroit. Il doit être à proportion plus grand sur les bords de la mer, parce que l'eau salée du milieu est plus pesante que les eaux latérales, mêlées en partie de l'eau douce des fleuves, qui est plus légère d'un trente-deuxième. On donne à ces contre-courants le nom de marées. Leur flux, soit qu'il soit intermittent, soit qu'il soit continu, est de douze heures environ ou d'un demi-jour, c'est-à-dire de la durée du temps que le soleil échauffe la moitié de l'hémisphère dans son cours journalier.

HARMONIES AQUATIQUES

DE LA TERRE.

> Amants, heureux amants, voulez-vous voyager?
> Que ce soit aux rives prochaines :
> Soyez-vous l'un à l'autre un monde toujours beau,
> Toujours divers, toujours nouveau.
>
> La Fontaine, fable des deux Pigeons.

Un simple ruisseau est une image de l'Océan. Il a son pôle et sa source dans un rocher qui attire les vapeurs; son courant entre des collines, comme entre deux continents; ses contre-courants latéraux, lorsqu'il passe d'un lieu plus large dans un plus étroit. Il forme dans son cours en spirale des promontoires, des bancs, des îles. Il plaît à notre vue par ses réverbérations lumineuses et par ses reflets, à notre toucher par sa fraîcheur, à notre ouïe par ses murmures. Sa circulation même semble avoir des analogies avec celle de notre sang; il la règle, il la calme, et, ce que ne peuvent les eaux salées de la mer, il nous désaltère par la douceur de la sienne. Tel est un ruisseau, lorsqu'il coule dans les rochers même les plus arides ; mais, lorsqu'il traverse des prairies et des forêts, mille fleurs éclosent sur ses bords ; les oiseaux habitent les arbres qui l'ombragent, et font retentir les échos de leurs amoureux concerts. La bergère y mène boire ses troupeaux, et y vient consulter ses charmes. Elle y voit ses chiffres gravés sur les troncs des aunes et des peupliers. Son amant peut même, de la montagne voisine, les tracer sur des écorces, ou sur les coques dures des fruits, et les abandonner au cours des eaux, qui les porteraient jusqu'aux extrémités de l'Océan. Mais l'amour aime le mystère ; et l'homme, qui désire pour confident de sa gloire ou de ses malheurs tout le genre humain, ne veut d'autre témoin de ses amours que l'objet aimé.

N'anticipons point ici sur les harmonies conjugales ; parlons de celles des eaux avec la terre toute nue. La terre a des attractions hydrauliques, d'abord à son centre, qui met autour d'elle toutes les mers de niveau ; aux sommets de ses montagnes, qui attirent les nuages ; enfin à ses pôles, qui y fixent en glace les vapeurs atmosphériques. Toutes ses attractions extérieures paraissent des rameaux de son attraction centrale. Si elles n'existaient pas, les vapeurs nageraient incertaines dans l'atmosphère sans se fixer à aucun point. Le puits, le ruisseau, l'Océan, n'auraient pas de sources permanentes.

Toutes les matières que l'on trouve dans le sein de la terre, à l'exception peut-être des granits, y ont été déposées par les eaux. Nos carrières ne sont formées que de vastes lits de coquillages, de pierres de taille, de pierres à chaux et à plâtre, de marbres, d'ardoises, de grès, d'argile, de marne, de pierres à fusil, de sables, la plupart disposés par couches horizontales, et remplis de corps marins dont ils ne sont souvent que des amalgames ou des débris. Les laves même des volcans que l'on trouve au sommet des montagnes de l'Auvergne, du Vésuve, de l'Etna, de l'Hécla; les basaltes, qui ne sont que des laves cristallisées, ont été, dans l'origine, des productions des eaux marines, puisque c'est aux bitumes dont elles sont chargées, et à leurs fermentations, que les volcans doivent leurs feux et leur entretien. Nous avons observé, dans nos Études, que tous les volcans étaient dans le voisinage des mers ou des grands lacs.

Ce qui me paraît le plus extraordinaire dans la dissémination de tous ces fossiles, qui semble faite au hasard, c'est qu'on trouve au milieu des terres de l'Europe, et sur-tout dans les plus septentrionales, les débris des végétaux et des animaux que nourrit aujourd'hui la zone torride. Il y a, dans les carrières de la Touraine, une quantité prodigieuse de cornes d'ammon. Ce sont des coquillages, ainsi nommés parce qu'ils ressemblent à des cornes de bélier, sous la forme duquel l'antiquité représentait Jupiter Ammon. Ils sont tournés en volute, et il y en a depuis le diamètre d'une lentille jusqu'à celui d'une petite roue de carrosse. On n'en a point trouvé, jusqu'ici, d'analogues vivants dans aucune mer ; mais il est probable qu'il y en a dans celle du Sud, encore si peu connue de nos navigateurs. Le détroit de Magellan, qui est à l'entrée de cette mer, nous a montré une petite coquille vivante, que l'on ne connaissait que fossile dans les vignes du Lyonnais. On l'a nommée le coq et la poule, parce qu'elle ressemble à un coq qui coche une poule. Elle a été découverte, en 1772, par Bougainville dans son voyage autour du monde. J'ai vu dans les falaises de la Normandie, près de Dieppe, la grande tuilée ou le bénitier, coquillage de plusieurs quintaux, qui pave aujourd'hui les archipels de l'Océan indien. Il y a, dans le territoire de la Hollande, un banc très-étendu d'une terre brune, légère et fine, que ses habitants mélangent avec leur tabac. Ce n'est qu'un détritus de palmiers et de plantes, dont les feuilles et les tiges apparaissent encore. On voit à Paris, au Muséum d'histoire naturelle, un grand morceau de pierre de taille, trouvé dans les carrières de Maestricht, où sont incrustées deux mâchoires de crocodile, avec des oursins de mer. On les a dégagées avec le ciseau, de manière qu'elles ressemblent à un bas-relief. On pourrait peut-être, avec un peu plus d'art, détacher de même de plusieurs de nos marbres les madrépores qui y sont amalgamés, et dont les branches, quoique sciées, apparaissent encore sur nos tables en forme d'épis. Les rivages de l'Irtis, en Sibérie, couvrent, à quatre-vingts pieds de hauteur, des os et des dents d'éléphans et d'hippopotames. Il y a des mines d'or en exploitation dans cette contrée. Du temps que j'étais à Pétersbourg, des voyageurs russes y trouvèrent une pierre transparente, tout étincelante des couleurs de l'or, et de la grosseur d'un œuf, que l'impératrice revendiqua aussitôt, parce qu'on crut que c'était un diamant jaune; mais ce n'était qu'une topaze, ou selon d'autres, un quartz coloré. Quoi qu'il en soit, les mines d'or et les topazes, que l'on trouve aujourd'hui en Bohême et en Saxe, paraissent avoir été formées originairement dans la zone torride. Il y a apparence qu'on pourrait trouver dans les fossiles de cette zone les débris matériels des végétaux et des animaux des zones tempérées et glaciales, puisque celles-ci renferment dans leur sein ceux de la zone torride.

Non-seulement les matières de l'intérieur de la terre prouvent qu'elles ont été formées et déposées par les eaux, mais sa forme extérieure semble encore être leur ouvrage. Les vallons dont elle est sillonnée, ont des angles rentrants et saillants en correspondance, qui paraissent avoir été creusés par le cours sinueux des rivières et des fleuves qui coulent au milieu. Les collines qui bordent ces vallons, ne sont, pour la plupart, que les flancs des terres latérales, excavées par la circulation des eaux, et leurs croupes paraissent avoir été formées par les pluies, qui en ont arrondi les sommets et réglé les pentes. Ces dispositions se manifestent depuis les parties les plus élevées des continents jusqu'aux rivages des mers.

Il est évident que l'Océan abandonne de tous côtés ses rivages; j'en pourrais citer quelques preuves en détail. Par exemple, j'ai vu à l'Ile-de-France de grands bancs de madrépores, qui ne se forment que dans la mer : ils étaient à sec sur la terre, à plus de deux cents pieds du rivage. On trouve des lits de semblables matières dans les puits que l'on y creuse; plusieurs des mornes de son intérieur ont été évidemment escarpés par la mer. Les hautes grèves sablonneuses du cap de Bonne-Espérance, celles de l'île de l'Ascension, où les tortues de mer viennent pondre en sûreté; les falaises des côtes de la Haute-Normandie, démolies autrefois par la mer, et où elle ne bat plus maintenant; les vastes couches de galets qui en sont sorties, et sur lesquelles le Havre-de-Grace est bâti; l'ancienne ville de Honfleur, élevée sur le même sol, à l'embouchure de la Seine, du temps d'Édouard, qui y débarqua en 1346, avec une flotte anglaise, et où des chaloupes ne peuvent plus aborder aujourd'hui, prouvent que l'Océan abandonne ses rivages de toutes parts. Mais, pour appuyer une vérité aussi universelle, il ne suffit pas de quelques faits isolés et du témoignage d'un seul homme; c'est celui de l'histoire, et le tableau de la terre entière que j'atteste. La Scandinavie, cette grande portion du nord de l'Europe, qui comprend la Suède, la Norwège et le Danemarck, était autrefois séparée du continent par un bras de mer qui joignait la mer Blanche à la Baltique; le golfe de Bothnie est un reste de ce détroit, célèbre encore dans les anciennes chansons suédoises. Il est mentionné par Tacite, sous le nom de *Mare pigrum ac immotum*, parce qu'il gelait tous les ans; il le regarde comme une ceinture du globe, qui se joignait à l'Océan hyperboréen. Il existait encore en partie au temps du géographe Méla; car il dit que l'espace entre les îles qui sont en face des Sarmates, c'est-à-dire dans le golfe de Bothnie, est tantôt à sec, et tantôt couvert par le flux et le reflux de la mer: d'où Pennant, qui rapporte ces citations, conclut, avec raison, qu'il devait y avoir alors une forte marée dans la partie supérieure de la mer Baltique. Enfin cette même mer, aujourd'hui méditerranée, décroît de quarante à cinquante pouces par siècle, suivant les observations de plusieurs physiciens modernes. Le golfe de Bothnie, près de Pithéa, s'est retiré de la terre d'un demi-mille en quarante-cinq ans, et d'un mille en vingt-huit près de Luhléa. Les plages sablonneuses de la partie occidentale de l'Afrique, et les vastes déserts du Zara, qui leur sont contigus; celles de l'intérieur de l'Asie, qui contiennent encore des lacs d'eau salée; celles de la Nouvelle-Hollande, avec leurs hauts fonds innavigables aux vaisseaux à plus de trente lieues du rivage; une partie du continent de l'Amérique méridionale, qui s'étend en vastes arènes depuis la rivière de la Plata jusqu'au pied des Cordilières; et l'Europe presque en entier, avec toutes ses montagnes calcaires, prouvent que la plus grande partie du globe est sortie du sein des mers, et s'élève de jour en jour au-dessus de leur niveau.

Un phénomène plus commun et plus extraordinaire que le dépôt des corps marins au sein des continents, le transport des fossiles du midi au nord, la formation des vallons, la submersion générale des eaux, et leur diminution progressive, c'est la quantité de pierres brisées qui couvrent presque toute la surface de la terre. Je ne crois pas que les naturalistes s'en soient jamais occupés : ils expliquent par plusieurs systèmes la formation des rochers, mais non leurs fractures. Cependant l'existence d'un seul grain de sable me paraît encore plus difficile à expliquer que celle d'une montagne, car je peux concevoir celle-ci comme une agrégation de grains de sables; mais d'où vient le grain de sable lui-même? S'il n'est qu'un fragment de la montagne, comment s'en est-il détaché, et pourquoi y en a-t-il des quantités si prodigieuses?

Nous allons établir une hypothèse qui, j'espère, expliquera tous ces phénomènes; elle est d'autant plus vraisemblable, qu'elle est une conséquence des harmonies les plus communes de la nature.

Je poserai d'abord pour principe que toutes choses, sur la terre, ont été dans un état d'enfance; elles naissent au sein d'un fluide, le végétal dans une graine, l'animal dans un œuf ou dans l'amnios; elles passent ensuite d'harmonies en harmonies, depuis celle du soleil qui les fait naître, jusqu'à la sphérique qui les ordonne à la circonférence du globe. Par exemple, le chêne renferme d'abord son germe dans un gland, développe, pousse une tige, se couvre de feuilles, de fleurs, de nouveaux glands, qui, venant à se disséminer, forment un bosquet, puis un bois, puis une forêt, qui peut à la longue faire le tour du globe. D'autres genres de végétaux passent par de semblables périodes, et tous ensemble composent la puissance végétale répandue sur la la terre. Dans tous ses végétaux, il n'y en a pas un seul qui n'ait augmenté sa substance par des fluides ; ils se nourrissent tous de l'eau et des vapeurs répandues dans l'atmosphère ; et loin de consommer le sol qui les porte, ils l'augmentent chaque année par leurs débris. L'animal, à son tour, forme sa substance des fluides renfermés dans les végétaux, et passe par les mêmes périodes.

Ceci posé, je suppose que, dans l'origine, le globe était couvert d'eau, et qu'il n'avait que les linéaments primitifs de son organisation, c'est-à-dire les crêtes des hautes montagnes de granit qui apparaissaient à sa surface, et devaient être, par leur attraction et leur électricité, les principes des continents et des îles. Le globe ressemblait en quelque sorte à un œuf qui renferme dans son germe la tête, le cœur, les organes et les nerfs de l'oiseau, que la chaleur combinée avec son fluide devait y développer après un certain nombre de révolutions du soleil.

Cette ressemblance du globe à un œuf est une opinion de la plus haute antiquité : chez les Orientaux, elle fait, pour ainsi dire, la base de leurs religions et de leur physique. Les fables anciennes ne nous cachent des vérités, que parce que les vérités anciennes sont devenues des fables.

Le globe donc, dans ses commencements, ne laissait apparaître au-dessus des eaux que ses montagnes primitives. Elles formaient, comme nous l'entrevoyons encore aujourd'hui, au sein des continents, deux chaînes principales : l'une est celle des Cordilières, qui se prolonge du nord au midi de l'Amérique ; l'autre, celle qui traverse l'Afrique et l'Asie d'occident en orient. Ces deux chaînes ont à-peu-près la même longueur. Pour les suivre, il ne faut point avoir égard à la situation actuelle de notre pôle, mais commencer la première au détroit de Magellan, et la terminer aux extrémités méridionales de la Norwège ; et pour la seconde, partir du pic de Ténériffe, ou de l'Atlas, passant par les monts de la Lune en Afrique, par ceux de l'Imaüs, du Caucase, du Thibet... pour arriver aux confins de l'Asie, vers le Kamtschatka. Chacune d'elles forme une chaîne contiguë, séparée quelquefois par des bras de mer, ou par des vallons, mais à-peu-près de la même hauteur ; chacune d'elles embrasse à-peu-près la demi-circonférence du globe, c'est-à-dire 180 degrés, la première en latitude, la seconde en longitude. Elles sont obliques l'une à l'autre, de manière que celle de l'ancien Monde correspond par son extrémité occidentale vers le milieu de celle du nouveau Monde, et par son extrémité orientale semble se rapprocher de celle-ci vers le détroit du Nord, qui sépare l'Amérique de l'Asie. On peut parcourir sur la carte ces deux chaînes primitives, encloses aujourd'hui en grande partie dans les continents, en suivant les sources des fleuves qui en descendent à droite et à gauche.

Ces deux chaînes correspondent à deux océans projetés dans les mêmes directions : la chaîne américaine, à l'Océan atlantique, qui va comme elle du nord au sud ; la chaîne africaine et asiatique, à l'Océan austral, qui a sa plus grande étendue d'occident en orient. Elles en reçoivent les émanations pour entretenir les fleuves, qu'elles versent ensuite dans leur sein après avoir arrosé les continents.

Chaque montagne primitive, dans son origine, portait les espèces de végétaux et d'animaux qui étaient propres à sa latitude, et qui devaient s'étendre avec leurs continents, et même au-delà, par le moyen des vents et des eaux courantes.

Le globe aquatique, dans l'état où nous le représentons, dut tourner d'abord vers le soleil qui l'attirait, sa partie la plus pesante, c'est-à-dire celle où ses deux grandes chaînes de montagnes se rapprochaient. Il en résulta donc que son équateur passa par un de ses méridiens actuels, et sa zone torride à travers deux zones glaciales. D'un autre côté, le globe eut ses deux pôles placés, l'un vers l'isthme de Panama, l'autre vers le détroit de Java : de sorte que ses deux zones glaciales faisaient alors partie de notre zone torride. Il lui fut facile, dans cette position, de tourner sur lui-même par la simple action du soleil sur les eaux de son équateur ; car cet astre, en rendant les eaux de la partie orientale plus légères par leur évaporation, forçait la partie occidentale de s'approcher de lui, et successivement tout le globe de tourner sur lui-même. Le célèbre mathématicien Mairan a prouvé, dans un savant mémoire, que cette seule évaporation des eaux de l'Océan suffisait à la rotation de la terre. Le premier mouvement donna le jour et la nuit.

Les pôles de la terre, dans cette position, ne voyant le soleil qu'à l'horizon, se couvrirent de glaces. Le pôle situé au détroit de Java, étant plus entouré de mers, se couvrit de plus de glaces que le pôle situé à l'isthme de Panama. Il s'inclina donc vers le soleil, qui en fondit une partie jusqu'à ce que le pôle opposé, augmentant ses glaces et devenu plus pesant, se rapprochât du soleil à son tour. De ce mouvement versatile des deux pôles se forma celui qui nous donne les saisons.

Comme les pôles ne perdaient dans leur été qu'une partie de la glace qu'ils avaient acquise dans leur hiver, il en résulta qu'ils devinrent à la longue plus pesants que les chaînes de montagnes primitives qui leur servaient de contrepoids dans la zone torride ; et comme le pôle placé vers l'isthme de Panama était plus chargé de montagnes; que le pôle opposé y joignit encore le poids de ses glaces annuelles, il s'ensuivit qu'il devint plus pesant, et que la terre perdit peu-à-peu son premier équilibre. Ce pôle, que j'appelle occidental par rapport à nous, parcourut insensiblement l'arc de la circonférence comprise entre lui et le pôle nord, où il semble se fixer aujourd'hui, et détermina, dans le cours de l'année, l'inclinaison de notre hémisphère vers le soleil, sept jours de plus que l'hémisphère occidental, qui, pour le contre-balancer, se charge d'une quantité de glaces beaucoup plus considérable. De cette pondération progressive d'un pôle résulta un troisième mouvement de la terre, qui varie l'inclinaison de son axe sur celui de l'écliptique de plus d'une minute par siècle. Ce qui me fait imaginer cette hypothèse, c'est que l'isthme de Panama et le détroit de Java, où je suppose les deux pôles primitifs de la terre, sont à 180 degrés de distance l'un de l'autre, ainsi que nos deux pôles actuels; que, comme ceux-ci, l'un était alors au centre des continents, et l'autre à celui des mers; que les deux chaînes de montagnes primitives étaient par rapport à eux dans des directions inverses, mais semblables : de sorte qu'il en résultait le même équilibre pour leurs océans correspondants; que les terres et les roches qui les environnent sont découpées et brisées comme celles de nos zones glaciales, effet qu'on ne peut attribuer aux courants actuels de leurs mers, ni aux températures de leur atmosphère ; qu'enfin ils ont dû se trouver au sein des zones glaciales, puisque l'Europe, qui en est de part et d'autre à 90 degrés, a été au sein de la zone torride, comme le prouvent ses fossiles.

Mais suivons successivement les effets qui résultèrent de cette première disposition du globe. Il est évident que les glaces qui se fixèrent sur les pôles étaient sorties du sein de l'Océan et en diminuèrent le volume : les continents et les îles durent donc s'étendre. Tandis qu'une partie des eaux, en s'évaporant, se fixait en glaces sur les pôles, une autre partie se changeait, vers l'équateur, dans la substance même des végétaux et des animaux, qui se multipliaient avec les rivages. Des genres d'une étendue immense et d'espèces variées à l'infini, comme les coquillages et les madrépores, élevèrent du fond des mers les plus profondes, des bancs, des promontoires, des îles, dont la surface se couronne aujourd'hui de cocotiers au sein de la mer du Sud. Leurs travaux sont si nombreux et si étendus, que leurs seuls débris ont formé jadis le sol de l'Europe. Ils tirent une substance solide de l'eau, comme les végétaux des vapeurs de l'air, et les animaux terrestres, des sucs des végétaux. Enfin nous pouvons voir, même de nos yeux, le fond de nos rivières augmenter, chaque année, par des couches annuelles, qui se distinguent dans leurs vases aussi aisément que celles qui forment le tronc des arbres. L'eau semble être une terre fluide comme la sève des arbres, et le sang des animaux une chair liquide.

C'est sans doute parce que les eaux devaient fournir à tant de transmutations et aux mouvements même du globe, que la nature, qui ne fait rien en vain, a fait l'Océan beaucoup plus grand que la terre. Dans son état actuel, il a une fois plus d'étendue, et il en a eu davantage. La mer Atlantique fournit par ses évaporations aux fleuves d'Amérique et d'Afrique beaucoup plus d'eaux qu'ils n'en ont besoin, tandis que la mer Pacifique et celle du Sud, plus vastes et plus profondes, n'arrosent par leurs vapeurs que quelques îles; mais ces mers entretiennent par leurs émanations les glaces des pôles, qui ont en hiver plusieurs milliers de lieues de circonférence.

Plusieurs preuves viennent encore à l'appui de cette hypothèse. Les débris des végétaux, des coquilles et des animaux des Indes, que l'on trouve en abondance dans les carrières de l'Europe, de la Sibérie, prouvent que ces contrées ont été autrefois dans la zone torride. Il est impossible que les courants actuels de cette zone aient pu charier de leurs rivages des tuilées qui pèsent plusieurs quintaux, jusque dans les falaises de la Normandie, et des ossements d'éléphants jusque sur les bords de l'Irtis. Il est remarquable que les grands bancs de coquillages que l'on trouve au sein des terres, n'y sont point pêle-mêle et confondus, comme il aurait dû arriver s'ils y avaient été apportés par quelque convulsion de l'Océan ; mais ils y sont déposés par couches et sur leur plus grande largeur, comme dans les lieux où ils ont vécu et où ils sont morts. On en trouve de toutes les grandeurs, disposés, pour ainsi dire, par familles. Il y a apparence que la nature, encore plus féconde au sein des eaux qu'à la surface des terres, sait mettre un frein à la population des animaux, qui rempliraient en peu d'années tout l'Océan de leurs travaux et de leurs générations. On sait qu'une morue femelle renferme des millions d'œufs. L'Océan, au bout de quelques années, ne contiendrait pas sa postérité. La nature, pour y mettre des bornes, fait vivre à ses dépens une multitude de poissons, d'oiseaux et d'hommes ichthyophages : mais, que serait-ce, si chaque morue était renfermée dans un gros coquillage ? En peu de temps, les débris de nos pêches rempliraient nos ports. Il est vraisemblable que la nature emploie, pour détruire des générations entières de coquillages marins, les mêmes moyens que pour détruire celles de nos insectes. A l'équinoxe d'automne, un petit vent de nord fait périr à-la-fois des légions de papillons et de mouches : une marée vaseuse ou sablonneuse peut tuer et ensevelir à-la-fois des bancs entiers de coquillages. Il est très-probable que c'est pour produire ces effets nécessaires, que les ouragans sont périodiques et d'une violence extrême entre les tropiques, où il y a des générations si rapides de coquilles et de madrépores, que si un vaisseau coule à fond au milieu d'un port, elles le changent en écueil l'année suivante. C'est ce que j'ai vu à l'Ile-de-France, où les madrépores avaient transformé en roches les carcasses de quatre vaisseaux qu'on avait laissé pourrir dans le port par négligence. Il fallut faire venir de Brest, à grands frais, des machines et des câbles pour les arracher. Les écueils qui entourent cette île comme une ceinture, ne sont formés que par ces insectes marins, et j'ai remarqué qu'il n'y avait de passage pour aborder que vis-à-vis l'embouchure des rivières ; ce qui prouve que des dépôts de vases, ou peut-être de simples courants d'eau douce, suffisent pour arrêter les maçonneries et les générations de ces insectes pélagiens. Il y a donc apparence que les diverses couches de pierres coquillières de nos carrières ont été produites par de semblables causes. Quant aux squelettes des éléphants de la Sibérie, il est remarquable qu'on les trouve rassemblés, au nombre quelquefois de plus de cinquante, à plus de quatre-vingts pieds de profondeur, sur les bords de l'Irtis. Ce sont même les débordements de ce fleuve qui les découvrent en dégradant ses rivages. Cette réunion est aisée à expliquer, lorsqu'on sait que ces animaux sociables aiment à vivre et à mourir avec leurs semblables. Lorsqu'ils se sentent à l'extrémité de leur carrière, ils cherchent dans les forêts, près des eaux, une retraite solitaire, où ils viennent expirer à l'ombre des arbres. Cette coutume est connue des Orientaux. Dans les Mille et une Nuits, ouvrage où les mœurs des animaux ne sont pas moins bien décrites que celles des hommes, on lit le conte d'un chasseur qui fit tout-à-coup une grande fortune, en trouvant une quantité prodigieuse d'ivoire dans un cimetière d'éléphants. Il est remarquable que les ossements et les dents de ceux qu'on trouve fossiles sur les bords de l'Irtis, sont d'une grosseur plus considérable que ceux que les chasses des Africains nous fournissent : ce qui prouve que ces éléphants sibériens sont morts après avoir acquis tout le développement dont ils étaient susceptibles, c'est-à-dire dans une extrême vieillesse. Quant aux couches de terre dont ils sont couverts, elles proviennent sans doute des alluvions de l'Irtis, qui, coulant jadis sous des latitudes tout-à-fait opposées, formait les rivages qu'il dégrade maintenant. Les effets varient avec leurs causes. Le changement des pôles du globe recevrait sans doute de nouveaux degrés de vraisemblance, si l'on trouvait vers l'isthme de Panama et le détroit de Java, des ossements de rennes et de chevaux marins, d'ours blancs, ensevelis sous des débris de sapins. Mais les Européens qui y ont fouillé les profondeurs de la terre pour satisfaire leur avarice, n'ont pas même aperçu à sa surface ce qui pouvait éclairer leur esprit. L'histoire naturelle de ces riches contrées est presque entièrement inconnue. L'avidité jalouse de leurs maîtres défend de transporter les semences de ces végétaux précieux, des muscadiers, des girofliers, des vanilles, et ne permet pas même aux voyageurs d'y pénétrer. Bornons-nous donc aux relations superficielles que nous en avons, et voyons s'il n'y reste pas de monuments qui attestent que ces terres, aujourd'hui si favorisées du soleil, ont été autrefois sous des zones glaciales.

Les rochers de la zone torride sont brisés dans tous les sens. Leurs débris couvrent non-seulement leurs bases, mais se trouvent fort loin de là, à la surface des terres, et même bien avant dans son sein, pêle-mêle avec le sol. Il est impossible d'attribuer de pareils effets aux tremblements de terre, aux volcans, ou à l'action de la chaleur. Des tremblements peuvent bouleverser une montagne et soulever des plaines; mais ils ne peuvent fendre un rocher solide, rompre un caillou, et produire ces lits immenses de gravier et de sable qui en sont des fragments. Quant aux volcans, ils fondent les pierres ou les calcinent, mais ils ne les brisent pas. Si leurs laves se crevassent, c'est par l'action subite du froid, ou comme le verre fondu, lorsqu'on le plonge dans un fluide au sortir du fourneau. Pour la chaleur du soleil, quelque ardente qu'elle soit, elle n'a jamais brisé aucune pierre. L'Ile-de-France, où il n'y a eu, suivant toute apparence, ni volcans, puisqu'il n'y a point de laves, ni tremblements de terre, est remplie par-tout de roches qui empêchent d'employer la charrue à sa culture. J'ai ouï dire qu'il en était de même de nos îles Antilles, et de la plupart de celles qui sont dans la zone torride.

Pour savoir comment se fendent les pierres, il faudrait, ce me semble, savoir d'abord comment elles se forment. On explique aujourd'hui l'union de leurs parties par leur attraction mutuelle; mais cette loi, qu'on généralise beaucoup trop, n'est pas satisfaisante sur ce point. Si une pierre attirait ses propres molécules, lorsqu'on la mettrait sur un sable homogène, elle s'en couvrirait, comme l'aimant de la limaille de fer sur laquelle on le pose. Or, c'est ce qui n'arrive pas. S'il m'est permis de dire mon avis sur un effet si commun, je crois que les fractures des pierres ont été produites par l'action alternative du froid

et du chaud, lorsqu'elles étaient dans les zones glaciales. Elles ont dû y éprouver ce qu'elles éprouvent encore dans nos hivers, où les gels et les dégels les brisent, et émiettent même les terres. Cook représente les îles les plus australes de la mer du Sud couvertes d'éclats de roches en si grand nombre, qu'on ne peut aborder le pied de leurs montagnes, ni gravir sur leurs flancs, sans risquer de se rompre le cou. Martens fait le même tableau des rochers du Spitzberg, qu'il décrit comme des granits en dissolution. « La pierre de
» ces roches, dit-il, a des veines de diverses cou-
» leurs, comme le marbre, rouges, blanches et
» jaunes. Cette pierre sue, pour ainsi dire, lors-
» que le temps change; ce qui donne de la cou-
» leur à la neige, qui devient rouge aussi par la
» pluie qui découle des rochers lorsqu'il en
» tombe..... Au pied des montagnes où il n'y a
» point d'éminences de neige, on trouve de
» grands morceaux de roches qui sont tombés
» les uns sur les autres, et entre lesquels il y a
» des ouvertures; de sorte qu'il est fort difficile
» et très-dangereux d'y marcher. Ces pierres,
» ou plutôt ces pièces de roches, tant grandes
» que petites, sont confondues ensemble, et res-
» semblent assez bien à des monceaux de ruines :
» elles sont de couleur grise, avec des veines
» noires, et reluisent comme de la mine d'ar-
» gent. Les sommets de ces montagnes, vus d'en

» bas, paraissent de terre par leur grande éléva-
» tion ; mais lorsqu'on est en haut, on n'y dé-
» couvre que des roches, comme à leur base ; et
» c'est ce qu'on peut remarquer lorsqu'il s'en
» détache de grands morceaux. Quand on jette
» des pierres du haut de ces montagnes, le bruit
» de leur chute fait retentir les vallées, comme le
» bruit du tonnerre. La plupart de ces monta-
» gnes sont si hautes, que, lorsque le temps
» n'est pas des plus clairs, elles paraissent à moitié
» dans les nues. Il y en a dont on dirait qu'elles
» vont tomber à l'instant. La hauteur des mâts
» d'un vaisseau n'est pas même à comparer avec
» celle des plus petites. Il se détacha une grosse
» pièce d'une de ces montagnes avec un bruit
» épouvantable, un jour que le soleil était fort
» beau et l'air des plus sereins. »

Les voyageurs de la Suisse donnent à-peu-près les mêmes idées de ses glaciers et de ses roches de granit. Cependant, il faut l'avouer, les voyageurs marins qui ont été vers le pôle, ont laissé, avec leur simplicité, des mémoires plus instructifs pour la théorie de la terre ; que les premiers ; ils en ont vu, pour ainsi dire, le tronc, et les autres les branches. Pour moi, je ne me suis pas élevé, comme Martens, au quatre-vingt-unième degré de latitude nord, sur les côtes du Spitzberg ou montagnes pointues ; mais j'ai vu, vers le soixante-unième degré de latitude, des effets semblables du gel et du dégel dans les rochers de la Finlande. Cette province russe est pavée de petites collines de granit, arrondies par le haut en forme de calotte, et sillonnées de félures d'où l'eau suinte de toutes parts; de sorte qu'on glisse souvent en montant sur leurs sommets. Les flancs de ces collines s'exfolient et se brisent par l'action des hivers, de manière que leurs bases et leurs vallons sont remplis de leurs débris. Cependant les mousses, les champignons et les sapins y croissent en abondance. Ces collines ne ressemblent en rien aux nôtres : elles n'ont point d'angles saillants et rentrants en correspondance; elles sont, pour la plupart, isolées, de forme ovale, et entourées d'un petit vallon. Elles sont assez semblables à une pierre enchâssée dans un chaton. J'en ramassai des morceaux colorés de rouge et de blanc, et tant soit peu transparents. Je m'avisai la nuit de les frotter l'un contre l'autre, et je fus fort surpris d'y voir, au dedans, des lueurs phosphoriques; ils exhalaient aussi une odeur de soufre; je les prenais, comme le bon Martens, pour des morceaux de marbre, mais j'appris qu'ils étaient de granit. C'est un de ces blocs détachés naturellement en Finlande, que Catherine II fit voiturer plus de deux lieues par terre et par mer, pour la statue qu'elle a élevée à Pierre-le-Grand, dans Pétersbourg même : comme si cette ville n'était pas une base plus illustre pour la gloire de son fondateur, qu'un rocher énorme charié par les bras de ses sujets. La Finlande est si couverte de ces rochers brisés, que les anciens géographes lui en ont donné le surnom de *lapidosa*, ou de *pierreuse*. On ne peut attribuer les fractures de tant de rochers épars sur toute la terre, qu'aux effets de l'humidité contrastés par le froid et le chaud. Ils se manifestent dans nos climats tempérés, non-seulement sur les arbres, que le gel et le dégel ravagent sans cesse ; mais sur les pierres de nos bâtiments, et même sur les granits. On voit, à la porte d'un hôtel situé vis-à-vis des Capucins, rue Saint-Honoré, deux bornes de granit, dont les sommets, ornés de moulures et polis, il n'y a pas trente ans, sont aujourd'hui exfoliés par l'action des hivers.

Il s'ensuit de tous ces faits, que les pierres brisées qui couvrent une partie de notre zone torride actuelle, et même de nos zones tempérées, se sont trouvées autrefois dans les zones glaciales ; et c'est ce que nous serons portés à croire, si nous observons que les glaces polaires vont toujours en croissant, et la zone torride en diminuant. Celle-ci avait, du temps de Pithéas, quarante-sept degrés quarante minutes ; et elle n'en a plus que quarante-sept aujourd'hui : d'où il résulte que l'angle formé par l'axe de l'équateur et par celui de l'écliptique, qui est maintenant de vingt-trois degrés et demi, est moindre de vingt minutes qu'il ne l'était il y a deux mille ans. Cet angle est même diminué d'une minute dans la Méridienne de Cassini. On en peut donc conclure que, dans cent quarante-un mille ans, notre équateur et notre écliptique coïncideront, et qu'ils auront les mêmes pôles, c'est-à-dire, que les jours seront égaux aux nuits. Enfin, le changement d'inclinaison de ces deux axes s'observe jusque dans quelques planètes ; ce qui suppose, avec d'autres raisons que j'ai alléguées ailleurs, que ces planètes ont des mers qui contribuent à leur rotation et à leur mouvement périodique.

Les deux continents de glace qui couvrent les pôles d'un globe aux extrémités de son axe, peuvent être comparés à deux poids aux extrémités d'un levier en équilibre. Comme ces poids sont versatiles, et qu'ils vont toujours en croissant, ils lui donnent des vibrations, qui vont toujours en diminuant, jusqu'à ce qu'il soit dans un équilibre parfait. Alors il est évident que la plus grande partie de la terre serait inhabitable, parce que la zone torride serait brûlée par l'action constante du soleil à son équateur, et que les zones glaciales ne fondraient jamais, même en partie, parce que leurs pôles n'auraient jamais le soleil qu'à leur horizon. Or, la nature, non-seulement ne fait rien en vain, mais elle tend sans cesse à faire de mieux en mieux ; elle augmente de jour en jour nos continents. Je crois donc qu'à l'époque où les pôles de l'écliptique deviennent constamment les mêmes que ceux de l'équateur, les pôles de la terre changent par le poids même de l'hémisphère qui est plus chargé; car le continent doit croître chaque jour par la puissance végétale, qui augmente sans cesse en changeant en sa substance les eaux atmosphériques, tandis que le poids de ces mêmes eaux fixées en glaces, est parvenu à son maximum sur l'hémisphère opposé, qui n'est couvert que de mers.

Je crois donc qu'alors il doit se faire une révolution, et que les pôles du globe changent avec le centre de gravité de la terre, qui perd son équilibre. L'équateur, devenu plus léger, devient insensiblement méridien; et le méridien, plus pesant, équateur. Il doit d'abord en résulter un cataclysme ou déluge, par la première fonte de tant de glaces accumulées qui s'écoulent des anciens pôles : tel est celui dont le souvenir s'est conservé chez tous les peuples. Je pense qu'il a eu lieu lorsque la terre avait pour pôles les points correspondants à l'isthme de Panama et au détroit de Java. Il en est résulté que les eaux, se fixant sur les pôles nord et sud, et y formant deux nouveaux continents de glaces, ont mis à découvert les anciens bassins des mers, qui s'accroissent de jour en jour par les combinaisons de la puissance végétale et animale. Les harmonies de la terre ne furent point changées, mais elles occupèrent d'autres lieux; des deux grandes chaînes de montagnes qui la traversent en sens opposés, l'orientale devint la septentrionale, et la septentrionale l'orientale. Ce n'est que par ces changements que l'on peut expliquer l'ancienne tradition des prêtres de l'Égypte, qui assuraient que le soleil, autrefois, s'était levé où il se couche maintenant. Ce fut alors que la moitié des continents s'éleva au-dessus des flots; que l'Europe, couronnée d'épis et de pampres, s'étendit sur son lit ferrugineux; que la noire Afrique apparut avec ses sables d'or, entourée de palmiers; que l'innocente Amérique sortit du sein de ses marais, avec des rochers d'or et d'argent au milieu de ses bananiers et de ses cannes à sucre; et que la Nouvelle-Hollande, couverte de ses grèves sablonneuses, souleva sa tête comme un enfant au berceau. Elles parurent, comme les filles de la mer, toutes chargées des coquillages et des glaïeuls maternels, et comme des sœurs qui devaient un jour s'entr'aider et se communiquer les bienfaits du soleil leur père.

Dans cet accroissement progressif des continents, les rivages de la mer durent éprouver de grandes révolutions. L'océan souterrain qui vient y aboutir, forme, comme nous l'avons dit, une couche d'eau intérieure dont les sables fossiles sont imprégnés, même à de grandes profondeurs; il se manifeste par les puits, et c'est lui qui rend toute la terre habitable aux hommes, en leur offrant des réservoirs d'eau douce jusqu'au sein des déserts les plus arides. L'océan aérien sert à la décomposition des lumières en couleurs, aux pluies fécondantes; l'océan fluide et circulant, à la formation des montagnes et des continents; l'océan glacial, au rafraîchissement de la zone torride; l'océan souterrain, à la composition des minéraux : il a aussi, comme les autres, ses révolutions et ses tempêtes. Comme c'est sur les rivages de l'océan apparent qu'il vient aboutir, c'est là qu'ils produisent, de concert, des tremblements de terre et des volcans. Ces terribles phénomènes sont formés, d'une part, par les dissolutions des nitres, des bitumes et des soufres minéraux, des végétaux et des animaux, que les fleuves charient sans cesse dans le sein de l'Océan, que ses courants déposent dans certaines parties de ses rivages, où ils s'enflamment par la fermentation; et, d'une autre part, par la dilatation des eaux de l'océan souterrain qui avoisinent ces dépôts. Lorsque ces matières inflammables, dont les vases et les sables marins du rivage sont imprégnés, n'éprouvent qu'une simple fermentation, et, qu'après une longue sécheresse, des pluies qui resserrent la terre tout-à-coup, empêchent leurs exhalaisons de transpirer au dehors, alors elles produisent des secousses terribles, qui se font sentir à de grandes distances de leurs foyers. Ces secousses sont connues sous le nom de tremblements de terre. Je n'ai jamais eu le malheur d'en éprouver, mais j'en ai lu beaucoup de descriptions : celui de tous qui m'a fait le plus d'impression, est celui dont Kircher fut témoin, et dont il a écrit la relation. Il voyageait dans une felouque, le long des côtes de l'Italie, lorsqu'un soulèvement subit et prodigieux des flots l'obligea de débarquer à terre. A peine était-il avec ses compagnons sur le rivage, qu'à ses secousses ils sentirent qu'il y avait un tremblement de terre : ils se rembarquèrent aussitôt, et ils voguèrent environ une lieue plus loin ; mais la mer devenant de plus en plus furieuse, ils furent forcés, pour la seconde fois, de venir chercher un asyle sur la côte. Ils abordèrent près d'une ville qu'ils connaissaient, appelée, je crois, Sainte-Euphémie, située à trois quarts de lieue de là, au pied d'une montagne. Après avoir tiré leur felouque sur le sable, ils s'acheminèrent vers la cité, et traversèrent un bois qui la séparait du rivage : quand ils furent au-delà, ils n'aperçurent aucune habitation ; mais ils virent un jeune homme assis sur un tronc d'arbre renversé, l'air morne, et les yeux fixés en terre. Ils lui demandèrent à plusieurs reprises où était la ville ; il ne leur répondit pas un mot, mais il se leva, et, leur montrant du doigt un grand lac, il courut vers la forêt, où il disparut. Ce lac, qu'ils n'avaient jamais vu, avait englouti la ville et tous ses habitants ; il n'était réchappé que ce malheureux jeune homme.

On voit, par cet événement et par plusieurs autres semblables, que l'océan souterrain est une des causes principales des tremblements qui font sortir presque toujours des eaux du sein de la terre. C'est ce qu'on vit arriver en 1746, le 28 octobre, au Callao et à Lima, deux villes du Pérou, qui ne sont distantes que de deux lieues. La terre s'agitait et se soulevait en ondes comme si elle eût été portée par un fluide. Ce fut elle qui repoussa les eaux de la mer, qui reculèrent d'abord à une lieue du rivage, et qui, revenant ensuite vers la terre, submergèrent tout-à-coup le Callao avec tous ses habitants, et s'étendirent à de grandes distances dans les campagnes. Lima en fut quitte pour des secousses qui renversèrent la plupart de ses édifices, et firent périr une partie de ceux qui demeuraient dans des maisons de pierre. On vit sortir alors plusieurs lacs du sein de la terre. Les mêmes effets eurent lieu à la Jamaïque, le 7 juin 1692; et, de nos jours, à Lisbonne. L'eau des puits de la Jamaïque est restée, depuis ce temps-là, plus élevée, et leurs cordes sont de deux ou trois pieds plus courtes qu'auparavant. C'est aussi par le changement subit de l'eau des puits, que quelques philosophes de l'antiquité ont prédit des tremblements de terre.

Il est donc évident que l'océan souterrain contribue, avec l'océan apparent, à ces terribles phénomènes. Lorsque les matières qui les produisent viennent à s'enflammer, alors la terre s'entr'ouvre; il s'y forme un foyer brûlant, que de nouvelles matières entretiennent sans cesse. Les pierres, les terres vitrifiées et les scories qu'il vomit de son sein, forment autour de lui, avec les siècles, une montagne dont les sommets s'élèvent quelquefois dans la région des nuages. On peut supposer, à la vérité, et je suis porté à le croire, que la nature avait préparé d'avance ces volcans avec leurs fourneaux souterrains, dans les plus hautes chaînes de montagnes, et sur les rivages des mers, pour les épurer. Ce qu'il y a de certain, c'est qu'on ne trouve de volcans en activité, que dans le voisinage des eaux. Les débris de ceux qui en sont maintenant éloignés et qui sont éteints, comme ceux de l'Auvergne, fournissent des preuves manifestes qu'ils ont été autrefois sur les bords de l'Océan. On trouve d'ailleurs, au-delà de leurs bases, quantité de fossiles marins; ce qui prouve, avec ce que j'ai déjà dit, l'accroissement successif des continents.

L'océan souterrain contribue sans doute à l'entretien des volcans. Il se manifeste souvent, dans leur éruption, en torrents d'eaux qui ne sont point salées, et qui sortent de leurs flancs en si grande abondance, qu'ils submergent quelquefois les campagnes qui sont à leurs bases. Quelques physiciens les attribuent aux eaux des pluies qui se rassemblent dans le cratère du volcan; mais comment pourraient-elles y tomber sans s'évaporer aussitôt, puisque le feu qu'il renferme dilate ses eaux intérieures, et les force de s'ouvrir un passage à travers ses flancs?

Les volcans sont donc formés et entretenus par les eaux fluides, tant supérieures qu'inférieures.

Les tremblements de terre, les volcans, les courants des eaux renouvellent sans cesse le globe. Si la terre restait constamment dans l'état où nous la voyons, ses montagnes se dégraderaient de jour en jour, et l'Océan se remplirait de leurs débris. C'est l'Océan qui a nivelé les couches, qui les renverse et qui les rétablit. La nature fait comme un cultivateur qui laboure sa terre dans des sens opposés : elle met dessus ce qui était dessous, dessous ce qui était dessus, au Nord les fossiles du Midi, au Midi ceux du Nord; l'Océan est son soc. Le globe se prête à tous ces sillonnements par sa forme ronde. Les hommes font des barques à une proue et même à deux, pour voguer en avant et en arrière sur les mers. La nature en a fait qui peuvent voguer en tous sens dans l'océan céleste de la lumière. Tout est proue sur un globe. Chaque point de sa circonférence peut devenir pôle à son tour, et chaque cercle, équateur. Il y a des montagnes à glace disséminées dans toutes les latitudes ; leurs sommets sont assez attractifs pour y attirer sans cesse les vapeurs, assez élevés dans la région froide pour en former des glaciers, et ils ont assez de pente pour que les eaux qui en découlent creusent le bassin des mers de la même profondeur que leur élévation. Il est remarquable que les lacs situés au pied des montagnes à glace, ont souvent autant de profondeur que les sommets de ces mêmes montagnes ont de hauteur, et que la mer du Sud n'en a pas plus que les Cordilières qu'elle baigne ; c'est-à-dire une lieue et demie. A cette élévation ajoutez des pyramides de glace qui les surmontent d'une lieue et demie sous le pôle, puisque les Cordilières en portent d'une demi-lieue sous la zone torride, vous aurez sept mille cinq cents toises de hauteur, qui, à une demi-toise par lieue, donnent à l'Océan plus de pente qu'il ne lui en faut pour circuler en spirale autour du globe. La Seine n'en a pas tant à beaucoup près; elle n'a guère, au bas du pont Notre-Dame, que vingt-deux toises au-dessus du niveau de la mer; et cependant elle parcourt en sinuosités plus de soixante-dix lieues pour s'y rendre.

On découvre les traces d'une Providence dans les dispositions des fossiles, comme dans celles des végétaux et des animaux. Les arbres qui croissent sur le bord des rivières, et même sur celui des mers, sont sujets à être renversés par leurs courants, comme les saules et les mangliers, dont les branches peuvent devenir racines et les racines devenir branches. De même les rivages peuvent être bassins ou montagnes tour-à-tour. Une montagne a les mêmes propriétés qu'un hémisphère : ainsi une branche a celles du tronc qui la porte.

Nous nous trouvons quelquefois misérables de voir, autour de nous une nature immortelle, tandis que nous dépérissons chaque jour; si, au contraire, nous étions immortels, et que la nature vieillît et se dégradât sans se réparer, nous aurions raison de nous plaindre. Comment une vie éternelle pourrait-elle se soutenir par des jouissances caduques? Mais la nature se renouvelle sans cesse; et si elle détruit successivement chacun de nous, c'est pour tirer de meilleures vies de notre mort. Elle ne se plaît pas dans un cercle monotone de créations et de destructions; elle ne se contente pas de tirer sans cesse les mêmes harmonies des mêmes objets, comme un peintre médiocre qui peindrait toujours le même site, comme un musicien peu habile qui jouerait toujours le même air, comme un poëte sans imagination qui composerait toujours le même drame : elle varie sans cesse ses scènes, ses tableaux, ses caractères. Un mécanicien ingénieux dispose des tuyaux harmonieux dans une boîte ; il y fait correspondre des notes saillantes, qu'il fiche sur un cylindre suspendu à un essieu : il le fait mouvoir ; et aussitôt on entend un air agréable. Il relève par des crans les pôles de son cylindre, et de nouveaux airs viennent successivement charmer les oreilles. L'homme aurait-il donc mis dans une serinette plus d'industrie que la nature n'en a mis dans le globe ? Elle a distribué à sa surface ses diverses puissances ; elle le fait tourner, et elle répand tour-à-tour sur elles les harmonies solaires des jours, des mois, des saisons, des années, des siècles : elle en change les pôles ; et de nouvelles harmonies vont reparaître sur chaque horizon.

Dieu est non-seulement infini en durée, en puissance, en étendue, en bonté, mais il l'est en intelligence. Ses ouvrages vont de perfection en perfection. Sans sortir de notre globe, la source qui coule du rocher est préférable à la vapeur que le rocher attire ; le ruisseau qui se précipite de la colline, à la source ; la rivière qui traverse les vallons et les plaines, au ruisseau ; le fleuve majestueux qui descend des hautes montagnes et va se rendre dans la mer, à la rivière ; la mer qui baigne des îles et de vastes contrées, au fleuve ; l'Océan, qui environne le globe entier, à la mer. Le végétal, pour qui toutes ces harmonies furent établies, est plus parfait que les

8.

vents qui l'agitent, que l'eau qui l'arrose, que le sol qui le porte, et présente des périodes encore plus étendues. Il en est de même de l'animal, supérieur au végétal, et de l'homme à l'animal. Mais toutes ces puissances vont elles-mêmes en s'améliorant. L'air et l'eau se changent dans la substance de la terre et dans celle des végétaux et des animaux ; de nouveaux continents sortent du sein des mers. Les vergers de l'Asie couronnent les fossiles marins de l'Europe, et s'étendent jusque sur les plages de l'Amérique ; et les troupeaux de l'ancien Monde se propagent dans les savanes du nouveau. Mais c'est sur-tout dans le genre humain que cette amélioration est sensible. Un temps a été où il n'apparaissait de l'Europe que les monts Riphées, les volcans de l'Hécla, de l'Auvergne, de l'Etna, les Alpes, les Pyrénées, les Apennins ; et alors le pêcheur ancrait sa nacelle aux glaciers de la Suisse. Peu-à-peu les eaux se sont écoulées ; et l'Europe a vu sortir des villes magnifiques du sein de ses obscures carrières, et des escadres invincibles des chênes de ses forêts. Ses enfants industrieux et innombrables se sont répandus sur tout le globe, et ont recueilli une partie de ses richesses. Les forêts du Nouveau-Monde ont ombragé leurs parcs, et leurs tables ont été chargées des fruits naturels à l'Asie. Le temps viendra où des continents inconnus sortiront de la mer du Sud, où les hameaux de ses insulaires se changeront en superbes métropoles, et où leurs vaisseaux, ornés de banderolles, mouilleront, au son des flûtes, sur nos rivages. Les hommes alors commerceront sur un océan moins vaste, parsemé d'îles fécondes ; ils se communiqueront avec joie les bienfaits de la nature, et, de concert, en invoqueront le père. Un jour viendra, et j'en entrevois déjà l'aurore, où les Européens substitueront dans le cœur de leurs enfants, à l'ambition fatale d'être les premiers parmi leurs semblables, celle de les servir, et où ils connaîtront que l'intérêt de chacun d'eux est dans l'intérêt du genre humain.

C'est le soleil qui préparera ces heureux changements. Il élabore sans cesse notre air et nos eaux, et les transforme dans les substances des végétaux et des animaux. Ses rayons pénètrent, dans la zone torride, le sein des terres, et y déposent le diamant dans les mines de Golconde, le rubis dans celles du Pégu, l'émeraude dans les rochers du Pérou, et la perle au fond de la mer Orientale ; ils parfument l'ambre sur ses rivages, et ils versent l'éclat des pierreries sur les plumes de ses oiseaux. Peut-être le temps viendra que son atmosphère allumera la nôtre d'une lumière durable, et fera de notre planète un séjour semblable au sien. Ah! si les hommes s'amélioraient comme elle, peut-être que leurs vertus attireraient un jour sur eux-mêmes la gloire de ses habitants immortels. Ce sont leurs influences qui éclairent nos génies et réchauffent les cœurs vertueux. C'est sans doute de cette terre céleste que les ames des gens de bien, débarrassées de leurs passions par la mort, voient ce que nous ne faisons qu'entrevoir ici-bas dans les siècles à venir. C'est dans cette source de toutes les harmonies que sont les vérités évidentes, les jouissances toujours variées et les félicités inépuisables. Mais le soleil n'est lui-même qu'un point où se fixe la Divinité pour verser ses bienfaits sur de faibles mortels. Il n'est qu'une étincelle de sa gloire, répandue dans tout l'univers.

HARMONIES AQUATIQUES
DES VÉGÉTAUX.

Ce n'est point aux enfants des ténèbres à pénétrer dans le soleil. Redescendons sur la terre, parcourons ses humbles vallées, suivons leurs ruisseaux à travers les prairies, les vergers et les forêts : nous y trouverons à notre portée assez de traces d'une Providence infinie, et des influences de l'astre du jour.

Nous avons déjà entrevu quatre harmonies des eaux avec les éléments. Il en résulte quatre océans, un glacial sur les pôles, un aérien dans l'atmosphère, un aquatique dans les eaux circulantes, un souterrain dans la terre. Chacun d'eux a ses harmonies positives ou négatives, actives ou passives, dont le soleil est le premier moteur. Nous allons maintenant en présenter un cinquième, sujet aux mêmes lois ; c'est l'océan végétal. J'appelle ainsi celui qui circule et se modifie dans les végétaux, et qui les transforme en une matière solide par un flux et reflux perpétuels. Pour s'en faire une idée, qu'on songe à l'étendue de nos prairies et de nos moissons, qui comblent chaque année nos greniers et nos granges ; à celle de nos vergers et de nos vignobles, dont les fruits et les boissons remplissent nos caves et nos celliers ; au bois que consomment nos chantiers, nos foyers et nos navigations ; à la hauteur des forêts et à l'épaisseur de leurs feuillages, aux couches de terre végétale qui en résultent : toutes ces productions sont les ouvrages de l'océan végétal. J'invite les naturalistes à chercher dans quelles proportions ces cinq océans sont entre eux : je me bornerai seulement, dans ce paragraphe, aux harmonies principales de la puissance végétale avec les océans élémentaires. Elle en a par des racines, avec l'océan souterrain ; par des écorces, avec le glacial ; par des feuilles, avec l'aérien ; par des semences, avec l'aquatique.

Les harmonies de chaque puissance se croisent, et chacune d'elles est circonférence et centre à son tour. Le disque d'une marguerite nous en offre une image : chacun des fleurons de sa circonférence est le centre d'un demi-cercle de fleurons, qui passe par le centre de son disque. Ils représentent tous ensemble les harmonies des puissances de la nature conjuguées sphériquement ; et leur fleuron central, entouré au loin de pétales blancs, est une image naïve du soleil, qui projette ses rayons autour de son système. La nature consonne avec elle-même dans les petits objets comme dans les grands; et afin que nos faibles yeux puissent saisir l'ensemble des harmonies de ses puissances avec l'astre du jour, elle les réunit dans un grain de sable, dans une goutte d'eau, au sein d'une fleur. Non-seulement les puissances de la nature se croisent dans leurs harmonies, mais encore dans leur essence. On a dit du végétal qu'il était un animal renversé. En effet, si l'on considère un arbre avec ses branches, ses fleurs et ses fruits dirigés vers le ciel, on trouvera qu'il a ses jambes en haut et sa tête en bas. Mais il a encore de plus en dehors plusieurs parties que l'animal porte en dedans. Il a ses entrailles dans ses racines, sa langue dans ses feuilles, son sexe et ses générations à découvert dans ses fleurs et ses fruits. C'est en quelque sorte un animal retourné. On trouverait des contrastes d'un autre genre, si on comparait la puissance végétale aux puissances élémentaires. Il n'est donc pas possible de tracer ses harmonies aquatiques dans le même ordre que celui des quatre océans élémentaires, qui sont le glacial, l'aérien, l'aquatique et le souterrain. Mais, en suivant l'ordre végétal, nous passerons successivement de la racine à l'écorce, aux feuilles et aux semences : nous établirons ainsi des harmonies progressives et presque inverses avec l'océan souterrain, le glacial, l'aérien et l'aquatique. Nous pourrions même en tracer d'entièrement inverses; car les écorces ont aussi des harmonies avec les eaux fluides, et les semences avec les eaux glacées; mais, dans un sujet aussi étendu, il faut se circonscrire. Il suffit à l'homme d'entrevoir les principaux linéaments du plan de la nature : elle est infinie, et il est très-borné.

Nous indiquerons d'abord les rapports intérieurs des végétaux avec les eaux, et ensuite leurs rapports extérieurs.

Prenons pour exemple une noix, et examinons-la dans sa maturité parfaite. Elle est d'abord revêtue d'un brou amer, qui la préserve de l'attaque des oiseaux, et qui est peut-être destiné à la subsistance de quelque animal qui nous est inconnu, dans les pays dont elle est originaire ; car la nature ne fait rien pour une seule fin. Sous le brou est une coque ligneuse, de la forme d'un bateau, ayant une proue pointue, une poupe aplatie, et une longueur à-peu-près double de sa largeur. Sa coupe lui est plus avantageuse que celle de nos bateaux ; car elle est formée de deux coquilles convexes, dont l'une sert de carène et l'autre de pont, de manière qu'elle peut voguer sur le côté ou renversée. La nature lui a donné une forme nautique, ainsi qu'à toutes les semences dont les végétaux étaient destinés à croître dans les eaux, où à embellir leurs rivages. Ces deux coquilles, réunies par une suture, renferment deux lobes divisés en partie par un zeste et réunis vers la pointe, qui contient le germe ou les premiers linéaments du noyer : ces deux lobes sont recouverts d'une pellicule. La noix, parvenue à sa maturité, tombe de l'arbre qui la porte; elle roule loin de lui par sa forme arrondie, et s'en écarte assez pour que rien ne gêne sa végétation future. Quelquefois un ruisseau voisin l'emporte fort loin de là; plus souvent elle reste à terre où elle passe l'hiver à l'abri des gelées, à la faveur des feuilles du noyer, qui tombent en automne. Au printemps, l'humidité de la terre, aidée de la chaleur, gonfle ses deux lobes, qui forcent les deux coquilles de s'entr'ouvrir. Le germe paraît; il tient aux deux lobes devenus laiteux, et il en tire sa première nourriture, comme de deux mamelles. Cependant il sort de la partie inférieure du germe une radicule qui, par un mécanisme incompréhensible, se dirige vers la terre, tandis que l'autre s'élève vers le ciel. La radicule, en se divisant en chevelu, va pomper dans la terre les émanations de l'océan souterrain; et le germe, en se divisant en feuilles, va recueillir les vapeurs de l'océan aérien. Ce double effet a lieu dans quelque sens que se trouve la noix : si elle est renversée, le germe se redresse et la radicule s'abaisse. Ce premier mécanisme de la végétation est le même dans le développement de toutes les graines, et quoique infiniment commun, il n'en est pas plus aisé à concevoir. Les pierres qui sont dans le sein de la terre, ne forcent point le germe de végéter en bas, ni les pluies n'attirent point la radicule en haut. Ces deux parties organiques ont leurs harmonies déterminées, l'une avec l'océan aérien, l'autre avec l'océan souterrain : elles en prouvent évidemment l'existence. Si l'océan souterrain n'existait pas, aucune semence ne leverait en Egypte, au Pérou, et dans d'autres lieux où il ne pleut presque jamais. Ce sont ses transpirations qui les humectent et attirent leurs racines. Si l'humidité seule de l'air suffisait pour produire cette attraction, les racines de nos végétaux, dans nos climats pluvieux, se dirigeraient toutes vers la surface de la terre; or c'est ce qui n'arrive pas : au contraire, elles s'y enfoncent quelquefois à des profondeurs étonnantes, malgré toutes sortes d'obstacles. J'ai vu, dans l'atmosphère humide des collines de la rivière d'Essonne, des racines de vigne qui ont pénétré à plus de quinze pieds de profondeur à travers une carrière de pierre à chaux. Il est donc certain qu'il existe un océan souterrain, dont les émanations traversent les bancs de pierre les plus épais, et sont en harmonie avec les racines des plantes.

Nous observerons ici que les précautions maternelles dont la nature s'est servie pour garantir les semences des injures des éléments ou des animaux, ne sont point des obstacles à leur développement. Celles qui sont renfermées dans des coques dures, s'en dégagent par des sutures ou par des trous qui y sont ménagés. Les noisettes, qui paraissent d'une seule pièce, sont percées de petits trous presque imperceptibles. J'ai vu de jeunes filles assez adroites pour les enfiler avec un cheveu ou même un crin. Le coco, la plus grosse sans doute des noisettes, a trois de ces ouvertures, qui lui donnent l'apparence d'une tête de singe. Elles sont recouvertes d'une légère pellicule par où sort le germe ; cependant il y a apparence que le coco a des sutures aussi, car il y a des nègres qui savent le fendre en deux moitiés avec un petit bâton. Il est probable qu'il en est de même de tous les noyaux qui paraissent d'une seule pièce. J'ai remarqué que celui de la pêche appelée teton de Vénus, se fend souvent en deux dans le fruit même ; on en trouve alors l'amande consommée par une sorte de moisissure ou d'insecte. Mais ce qui m'a paru très-singulier et inexplicable, comme tant d'autres choses fort communes, c'est que le noyau, fendu en deux, quoique bien formé et très-dur, était quelquefois brisé en plusieurs pièces, sans que je pusse concevoir d'où provenaient ces fractures multipliées d'un corps dur au sein d'un fruit mou, qui n'a été offensé par aucun choc. Est-ce un effet de quelque électricité végétale ou animale ?

Quoi qu'il en soit, la radicule, après avoir pénétré en terre, se change en racines souvent divergentes, qui établissent des rapports de solidité entre le sol et le végétal. Nous en parlerons aux harmonies terrestres, comme nous avons parlé de ceux de la tige aux harmonies aériennes. Ces racines fournissent encore à la nourriture des fibres de la tige, auxquelles elles correspondent par leur chevelu. Il est remarquable qu'elles s'étendent beaucoup plus à l'orient, au midi et à l'occident, qu'au septentrion, ce qui prouve l'influence du soleil, même sous la terre. Il en est de même des fibres du bois, qui sont plus serrées au nord que par-tout ailleurs. Ces racines, pour l'ordinaire, se subdivisent à l'infini, et correspondent aux branches de l'arbre, en nombre égal. Le palmier, qui n'a point de branches et qui ne porte que des feuilles ligneuses, ne pousse qu'une seule racine, garnie, à la vérité, de quantité de chevelus. Ce sont ces chevelus qui sont les suçoirs, et en quelque sorte, les entrailles des végétaux. Ils pompent l'eau souterraine ; ils la changent en sève circulante, qui s'élabore ensuite en bois, en écorce, en feuilles, en fleurs et en fruits, par l'action du soleil. On a cherché, mais bien en vain, à expliquer cette métamorphose merveilleuse. Il sera toujours impossible à l'homme de concevoir comment la même sève peut se combiner en sucre dans la pulpe d'un fruit, en pierre dans son noyau, en huile dans son amande, en saveur amère dans sa feuille, et en bois insipide dans le tronc qui le nourrit. Le même sol peut produire à-la-fois des aliments et des poisons. Les opérations de la nature nous seront à jamais inconnues, nous ne pouvons en entrevoir que les résultats : la connaissance des causes premières n'appartient qu'à celui qui en est le moteur; mais celle des causes finales est à la portée de l'homme, qui en a la jouissance.

Plus un arbre a de chevelu, plus il tire de nourriture. C'est donc une des bonnes maximes de l'agriculture, de couper une partie des grosses racines et des branches d'un arbre qu'on transplante; car les racines alors produiront une grande quantité de chevelus, et il aura ainsi d'une part beaucoup de substance, et de l'autre peu de bois à entretenir.

L'eau pompée par les racines s'appelle liqueur lymphatique, parce qu'elle diffère fort peu de l'eau pure. Elle monte d'abord au moyen des trachées ou tuyaux aériens en spirales, rangés le long des fibres longitudinaires du bois. Ces fibres sont elles-mêmes des espèces de canaux où l'eau pourrait monter sans trachées, comme dans les tuyaux capillaires; mais il faut sans doute, pour préparer la sève, le concours de plusieurs éléments. Les fibres du bois, qui paraissent collées ensemble, s'écartent de distance en distance, et renferment entre leurs ouvertures des utricules : ces utricules sont ainsi nommées parce qu'elles ressemblent à de petites outres. Elles sont de forme ovale, couchées à la suite les unes des autres, bouche contre bouche, entre les fibres ; elles vont de la circonférence de l'arbre au centre, depuis l'écorce jusqu'à la moelle, qui ne paraît être elle-même qu'un long canal rempli d'utricules plus larges. Celles qui vont de la circonférence au centre sont rangées par plans, posés les uns sur les autres dans toutes les parties du tronc où les fibres s'écartent. C'est à leur direction horizontale qu'il faut attribuer la facilité que l'arbre a de se fendre de la circonférence au centre, ce qui ne manque guère d'arriver lorsqu'elles viennent à se dessécher tout-à-coup ; car elles se resserrent dans la sécheresse et se dilatent dans l'humidité. Comme ces utricules superposées sont à la suite les unes des autres presque dans toute la longueur de l'arbre, il est aisé d'en fendre le tronc ; car il ne fait de résistance qu'aux endroits où les fibres ligneuses se rapprochent.

Je ne parlerai point ici de la tige ligneuse des arbres, composée de trachées, d'utricules et de fibres. Il paraît qu'elle est principalement en rapport avec les vents. La nature ne donne de bois qu'aux arbres et aux buissons qui y sont exposés. Les herbes n'en ont guère que dans leurs racines; cependant ces grands roseaux des Indes appelés bambous, et les palmiers mêmes, n'ont point de bois proprement dit, et ils résistent mieux aux ouragans que les arbres.

La feuille, par son côté inférieur, a des rapports immédiats avec les vapeurs de l'océan souterrain; et par son côté supérieur, avec celles de l'océan aérien : c'est elle qui reçoit l'eau des pluies; elle est faite pour l'ordinaire en forme de langue. Elle est attachée à son rameau par une queue ou pédicule fort court, sillonné en gouttière. Le rameau forme avec la branche, et la branche avec le tronc, des angles de 30 à 40 degrés. Le tronc est perpendiculaire au sol, et il a son écorce cannelée de crevasses longitudinales. Au moyen de ces dispositions, l'eau de la pluie s'écoule de la feuille au rameau, du rameau à la branche, de la branche au tronc, du tronc à la racine, d'où elle se rend, quand elle est abondante, à l'océan souterrain.

La circulation de l'eau des pluies est la même à la surface de l'arbre, qu'à celle de la terre : elle tombe sur le rocher, qui l'attire en vapeurs comme la feuille. De là elle passe successivement à la fontaine, au ruisseau, à la rivière, au fleuve, et à la mer, qui forment entre eux des embranchements semblables, en quelque sorte, à ceux d'un arbre, comme on peut le voir sur les cartes.

Les feuilles présentent d'autres configurations dans différentes espèces de végétaux; elles sont faites en becs d'oiseau dans le genêt, en coquilles dans le sarrasin, en écopes dans les graminées naissantes. Les folioles du pin sont agrégées en pinceaux, qui ramassent les plus petites vapeurs aériennes. C'est au sein de la zone torride que la nature fait végéter les raquettes, les aloès, les cactus, les cierges, et toutes les espèces de plantes grasses dont les feuilles semblent être des éponges pleines d'eau. Mais ces fontaines et ces citernes végétales, ces formes d'aqueducs dans les feuilles et leurs agrégations, n'ont lieu que dans les végétaux de montagnes ou des lieux arides, qui avaient sans cesse besoin d'être arrosés. Ceux qui croissent sur le bord des eaux ont des formes, des dispositions tout opposées, quoique souvent ils soient du même genre. Leurs feuilles, loin d'attirer l'eau, la repoussent; elle y glisse sans les mouiller, ou elle s'y rassemble comme des gouttes de vif-argent. Telles sont celles des nymphæa, qui flottent à la surface des étangs sans être humectées. Il en est de même de celles des roseaux et des joncs. Aucun d'eux n'a de cannelure pour conduire la pluie à sa racine, tandis que le jonc de montagne est creusé en écope dans toute sa longueur. Les feuilles des peupliers et des trembles ont de longs pédicules, et sont mobiles; d'autres arbres, au lieu de diriger leurs branches vers le ciel, les courbent au dehors en arcades, comme s'ils voulaient écarter la pluie de leurs tiges. Tels sont, en général, les osiers, les saules, lorsqu'on n'arrête point leur développement naturel par des coupes réitérées. Leur port ressemble alors à celui des saules de Babylone. Enfin, d'autres ont leurs feuilles disposées en recouvrement comme les tuiles d'un toit : tels sont les noyers et les marronniers d'Inde.

J'en ai rapporté un assez grand nombre d'exemples dans mes Études nautiques. Il est certain que comme les végétaux montagnards, c'est-à-dire, dont les semences sont aériennes, ont des sous-genres qui peuvent se répartir aux différentes couches de l'atmosphère et aux divers rhumbs de vents, les végétaux aquatiques ont aussi des sous-genres harmoniés avec l'océan glacial, souterrain, aquatique et aérien. On pourrait rapporter même à l'océan végétal les plantes parasites qui tirent leur substance de la sève des végétaux, comme les guis, les scolopendres, les lichen, les agarics, les mousses.... Les harmonies de la nature, si merveilleuses dans les grands objets, le sont encore davantage dans les petits. Elles se multiplient en raison inverse de l'espace. La construction d'une mousse est plus étonnante que celle du cèdre, et celle du moucheron plus que celle de l'éléphant.

Les mousses composent un sous-genre de

plantes si nombreux, que le botaniste Levaillant en a compté cent trente-sept espèces dans les seuls environs de Paris, c'est-à-dire plus que d'aucun autre genre de végétal. Elles sont en beaucoup plus grand nombre dans le Nord, qui est leur patrie naturelle. Elles approchent, suivant Adanson, de la famille des pins par la disposition de leurs feuilles, et par les cônes de leurs fleurs femelles. Il y a des mousses qui n'ont pas quatre lignes de hauteur, comme le phasque ; et d'autres qui ont jusqu'à cinq ou six pieds de longueur, comme le lycopode ou pied-de-loup ; mais celui-ci rampe en s'enracinant d'espace en espace. Les mousses ont des urnes, souvent chargées de coiffes, et qui quelquefois en sont privées. Les unes en ont de plates, mais le plus grand nombre les portent terminées en forme d'aiguilles. Au centre de ces urnes, est une poussière que quelques naturalistes prennent pour le pollen des mousses, d'autres pour leurs graines. Le contour intérieur de leur couvercle a un ou plusieurs rangs de filets élastiques, qui se redressent peu-à-peu, et, dans le temps de la fructification, le font sauter tout-à-coup avec les grains qu'il renferme : l'urne ressemble alors à un mortier qui lance des bombes. Cette poussière, soit fécondante, soit formée de semences fécondées, est semblable à la fleur de soufre. Celle du lycopode est très-inflammable : jetée sur la flamme d'une bougie, elle prend feu comme la poudre à canon. On l'emploie, à l'Opéra, dans des torches à l'esprit-de-vin, qui jettent des flammes de quinze pieds de haut lorsqu'on les agite. Les doigts, empreints de cette poudre, ne sont pas susceptibles d'être mouillés. Les mousses sont les meilleurs préservatifs contre l'humidité. Celle qu'on appelle la fontinale, parce qu'elle croît dans les fontaines, a un caractère bien opposé aux semences du lycopode : c'est qu'elle ne peut conserver ni communiquer le feu; elle s'y réduit en cendre sans s'enflammer. On peut s'en servir pour préserver de l'incendie des charpentes trop voisines du foyer. Les mousses conservent leurs facultés végétales pendant beaucoup d'années ; car, quoiqu'elles soient alors très-sèches, si on les humecte, elles reverdissent. Cependant on ne peut les faire croître où l'on veut, tandis que souvent elles viennent où l'on ne veut pas.

Je ne dirai rien ici du nostoc ou mousse fugitive, espèce de lichen membraneux, qui apparaît sur la terre immédiatement après la pluie, et qui disparaît avec le vent; je ne parlerai pas non plus de la mousse aquatique ou sphaigne des marais, composée de filaments soyeux d'un beau vert; ni de la conferve, espèce de bissus composé de filets qui n'ont ni racines, ni feuilles, ni fleurs, ni fruits. Je jetterai un coup-d'œil sur les plantes fluviatiles et maritimes, dont la botanique est presque tout-à-fait inconnue.

Il y a une multitude de plantes qui croissent non-seulement sur le bord des eaux, qu'elles embellissent, comme les salicaires, dont les épis sont pourprés; les iris jaunes, les menthes odorantes: mais il y en a qui viennent dans le sein même des eaux, comme les cressons, les lentilles d'eau, les glaïeuls, les joncs, les nymphæa, les sagittaires, ainsi nommées, parce que leurs feuilles sont faites en fer de flèche. D'autres sont tout-à-fait submergées : telle est, entre autres, une espèce de plante en longs filets, dont les extrémités sont articulées en forme de pates d'écrevisse. Il est remarquable que toutes ces plantes fluviatiles épanouissent leurs fleurs à la surface des eaux. Une rivière, en été, ressemble souvent à une prairie ondoyante. Les petits oiseaux s'y reposent, et j'ai vu plus d'une fois la bergeronnette y courir après les insectes qui y voltigent. On en doit conclure que l'action immédiate du soleil est nécessaire à leur floraison, et qu'elles sont faites pour embellir le séjour de l'homme ; car les bords de la mer n'offrent rien de semblable. Les plantes fluviatiles ont des fleurs, et les plantes marines n'en ont point. Les premières semblent destinées, par leurs couleurs et leurs parfums, à fournir des couronnes, des ceintures et des bouquets aux bergères et aux baigneuses ; et les secondes, par leur glu et leur élasticité, à favoriser les échouages des barques des marins et des pêcheurs.

Les plantes qui croissent dans le sein de la mer, sont soumises à d'autres lois végétales que celles qui fleurissent à la surface de la terre et des eaux douces; elles sont encore si peu connues, qu'elles manquent même de nomenclature. On leur donne en général les noms de fucus, d'algues ou de varechs, avec aussi peu de fondement que si on donnait le nom général d'herbes ou de graminées à toutes les plantes de la terre, parmi lesquelles il y a tant de genres différents, et tant d'espèces si variées.

A juger du nombre des plantes de la mer et de leurs espèces par celui de ses animaux, il y a apparence qu'étant beaucoup plus étendue que la terre, elle est encore plus féconde en végétaux; mais nous ne connaissons guère que ceux qui croissent sur nos rivages, ou que les courants nous apportent. Quoique nous vantions beaucoup nos connaissances en histoire naturelle, je crois que nous n'en avons guère plus en plantes marines, que les poissons n'en ont en plantes terrestres.

Il y a une bien plus grande variété de couleurs dans les plantes de la mer, que dans celles de la terre. J'en ai vu de blanches, de grises, de vertes, de couleur de citron, de rose, de pourpre, de rouille, de brun enfumé, etc. : il semble que la nature, qui leur a refusé les fleurs, leur en donne l'éclat et même les teintures, quoiqu'à cet égard on en fasse peu d'usage. Il est remarquable qu'il n'y en a point de bleues, ou du moins très-peu, parce qu'elles seraient confondues avec la mer, qui est de cette couleur. C'est par la même raison qu'on ne voit guère de plantes terrestres de la couleur du sol qui les produit, parce qu'elles n'auraient pu être distinguées par les animaux auxquels elles étaient destinées. Ceux-là donc sont dans une grande erreur qui veulent établir de simples attractions et des consonnances mécaniques dans les ouvrages de la nature, qui nous présentent de toutes parts d'ingénieux contrastes.

Les diverses espèces de plantes marines ne diffèrent pas moins entre elles de formes que de couleurs. Il y en a en arbrisseaux, en feuilles de laitue, en longues lanières, en cordelettes unies; d'autres, avec des nœuds, comme des disciplines; d'autres, chargées de siliques, de digitées, de chevelures; en flottes, comme les trombes du cap de Bonne-Espérance; en grappes de raisin, telles que celles qui en portent le nom sous notre tropique. Les unes flottent sans paraître être attachées à la terre; d'autres ont des racines qu'elles collent aux corps les plus unis, à des galets, à des bouteilles. Il y en a qui s'élèvent à la surface des flots, au moyen de petites vessies pleines d'air ; d'autres ont de larges feuilles en éventail, criblées de trous, à travers lesquels l'eau passe comme par un tamis : tels sont les panaches marins, qui croissent dans les détroits. Il en est qui végètent sur la croûte des coquilles, comme des poils follets ; d'autres, comme celles qui sont autour des îles de Kerguelen, vers le pôle austral, s'élèvent du fond des abymes de la mer, et ont jusqu'à trois cents brasses de longueur.

Toutes les plantes marines, même les plus submergées, ont des rapports avec l'air ; elles le séparent de l'eau, par un mécanisme non moins difficile à comprendre que celui des ouïes des poissons, qu'on nous donne pour l'expliquer. Une des plantes les plus extraordinaires en ce genre est le fucus giganteus, décrit par Roblet, chirurgien du capitaine Marchant, dans son voyage aux îles Charlotte, dans la mer du Sud. Il diffère de celui dont Forster nous a donné la description dans le Voyage de Cook, en ce qu'il est branchu, et que sa tige et ses branches sont des tuyaux pleins d'air d'un bout à l'autre. Au reste, ils parviennent tous deux à une grandeur prodigieuse, qui leur a fait donner le nom de gigantesques ; car ils ont plus de trois cents brasses de long : celui de Roblet en avait trois cent quatorze. Sa végétation n'est pas moins étrange que sa longueur. A sa naissance au fond de la mer, il n'est pas plus gros que le petit doigt, et il va en s'élargissant jusqu'à la surface des flots, où il se termine par une boule creuse entourée de feuillages : il était couvert de bernacles d'un bout à l'autre. Il ne se soutient dans l'eau qu'au moyen de l'air qu'il renferme ; car si on le coupe, ses tronçons coulent à fond.

En général, les végétaux marins ont leur tige plus menue en bas et plus épaisse en haut, tandis que les végétaux de terre ont des proportions toutes contraires. C'est que, dans les premiers, le haut de la tige porte le bas ; et que, dans les seconds, le bas porte le haut. La plante marine est supportée, dans toutes ses parties, par l'eau, tandis que la plante terrestre pèse, par toutes ses parties, sur sa base, qui par conséquent devait être renforcée. La nature ne fait rien de trop ni de trop peu ; ses harmonies sont si précises, que les végétaux terrestres qui s'accrochent par des vrilles ou des spirales, et qui par conséquent ne pèsent pas sur leur tige, l'ont plus menue par en bas, et plus large par en haut, comme les plantes marines : tels sont les pois, les haricots, etc.

Peut-être pourrait-on se servir d'un fucus giganteus à tube aérien pour descendre dans la mer ; il servirait de trompe pour respirer l'air, puisque c'est une espèce de tamis qui le sépare de l'eau ; on n'aurait point à craindre la compression de l'atmosphère ; comme dans la cloche du plongeur.

Chaque rivage produit des plantes marines qui lui sont propres. J'ai vu à Dieppe de ces fucus blancs et rameux, tournés en spirale, dans des filets que nettoyaient des pêcheurs qui venaient de prendre des crabes sur les côtes d'Écosse. Il y en avait de plusieurs autres espèces, qu'on ne voit point sur nos rivages. Les ordures de leurs filets auraient enrichi nos cabinets les plus curieux. S'il y a un grand nombre de plantes marines sédentaires, il y en a de voyageuses. En revenant de l'Ile-de-France, j'ai vu, pendant plus de quatre-vingts lieues, la mer couverte de celles qu'on appelle raisins du tropique : on prétend qu'elles viennent des hauts fonds de la Floride. Ce serait une nouvelle preuve du courant de la mer Atlantique, en été, du pôle nord vers le pôle sud. Mais, comme en hiver les bords septentrionaux de cette même mer en sont couverts par grands tas, on en peut conclure encore qu'elle remonte au nord dans cette saison : ses riverains s'en servent avantageusement pour fumer leurs terres, ou pour en tirer de la soude. Elles sont recueillies avec soin par les habitants des côtes de Bretagne, de Normandie, des îles de Scilly, de l'Angleterre, de l'Écosse, de l'Irlande, des Orcades, et même de la stérile Islande, où quelquefois elles servent de pâture aux vaches.

Parmi ces végétaux maritimes si nombreux et si vigoureux, il n'y en a pas un que l'on puisse comparer à un tronc d'arbre, par sa solidité et sa grosseur; tous sont menus et élastiques comme des herbes. Il paraît que l'intention de la nature a été de donner, pendant l'hiver, aux amphibies du Nord, des litières molles et chaudes, qu'elle a refusées à ceux du Midi, qui ne trouvent sur leurs grèves que des sables, et des mangliers dont les feuillages élevés les mettent à l'abri de la chaleur. Il est remarquable que les madrépores, ces espèces de végétations pierreuses dont les débris produisent tant de sables, viennent en abondance sur les rivages de la zone torride, tandis qu'on en trouve fort peu sur ceux des zones tempérées, et point du tout dans les zones glaciales. Au contraire, les plantes marines souples, telles que les algues et les fucus, sont d'une grandeur considérable, et très-communes dans les zones glaciales : moins nombreuses dans les tempérées, on en trouve fort peu dans la zone torride, où elles sont remplacées par les madrépores. Cependant ces deux productions si dissemblables, paraissent avoir entre elles des analogies, car elles ne portent ni fleurs ni fruits, et quand on les brûle, elles ont toutes deux une odeur désagréable de poisson ou d'insecte. Je serais disposé à les ranger dans la classe des polypiers; peut-être pourrait-on y comprendre aussi les plantes terrestres, puisqu'on trouve des animalcules en abondance dans leurs sèves.

Quoique l'anatomie des plantes marines nous soit encore inconnue, il est certain qu'elles sont harmoniées avec toutes les puissances de la nature. Elles croissent au fond de la mer; mais elles s'enracinent sur ses sables et ses rochers; elles pompent l'air mêlé avec ses eaux, comme on le voit par celles qui ont des vessies aériennes, et par les poissons qui respirent avec leurs ouïes. Les rayons du soleil, ce premier moteur de tous les êtres, y pénètrent aussi, non-seulement par leur chaleur, mais aussi par leur lumière; car les poissons ont des yeux. Il n'y a pas même de doute que les rayons de la lune n'éclairent jusqu'au fond des abymes de l'Océan ; car c'est sur ses phases que les poissons règlent leurs voyages, leurs amours et le temps de leur frai : enfin l'influence de l'astre des nuits y est si grande, que les poissons à coquille ont leur coquillage revêtu d'autant de couches qu'ils ont vécu de lunes, ainsi que nous l'avons remarqué ailleurs.

Ces observations détruisent l'erreur mise en avant par Bouguer, au sujet de la lumière de la lune. Cet astronome prétend que cette lumière n'est que la trois cent millième partie de celle du soleil; il tire cette conséquence d'une expérience qu'il a faite avec un certain nombre de verres posés les uns sur les autres, à travers lesquels il a fait passer les rayons de l'astre du jour, qu'il a réduits ainsi à un clair de lune. Mais si la lumière de l'astre des nuits n'était en effet que la trois cent millième partie de celle de l'astre du jour, non-seulement elle n'irait pas jusqu'au fond des mers, mais même celle du soleil n'y pénétrerait jamais, car elle a à traverser des couches d'eau beaucoup plus épaisses que tous les verres qu'on peut entasser les uns sur les autres. Cependant les mœurs des poissons et les accroissements périodiques de leurs coquilles, prouvent l'influence des rayons de la lune jusqu'au sein des eaux les plus profondes.

Bouguer n'avait besoin que du témoignage de ses yeux pour se convaincre d'une erreur de calcul aussi énorme. Pouvait-il croire qu'un clair de pleine lune est trois cent mille fois plus faible que le jour ? Les ombres sont en même proportion que les lumières. Y a-t-il un rapport d'un à trois cent mille entre les ombres des corps éclairés par ces deux astres ? S'il fallait à Bouguer, élevé dans l'obéissance académique, des expériences physiques pour s'assurer de ce qu'il voyait dans la nature, il n'avait qu'à bien fermer les volets de sa chambre, et y faire un trou qui fût la trois cent millième partie du disque apparent du soleil, qui est à-peu-près d'un demi-pied de diamètre ; il aurait vu si le filet de lumière solaire qui l'eût éclairé, était comparable à celle d'un clair de lune. Il y a dans le volet de ma chambre cinq trous, de plus d'un demi-pouce de diamètre chacun : lorsque les rayons du soleil passent à travers, ils n'y rendent pas sensibles les objets qui sont à l'extrémité. Bouguer s'est encore trompé lorsque, dans son Traité de la navigation, il fixe à un degré la plus grande réfraction du soleil sur tous les horizons du globe. Barents avait prouvé qu'elle était de deux degrés et demi sur l'horizon de la Nouvelle-Zemble, où il vit le soleil quinze jours plus tôt qu'il n'y devait paraître. Il est vrai qu'on en peut conclure en même temps que la terre s'alonge au Nord, tandis que Bouguer, par une autre erreur, l'y suppose aplatie. Non-seulement il s'est trompé encore dans le même livre, mais il s'est contredit lorsqu'il affirme, d'une part, que la lune a produit les marées par son attraction; tandis qu'il avoue, de l'autre, que les grandes marées n'arrivent qu'un jour et demi ou deux après le passage de cet astre au méridien.

Je suis porté à croire qu'il n'y a point d'erreur, même physique, qui n'ait sa source dans un défaut de morale. Bouguer voulait appuyer l'expérience du célèbre Buffon, qui refuse toute chaleur aux rayons de la lune ; en conséquence, il affaiblissait, autant qu'il était en lui, par des expériences non moins illusoires, la lumière du réverbère céleste. D'un autre côté, il tenait fortement au système de l'attraction, qu'il voulait étendre à tout ; il aimait donc mieux s'en fier au calcul qu'à l'évidence, et à l'autorité de Newton qu'au témoignage de ses sens. C'était un bon néophyte, fidèle à sa foi, parce qu'il lui devait son poste d'astronome. Il y resta constamment attaché, ainsi qu'à sa patrie. Chargé, avec deux autres académiciens, de mesurer, au Pérou, un arc du méridien, près de l'équateur, il n'y fut ni querelleur, ni ambitieux, ni cupide. Il fut le seul d'entre eux qui retourna en France et à son académie, dès qu'il lui fut possible. Ses erreurs furent celles de son système plutôt que les siennes. Si je les relève ici en particulier, c'est qu'elles sont dans un ouvrage d'ailleurs estimable, et c'est afin de garantir la génération future de l'autorité des noms accrédités par les corps. Pour connaître la vérité, il faut s'affranchir des préjugés de famille, de tribu, et même de nation.

Mais laissons les systèmes variables des hommes, et revenons aux lois permanentes de la nature. Nous avons rapporté chacune de ses puissances à douze harmonies principales, qui les divisent en genres. On peut rapporter chaque genre aux mêmes harmonies, et il en résultera au moins cent quarante-quatre espèces positives, et autant de négatives. On aura, par la même marche, les sous-espèces ou variétés. Si l'on applique cette méthode aux plantes marines, elles se trouveront toutes classées dans leur ordre naturel. Il en résultera une connaissance approfondie de leurs formes, et par conséquent leur nomenclature : *rem verba sequuntur,* les choses portent avec elles leurs expressions. Jusqu'ici nous avons été dans une ignorance profonde sur les plantes marines, auxquelles nous n'avons donné tout au plus qu'une douzaine de noms, tandis qu'elles sont peut-être d'espèces et de genres aussi variés que les plantes terrestres. Il est très-vraisemblable qu'il y a entre les premières et les animaux de la mer les mêmes rapports qu'entre les secondes et les animaux de la terre. Quand même tous les végétaux marins ne seraient que des polypiers, ils n'en servent pas moins aux besoins et à la nourriture des poissons, dont plusieurs espèces méridionales ont un palais osseux qui leur sert à broyer les coraux.

On peut donc rapporter les madrépores si nombreux, qui pavent les mers de la zone torride, au soleil, et les algues aux zones glaciales. Quoique toutes ces végétations croissent au sein des eaux, il y a des plantes marines qui appartiennent particulièrement à l'air, et qui sont en quelque sorte amphibies. Je citerai plusieurs espèces de varechs attachés aux rochers, que la mer couvre et découvre dans ses flux et reflux. Les vents en agitent les feuillages comme ceux des forêts. D'autres sont ordonnés à la terre, et servent à en protéger les rivages contre les courants : telles sont les algues du Nord, tels sont sur-tout les madrépores, qui augmentent insensiblement la circonférence des îles situées entre les tropiques ; plusieurs même de ces îles leur doivent leur naissance, comme l'a observé Cook dans les mers du Sud. C'est de leurs débris pierreux que se sont formés autrefois les pierres calcaires, les marnes et les marbres qui forment le sol de la plus grande partie de la terre, et surtout de l'Europe. Chose étrange ! des animalcules marins, à peine visibles au microscope, accroissent notre globe de leurs travaux. Il n'y a de force si petite, que la constance ne rende toute-puissante : *omnia vincit labor improbus*, rien ne résiste à un travail opiniâtre. Les harmonies animales des plantes marines ne sont pas moins admirables que les terrestres. Les algues du Nord servent à la pâture d'une multitude d'insectes, qui servent à leur tour de nourriture à d'énormes cétacées. C'est sans doute à ces plantes si communes et si vigoureuses vers les cercles polaires, qu'il faut attribuer cette quantité prodigieuse de poissons que l'on pêche dans les mers septentrionales, dont les espèces sont sans contredit plus nombreuses, plus variées et plus volumineuses que celles qui vivent dans les mers torridiennes. Il y a de ces plantes marines à l'usage des hommes :

telles sont celles que nous employons aux engrais, et dont nous tirons des soudes. Mais combien d'autres pourraient servir aux teintures, et même aux aliments ! Les Chinois, et sur-tout les Japonais, à l'aide de quelques préparations, en tirent des mets agréables, ainsi que nous avons fait de l'olive, si amère. Y a-t-il parmi les végétaux marins, une substance plus coriace et moins savoureuse que le grain du café, dont les Indiens ont fait une boisson exquise, par la torréfaction et la combinaison du sucre ? Que ne peuvent les harmonies des différents sels jointes à celles du feu !

Les plantes marines servent aussi aux harmonies morales du globe. Les unes se groupent fraternellement, comme celles qui décorent les rochers par leurs consonnances ; d'autres, par de doux contrastes, les parent d'une pompe conjugale : telles sont les coralloïdes, si variées de formes et de couleurs. D'autres se conjuguent entre elles à la surface des flots, et servent de radeaux à des couples heureux. On voit souvent, aux environs du cap de Bonne-Espérance, des veaux marins, mâle et femelle, voguer ensemble sur des trombes, creusées sans doute et renflées pour cette fin par la nature. Ce fut sur un lit de plantes marines que la Vénus des Grecs apparut au sein des mers, où la fable la fait naître. Les Chinois font également naître la déesse des amours au sein d'une fleur qui s'épanouissait au milieu des eaux. Ainsi, le sentiment des mêmes harmonies est commun à tous les peuples. Un grand nombre de plantes marines sont destinées à des relations maternelles. Elles servent à abriter et à voiturer le frai des poissons, qui s'y attache. Souvent des alcyons et de petits oiseaux de terre, et même de faibles quadrupèdes, y font leurs nids, et voguent vers des îles inconnues. Ces végétations flottantes forment quelquefois des tribus si nombreuses, qu'elles arrêtent la course des vaisseaux : telles sont celles de la Floride. D'autres semblent poser des limites stables, et tracer des lignes de démarcation sur les plaines liquides de la mer : elles peuvent déterminer les bornes des diverses puissances maritimes, et donner aux navigateurs des points plus sûrs que leurs longitudes estimées. D'autres font, comme eux, le tour du globe, et circulent d'un pôle à l'autre avec l'Océan. C'est peut-être parmi ces espèces voyageuses et cosmopolites, que de malheureux marins, naufragés sur un écueil, peuvent choisir des trajectiles propres à annoncer leurs infortunes sur tous les rivages. L'épaisseur de leurs feuilles et de leurs tiges est propre à recevoir toutes sortes d'inscriptions. Il est aisé d'en réunir des trains, pour les rendre apparents au sein des mers, et signaler un naufrage.

Ainsi, la grève la plus aride, le rocher battu des tempêtes, peuvent offrir à l'homme le plus abandonné de ses semblables, des objets de curiosité, d'aliment, d'agrément, d'espérance et de consolation. Dans mon enfance, j'allais souvent seul sur le bord de la mer, m'asseoir dans l'enfoncement d'une falaise blanche comme le lait, au milieu de ses débris décorés de pampres marins de toutes couleurs, et frappés des vagues écumantes. Là, comme Chrysès, représenté par Homère, et sans doute comme ce grand poëte l'avait éprouvé lui-même, je trouvais de la douceur à me plaindre au soleil de la tyrannie des hommes. Les vents et les flots semblaient prendre part à ma douleur par leurs murmures. Je les voyais venir des extrémités de l'horizon, sillonner la mer azurée, et agiter autour de moi mille guirlandes pélagiennes. Ces lointains, ces bruits confus, ces mouvements perpétuels, plongeaient mon ame dans de douces rêveries. J'admirais ces plantes mobiles, semées par la nature sur la voûte des rochers, et qui bravaient toutes les tempêtes. De pauvres enfants, demi-nus, pleins de gaieté, venaient, avec des corbeilles, y chercher des crâbes et des vignots. Je les trouvais bien plus heureux que moi avec mes livres de collége, qui me coûtaient tant de larmes. Michel Montaigne raconte qu'il retira, un jour, dans son château un semblable enfant, qu'il avait trouvé sur le bord de la mer; mais celui-ci préféra bientôt d'y retourner, et de chercher sa vie dans la même occupation. Montaigne attribue ce goût au sentiment de la liberté ; mais il tient encore à celui des harmonies inexprimables que la nature a répandues sur les rivages de la mer. Ce sont elles qui portent le Patagon demi-nu à errer sans cesse au milieu des frimas et des tempêtes du cap Horn. Il préfère ses grèves brumeuses aux plaines fécondes de l'Amérique, et sa grossière industrie à tous les arts des Européens. La nature a mis le berceau de la liberté dans le jardin des Néréides. Ce n'est point sur les sommets arides des hautes montagnes, mais sur les bords de l'Océan, que se sont formées les premières républiques. Là, les solitudes les plus sauvages sont habitées par une foule d'êtres animés, et l'abondance s'y trouve au milieu du plus sublime spectacle de la nature.

HARMONIES AQUATIQUES

DES ANIMAUX.

Nous avons distingué cinq océans, le glacial, l'aérien, l'aquatique, le terrestre, le végétal; nous pouvons en ajouter un sixième, qui est l'animal, composé des humeurs et du sang des animaux. Celui-ci est non-seulement organisé comme le végétal, mais il est en quelque sorte animé. Tous ces océans, qui constituent la puissance aquatique, sont modifiés par l'action positive et négative du soleil, action combinée avec les autres puissances de la nature, et ils sont entre eux dans les mêmes proportions descendantes que chacune de ces puissances.

Non-seulement chaque animal a des rapports généraux avec tous ces océans, mais les animaux forment différents genres qui peuvent se rapporter à chacun de ces océans en particulier. Avant de parler de leurs harmonies aquatiques extérieures, nous allons jeter un coup-d'œil sur celles qui sont intérieures.

Nous remarquerons d'abord que les animaux aspirent les fluides par des organes positifs, comme des becs, des lèvres, des langues, des trompes, et qu'après en avoir rempli leur vessie et leurs vaisseaux lymphatiques, ils l'expirent par des organes négatifs.

Les becs sont des espèces d'écopes d'une matière cornée, qui servent aux oiseaux pour prendre leurs aliments solides et liquides. Les uns boivent l'eau par cuillerée, comme la poule, qui, à chaque gorgée, lève les yeux au ciel ; d'autres la pompent d'une haleine, comme le pigeon, qui a le bec un peu charnu, afin que ces deux parties fassent mieux le vide ; le canard a le sien élargi par le bout, et boit en barbotant.

Les lèvres sont des espèces de membranes avec lesquelles les quadrupèdes attirent l'eau en formant le vide, comme le cheval et le bœuf.

Les langues sont aux animaux ce que les feuilles sont aux végétaux, les véhicules de l'eau et les mobiles des sons et des murmures : les unes et les autres sont, pour cet effet, taillées à-peu-près de la même manière. Le chat se sert de sa langue pour lécher l'eau, ainsi que le lion et le tigre ; et le chien, qui l'a fort longue et fort mince, en forme, en lapant, une espèce de cornet avec lequel il l'attire. Les poissons ont des langues courtes et immobiles, adhérentes à leur mâchoire inférieure. C'est par cette raison qu'ils sont muets : ils n'avaient pas besoin d'un des organes du son dans un élément qui n'est pas sonore.

La trompe sert principalement aux insectes pour pomper leur boisson. Les insectes sanguisorbes ont une trompe d'une structure particulière. L'éléphant porte aussi une trompe; mais ce n'est qu'un nez prolongé, ou une pompe aspirante avec laquelle il attire l'eau, qu'il verse ensuite dans sa bouche. Celle des insectes est un gosier et non un nez, parce qu'ils respirent par des trachées.

Il est certain que les poissons boivent, puisqu'ils transpirent: il est probable que leurs ouïes leur servent à séparer l'eau douce de l'eau marine, comme ils en séparent l'air qu'ils respirent. Il est très-remarquable que ceux de la mer n'ont ni la lymphe ni le sang salés. Les matelots, pressés de la soif, boivent le sang des tortues de mer, qui est doux. Nous remarquerons encore que les poissons proprement dits, n'ont point de vessie aquatique, parce qu'ils n'avaient pas besoin de réservoir au milieu des eaux, où ils peuvent se désaltérer sans cesse. C'est sans doute par la même raison qu'ils ont fort peu de sang, ou de lymphe qui leur en tient lieu; mais ils ont une vessie aérienne qui leur sert à s'élever ou à descendre dans l'eau, lorsqu'ils la dilatent ou qu'ils la compriment, et que, par ce moyen, ils occupent un plus grand ou un plus petit espace.

Les harmonies aquatiques extérieures des animaux sont en rapport avec les six océans.

Les uns en ont avec l'océan glacial, par leurs longs poils qui les mettent à l'abri des neiges : tels sont en général ceux qui avoisinent les pôles, ou qui vivent près des glaciers des hautes montagnes, et que la nature a revêtus d'épaisses fourrures. Nous observerons qu'elle a étendu ses précautions maternelles jusqu'aux animaux de nos climats, dont les poils deviennent plus longs et plus touffus en hiver qu'en été. Quelques espèces ont des organes particuliers en rapport avec les neiges, comme les élans et les rennes du Nord, dont les bois sont palmés et aplatis. Ils s'en servent, comme de bêches et de pelles, pour écarter la neige qui cache les mousses et les plantes dont ils se nourrissent. La neige elle-même est une espèce de matelas dont la nature couvre, en hiver, les herbes, pour les préserver du froid.

La plupart des animaux ont des harmonies avec l'océan aérien ou vaporeux, par la configuration de leur corps et de leurs muscles, disposés de la manière la plus favorable, non-seulement pour faire écouler l'eau des pluies, mais pour la conduire depuis le sommet de leur tête jusqu'à leurs organes excrétoires, afin de les laver et de les déterger. Ils ont de plus leurs plumes ou leurs poils disposés les uns au-dessus des autres en recouvrement, comme les tuiles d'un toit.

L'océan terrestre, suivant notre définition, se divise en océan fluviatile, qui coule en rivières et en fleuves à la surface des continents, qu'il arrose, et en océan souterrain, qui fournit sans cesse des sources à nos puits et à la végétation. Un grand nombre d'animaux ont, avec le premier, des rapports que nous examinerons en parlant de ceux de l'océan aquatique ou de l'Océan proprement dit, quoiqu'ils en aient aussi de particuliers. Quelques espèces en ont avec l'océan souterrain. C'est ainsi que les scarabées vivent sous terre, et ont les ailes revêtues d'étuis écailleux pour les préserver de l'humidité. Plusieurs sont enduits d'huile, comme le stercoraire, et comme celui qu'on appelle, à cause de sa couleur, le capucin, qui passe sous la terre la saison des frimas, à l'abri des gelées, avec ses petits, qu'il y porte sur son dos, aplati comme celui d'une tortue.

Plusieurs insectes sont ordonnés à l'océan végétal, c'est-à-dire à la séve des plantes : tels sont ceux qui vivent à la surface des feuilles et des fruits dont ils pompent les sucs ; telles sont, entre autres, les cochenilles, qui nous donnent la riche couleur de l'écarlate. Elles naissent au Mexique, sur la feuille épaisse et épineuse du nopal, qu'elles sucent dès qu'elles sont écloses. Leur trompe est si fragile, qu'on ne peut les déranger de leur place sans la rompre et les faire périr ; elles restent donc fixées toute leur vie au même point qui les a vues naître, et à la mamelle végétale qui les nourrit. Mais lorsque les femelles ont atteint l'âge de puberté, ce qui arrive au bout d'un certain nombre de phases lunaires, il vient des ailes aux mâles, qui se détachent de la plante qui les a vus naître, et ne vivent plus que pour l'amour. Les femelles, toujours immobiles, font leur ponte autour d'elles; mais leur postérité est si nombreuse, qu'elle manquerait bientôt d'espace pour paître sur la même feuille; et si délicate, qu'il lui serait impossible de passer d'une plante à l'autre, si la nature ne lui fournissait un moyen admirable d'émigration. A l'époque de leur naissance, une multitude d'araignées filent dans les nopalières; et c'est le long de ces fils, comme sur des ponts, que les petites cochenilles émigrent sur les nopals voisins.

L'océan animal, c'est-à-dire le fluide qui circule dans les animaux, sert à la nourriture de quantité d'insectes. Il n'y a peut-être pas d'animal qui n'ait son insecte particulier, depuis la puce jusqu'à la baleine. Beaucoup d'oiseaux ont des poux ailés, et j'en ai vu de tels à des pigeons à l'Ile-de-France. Mais parmi les insectes sanguisorbes, il n'y en a point de construit avec un artifice plus étonnant que le cousin. Il a des ailes qui le transportent où il lui plaît, six pates armées de griffes pour s'attacher sur les corps les plus polis, et une trompe plus curieuse sans contredit que celle de l'éléphant. C'est un tuyau fendu dans sa longueur en deux parties flexibles qui renferment un aiguillon d'une structure merveilleuse ; il est composé de cinq ou six petites lames, semblables à des lancettes posées les unes sur les autres. Quelques-unes de ces lancettes sont dentelées à leur extrémité comme des scies ; d'autres sont tranchantes comme des poignards. Le cousin se sert du tuyau de sa trompe, comme d'un pieu, pour l'enfoncer dans un des pores de la peau ; ensuite il en fait jouer les lames, qui tranchent les vaisseaux capillaires, et il en aspire le sang avec sa trompe jusqu'à ce qu'il en soit rempli : on voit sortir alors de son anus une petite goutte d'eau dont il se décharge. Nous avons supposé, aux harmonies aériennes, non sans vraisemblance, que cette goutte provenait d'une vessie pleine d'eau, que la nature a donnée aux insectes volatiles pour se tenir en équilibre dans l'air, comme elle a donné aux poissons une vessie pleine d'air pour se tenir en équilibre dans l'eau.

Bien des gens regardent les insectes sanguisorbes comme produits par une puissance malveillante ou au moins imparfaite ; mais tout est à sa place dans l'univers. Ces insectes, qui ne foisonnent que dans les chaleurs, pompent les humeurs surabondantes des corps des hommes et des animaux ; ils les empêchent de se livrer à de trop longs sommeils ; ils les forcent de recourir aux bains si salutaires. Les mouches obligent, vers le milieu du jour, les bœufs de quitter les vallées, et de chercher de nouvelles pâtures aux sommets des montagnes. L'œstrum, cette espèce de taon si redouté des rennes, les contraint, en été, de fuir vers le nord, où elles trouvent de nouveaux lichen que la fonte des neiges leur découvre. Quelques mouches bourdonnantes servent de barrières à leurs nombreux troupeaux, et les retiennent sans cesse dans les limites de l'hiver, pour lesquelles ils sont destinés. Pour juger la nature, il faut la voir dans son ensemble.

Les organes des insectes sont bien plus composés que ceux des autres animaux. Leur étude peut donner de grandes lumières sur la nature même des éléments, avec lesquels ils semblent être en rapport. Les animaux microscopiques en sont en particulier la preuve : par exemple, le rotifère n'est pas plus gros qu'un petit grain de sable. Il habite les gouttières, où il peut supporter, sans périr, le 50e degré de chaleur, et le 19e degré de froidure au-dessous de la glace, au thermomètre de Réaumur. On le trouve dans un tel état de sécheresse, que si on le touche avec la pointe d'une aiguille, on le réduit en poudre. On peut le conserver un grand nombre d'années dans son état apparent de mort ; il reste toujours en vie sans prendre aucune nourriture. Si on laisse tomber sur lui une petite goutte d'eau, elle le brise, tant ses organes sont délicats; mais si cette eau le pénètre à travers la poussière, il développe peu-à-peu ses membres, et il nage dans sa goutte comme dans un océan. On lui voit alors alonger de sa partie antérieure deux tronçons qui portent chacun une roue, ce qui lui a fait donner le nom de rotifère ou porte-roue. Il sort ensuite de sa partie inférieure un trident, avec lequel il s'attache sur le plan où il est, comme avec une ancre. Son corps est composé d'anneaux qui lui servent de jambes; il s'en sert pour s'alonger et se contracter à son gré, comme un ver. Avec ses deux roues, composées de fils imperceptibles, il forme deux tourbillons rapides, au moyen desquels il s'élève et s'abaisse, et attire sa proie vers sa bouche, située entre ses deux tronçons. Certainement la trompe de l'éléphant est moins ingénieuse; j'entends ingénieuse par rapport à nous, qui mesurons les degrés de l'intelligence divine sur la nôtre, c'est-à-dire par des nombres et des séries. Mais il n'en est pas de même par rapport à la nature: elle a proportionné les organes des êtres à leurs besoins. L'excès de prévoyance pour celui qui pourrait s'en passer, serait une inconséquence aussi grande que son défaut pour celui à qui cette prévoyance serait nécessaire. Tout est donc également ingénieux dans ses ouvrages, parce que tout y est à sa place et dans ses proportions. Une lourde baleine, faite en forme de soulier, n'est pas moins bien taillée pour voguer au sein des glaces de l'Océan, que le rotifère léger dans sa goutte d'eau, exposé sans cesse à être précipité du haut des toits où il fait sa demeure.

Quoiqu'un rotifère soit à peine visible, il a encore au-dessous de lui des séries d'animalcules si petits, qu'il est par rapport à eux ce qu'est par rapport à lui un de ces nord-capers, qui ont jusqu'à cent cinquante pieds de longueur. Tels sont ceux qu'il attire dans ses tourbillons pour en faire sa proie, et sur-tout ceux qui s'agitent en nombre infini dans la séve des végétaux, et dans la lymphe et le sang des animaux. Si l'on regarde un têtard au microscope, on voit dans les parties transparentes de sa queue, le sang circuler avec rapidité sous la forme de petits globules, qui s'alongent aux passages étroits, comme s'ils étaient animés. De simples dissolutions de poivre ou de graines manifestent, au microscope, un grand nombre d'animalcules qui ont des formes très-extraordinaires. Le vinaigre en présente qui ressemblent à des anguilles; leur génération paraît se produire sans accouplement. La nature varie ses lois dans l'infiniment petit, comme dans l'infiniment grand : mais comment pourrions-nous la suivre dans ces longues perspectives de la vie, nous qui entrevoyons à peine la carrière rapide où nous devons marcher? Contentons-nous seulement d'en tirer quelques conséquences pour la guérison de nos maux; la plus grande portion de notre bonheur ne consiste que dans leur absence.

Je crois donc qu'on peut attribuer la plupart des maladies contagieuses à des animalcules qui vivent dans des fluides, et qui s'attachent à des corps, au moyen desquels ils se communiquent par le contact. Il est certain qu'elles s'engendrent toutes par des temps chauds et humides, qui sont les grands mobiles des générations végétales et animales. Ces mêmes maladies ne cessent que par des froids rudes ou par des chaleurs arides, si contraires à toute espèce de génération. Celles qui naissent uniquement de la corruption de l'air ne se communiquent point par le contact, et par conséquent ne sont point contagieuses : telles sont les fièvres d'automne et celles des pays marécageux. Quant aux autres, comme les dartres, la gale, la lèpre, les maladies pédiculaires et vermineuses, les fièvres pourprées, la rougeole, la petite-vérole, la rage et la peste, qui ne se communiquent que par un attouchement plus ou moins intime, elles paraissent devoir leur origine à des animalcules invisibles qui vivent dans nos humeurs viciées, et s'attachent même à de simples linges. Les dartres, la gale et la lèpre, s'étendent sur la peau des animaux qu'elles rongent, comme ces insectes marins appelés glands de mer, qui construisent des alvéoles sur les coques des crustacées, et même sur la peau des baleines, où elles parviennent quelquefois à la grosseur du poing. Il en est de même des maladies pédiculaires et vermineuses, qui prennent naissance dans les humeurs des enfants, et même dans celles des hommes, comme on le voit par l'exemple de Sylla, qui mourut de la première : les poux sortaient par tous les pores de son corps, et vengèrent la mort de tant de citoyens qu'il avait fait égorger. Il est évident que la petite-vérole renferme dans ses écailles desséchées, des animalcules vivants, comme les rotifères, qui se développent et reprennent leur activité par une simple transpiration. Le contact d'un mouchoir suffit pour communiquer la peste. Ce qu'il y a de singulier, c'est que les animalcules pestiférés ne s'attachent ni aux bois, ni aux métaux, ni aux pierres ; mais aux laines, aux cotons, aux soieries, et à *tout ce qui fait fil*, pour me servir de l'expression des Orientaux. Aucun de ces maux contagieux ne se transporte par la médiation de l'air ou de l'eau ; ce qui prouve encore qu'ils doivent leur propagation à des animalcules qui ont besoin de se fixer sur des corps qui aient de la consistance. Enfin, leur origine paraîtra hors de doute, si l'on considère que le mercure, qui fait périr tous les insectes, guérit la plupart de ces maux, comme la gale, les maladies pédiculaires, vermineuses, et la rage même.

L'océan aquatique, par son étendue, sa profondeur, sa fluidité et sa circulation, est l'Océan proprement dit, quoiqu'il ne soit lui-même qu'une émanation des océans glacés des deux pôles, combinés tour-à-tour avec la chaleur du soleil. C'est l'aquatique qui, par ses vapeurs, les rétablit dans leur état primitif, produit l'océan aérien qui flotte dans l'atmosphère, le terrestre qui circule en fleuves, et le souterrain en nappes d'eau. Nous ne saisissons que des harmonies. Ainsi l'idée et le nom d'un arbre s'attachent plutôt à son tronc, et à ses branches chargées de feuilles et de fruits, qu'aux racines, auxquelles il doit son existence. C'est sur les rivages de l'Océan qu'aboutissent toutes les modifications de la puissance aquatique, les glaces qui descendent des pôles, les pluies qu'attirent les marées, les brumes qui se fixent sur les côtes, la vaste nappe d'eau souterraine qui alimente les végétaux, les embouchures des fleuves qui abreuvent les animaux et les embarcations de l'homme, qui de là étend ses jouissances par tout le globe. Ce n'est point au sommet des hautes montagnes, mais au centre de la puissance aquatique, sur les bords des mers, que la nature plaça d'abord l'être le plus indigent de la terre pour lui en donner l'empire.

Jetons donc d'abord un coup-d'œil sur les harmonies que les animaux ont avec les eaux proprement dites. La nature leur a donné à tous l'instinct et le moyen de les traverser. Il n'y a dans les quadrupèdes que quelques espèces qui volent, telles que les écureuils volants, les chauve-souris, les lézards volants... Mais tous nagent, les plus gros comme les plus petits. Nous avons parlé du mécanisme du vol; mais celui du nager est incomparablement plus varié et plus étendu. Les animaux ont besoin de faire des efforts pour voler, mais ils nagent d'eux-mêmes; quelque pesants que soient leurs corps, ils sont tous en équilibre avec l'eau; et ce n'est pas une chose indigne d'être remarquée qu'une balance hydraulique si égale entre tant de corps, dont les os et les chairs ont des pesanteurs si différentes dans l'air. La nature a établi des compensations entre eux au moyen des cavités de leur poitrine et de leur ventre, beaucoup plus considérables dans les animaux terrestres que dans les animaux marins. La chair des quadrupèdes coule à fond, et celle des poissons surnage d'elle-même. Il y a plus, l'organe de la respiration dans les premiers est au-dessus de leur ligne de flottaison, et leur tête est portée perpendiculairement sur leur corps horizontal, autant pour faire écouler les eaux de la pluie de dessus leur corps, que pour les faire respirer aisément lorsqu'ils nagent. Il n'en est pas ainsi des poissons, dont la tête sans cou plonge toujours dans l'eau, parce qu'ils y respirent l'air avec leurs ouïes. Le cheval solipède nage avec grace et long-temps; mais le bœuf et le porc traversent les eaux avec encore plus de vigueur. Nous avons remarqué, dans nos Études, que ces deux espèces étaient destinées à paître sur les bords marécageux des fleuves, et que leurs pieds sont surmontés d'ergots en appendices pour les empêcher de s'embourber. Les bœufs nagent si bien, qu'on a donné à un détroit le nom de Bosphore, qui signifie passage du bœuf, parce que cet animal peut le passer à la nage. J'ai vu moi-même en Allemagne des vaches traverser en nageant des rivières profondes, la dernière portant le pâtre sur son dos. Quant au porc, il nage avec beaucoup de rapidité : j'en ai vu un exemple sur un vaisseau à la rade de la Martinique. Notre chaloupe avait apporté pendant la nuit des cochons, qu'on montait l'un après l'autre sur le pont ; mais à peine les avait-on déliés, qu'ils allaient de l'autre côté du vaisseau se jeter à la mer par un sabord. Ils regagnèrent la terre à plus d'un demi-mille de là, sans que la chaloupe, qui était toute prête et armée de bons rameurs, pût les rattraper. Cette facilité à nager, dans ces deux espèces d'animaux, est d'autant plus étonnante, que le bœuf a la tête fort lourde, et que le porc porte la sienne toujours inclinée vers la terre qu'il fouille : on devrait donc s'attendre à les voir bientôt se noyer ; mais la nature n'a pas oublié de leur donner des contre-poids : elle a fait leurs cuisses très-charnues et très-pesantes, de sorte que leur poids fait relever leur tête hors de l'eau. Au contraire, le chameau, habitant naturel des sables, qui a sa partie postérieure fort maigre, et le corps élevé sur de longues jambes, perdrait aisément son équilibre ; mais il a l'instinct de se coucher sur l'eau, comme une outre, et de traverser les fleuves en se laissant aller à leur courant. Je reviens à nos animaux domestiques. Je connais plusieurs villages situés sur le bord des rivières, qui ont renoncé à des portions de communes qui étaient au-delà, parce que les ponts qui servaient de communication à leurs troupeaux ont été détruits. Une simple grève des deux côtés leur eût suffi pour entrer dans l'eau et en sortir.

Il y a une grande classe d'animaux que la nature a faite pour vivre à-la-fois sur la terre et sur l'eau, c'est celle des amphibies. On peut la rapporter aux harmonies générales de la nature positives et négatives, car il y en a de jour et de nuit, d'aériens, d'aquatiques et de terrestres.

Ces amphibies ont, la plupart, des pieds et des rames. Ces rames, dans les oiseaux aquatiques, sont des folioles attachées aux doigts des pieds de ceux qui vivent au milieu des eaux, tels que les pilets, les macreuses, les frégates, et quantité d'autres, qui se reposent sur les flots, et ne marchent que sur les grèves sablonneuses de l'Océan ; mais ceux qui fréquentent les marais et les bords des rivières, ont les doigts de leurs pieds réunis par des membranes qui les empêchent d'enfoncer dans la vase : tels sont les canards, les oies, les cygnes, etc. Les oiseaux aquatiques sont taillés de la manière la plus propre à faire à-la-fois de grands trajets dans l'air, à voguer contre les courants, et même à y plonger. Ils ont de petites têtes et de longs cous, qui facilitent leur vol, mais qui nuiraient à leur nager, s'ils s'en servaient pour fendre l'eau ; car alors elle viendrait frapper contre leur poitrine, dont elle s'écarterait en lui opposant beaucoup de résistance. Ils fendent donc l'eau non avec la tête, mais avec leur poitrine même ; et l'eau, en glissant le long de leurs flancs alongés, vient frapper leurs pieds palmés, situés à l'extrémité de leur corps, comme un gouvernail et des rames : ces organes exercent alors sur le fluide en mouvement la plus grande action possible d'après les lois de la mécanique. Cependant, en voguant à la surface des eaux, ils profitent des vents favorables. Le cygne entr'ouvre ses ailes, et à l'aide des zéphyrs, remonte le cours des fleuves, le long des prairies, à l'ombre des forêts. L'albatros, plus hardi, vogue au milieu des mers, loin de la vue de toute terre. Il apparaît sur le dos des flots, comme un mouton sur les flancs d'une colline : ce qui a fait donner à cet oiseau le nom de ce quadrupède. Il annonce aux Européens les approches du cap des Tourmentes ; il voit tranquillement les pâles matelots serrer leurs voiles et raffermir leurs mâts : pour lui, il se joue au sein des tempêtes, se balance sur leurs vagues écumantes, se plonge dans leurs flancs, y saisit les poissons, et, aux approches de la nuit, s'élevant au haut des airs, il va porter à ses petits la pâture de chaque jour. L'homme a pris sur la forme d'un oiseau de marine, celle de son premier bateau, de sa voilure et de son gouvernail ; mais quel Archimède réunira, comme la nature, dans une seule machine, le bateau, la cloche du plongeur et l'aérostat ?

Quelque faciles que soient les mouvements des oiseaux amphibies au sein des eaux, ils ne sont pas comparables encore à ceux des poissons. Nous allons jeter d'abord un coup-d'œil sur leur construction intérieure, ensuite sur leur extérieure.

Nous remarquerons d'abord que les arêtes des poissons ne s'emboîtent point à leurs extrémités, comme les os des amphibies, des oiseaux, et sur-tout des quadrupèdes ; elles sont attachées par de simples cartilages. La raison de cette différence me paraît fondée sur ce que la chair des poissons est supportée en entier par le fluide où ils nagent, et que celle des animaux qui vivent dans l'air et sur la terre, est portée par la charpente de leurs os; qui, pour cette raison, avaient besoin d'être fortement assemblés aux articulations par des charnières et des nerfs. La même différence de construction règne entre les animaux de l'eau et ceux de la terre, qu'entre les plantes qui croissent au fond de la mer et celles qui végètent dans l'air. Les plantes marines, comme nous l'avons déjà fait observer, ont des tiges fort menues à leur base; parce que leur feuillage est soutenu par l'eau; tandis que les plantes terrestres ont leurs tiges renforcées par le pied, parce que l'air n'aurait pu les soutenir. C'est sans doute pour cette raison, que les poissons qui vivent à-la-fois dans l'eau et dans l'air, et qui sont obligés de respirer de temps en temps, ont des os au lieu d'arêtes; et que ceux qui habitent les rochers, ont des toits pierreux et voûtés, qui les mettent à l'abri du roulement des cailloux. Les amphibies qui viennent à terre, ont aussi des os; et il est très-remarquable qu'il n'y a pas une seule espèce d'amphibie qui ait des arêtes. Les animaux terrestres ont tous de fortes charpentes, et, par un artifice merveilleux, l'emboîtement de leurs os est plus considérable dans les parties inférieures de leur corps, chargées d'un plus grand poids, que dans les supérieures, qui le sont moins. C'est ce que l'on peu voir sur-tout dans le squelette du corps humain, qui en réunit les plus belles proportions. Les points d'appui des os sont plus larges, leurs charnières plus profondes, et leurs attaches plus fortes, en descendant de la tête aux pieds, qu'en remontant des pieds à la tête ; les vertèbres dorsales ont des articulations moins solides que les os des cuisses, ceux des cuisses que ceux des genoux, et ceux des genoux que ceux des pieds. Les genoux sont fortifiés de rotules pour empêcher le poids du corps de tomber en avant en marchant, et le bas de la jambe est fortifié, dans la même intention, par le pied entier, qui est un assemblage d'os en arcs-boutants : les quadrupèdes, qui posent sur quatre pieds, ne les ont point alongés.

Jetons maintenant un coup-d'œil sur la configuration extérieure des poissons. Ils sont d'abord, pour la plupart, couverts d'écailles lubrifiées par un enduit visqueux qui les rend très-glissants dans l'eau, et quelquefois dans la main du pêcheur qui veut les saisir.

Nous avons fait observer, dans la forme des quadrupèdes, qu'ils avaient une déclinaison de la tête à la queue pour l'écoulement de l'eau des pluies, et que leurs muscles étaient séparés par des canaux et des méplats, qui la dirigeaient aux organes excrétoires. Les oiseaux, revêtus de plumes, n'ont point leurs muscles apparents ; mais ils ont grand soin, quand il pleut, d'entr'ouvrir les ailes pour recevoir l'eau du ciel; beaucoup se baignent et trempent dans l'eau leur tête, qu'ils secouent afin de s'asperger et de se laver tout le corps : c'est ce que font fréquemment, même en cage, les serins et les perroquets. Quant à la direction du corps des oiseaux, elle est à-peu-près pyramidale ou en forme de toit, comme celle des quadrupèdes. Il n'y a rien de semblable dans la forme des poissons : leur attitude est horizontale, et leurs muscles ne sont point séparés par des gouttières, parce qu'étant entièrement plongés dans l'eau, ils en sont lavés de toutes parts. Leur corps, depuis la tête jusqu'à la queue, est composé d'une courbe unique, afin de glisser plus aisément dans le fluide qui l'environne. Il en est à-peu-près de même de celui des oiseaux destinés à glisser dans l'air; il est revêtu de plumes qui, par leur disposition, ne présentent à l'extérieur qu'une seule courbe.

Il y a ceci de très-remarquable entre la forme de l'oiseau qui fend l'air et celle du poisson qui fend l'eau, c'est que la partie antérieure du premier, qui comprend le bec, la tête et le cou, est alongée et pointue, tandis que sa partie postérieure, qui aboutit au croupion, est assez large : c'est le contraire dans le poisson. Sa tête, assez grosse et sans cou, se joint immédiatement à la partie antérieure de son corps, qui est la plus large, tandis que la postérieure est fort prolongée et presque pyramidale. Le poisson est en quelque sorte un oiseau renversé. En effet, leur action est aussi différente que les éléments où ils vivent. L'oiseau vole de la partie antérieure de son corps avec les ailes qui y sont attachées, et il se gouverne par la postérieure avec sa queue et ses pates, qu'il alonge comme un levier qui lui sert de gouvernail; tandis que le poisson, au contraire, nage par la partie postérieure avec sa queue, qui par ses ondulations fait l'office de rame, et il se gouverne par l'antérieure avec les ailerons de sa tête. On peut observer ces diverses proportions dans les poissons les meilleurs nageurs, tels que le thon, la dorade, le marsouin, appelé des matelots la flèche de la mer, et les oiseaux les mieux volants, comme la frégate, le cygne, l'aigle, et même l'hirondelle.

Nous pouvons tirer de ces aperçus quelques conséquences utiles pour la navigation. Nos vaisseaux ont en général la forme d'un poisson en avant, et celle d'un oiseau ou d'un poisson tronqué, en arrière; car leur proue est plus large que leur poupe. Il n'y a pas de doute que si leur carène était plus prolongée, c'est-à-dire si elle avait la forme entière d'un poisson, ils vogueraient avec plus de vitesse.

Peut-être a-t-on cru remplacer la direction horizontale de la queue du poisson, par la direction perpendiculaire du gouvernail dans le vaisseau ; mais leur action est bien différente : le gouvernail du vaisseau n'est qu'un levier, et la queue du poisson est un levier et une rame. Le poisson, comme je l'ai dit, se gouverne avec ses nageoires, et il rame avec sa queue, à laquelle il donne un mouvement d'ondulation qui le porte en avant ; ce mouvement se décompose dans l'eau, comme celui du vent sur les plans inclinés du cerf-volant qu'il élève en l'air, et des ailes du moulin à vent qu'il fait tourner. Peut-être serait-il possible d'employer le cours d'une rivière pour faire tourner une roue à pales obliques, plongée dans l'eau perpendiculairement à son courant : il y a apparence qu'il la ferait circuler, comme le cours de l'air fait tourner les ailes inclinées du moulin à vent ; peut-être ce même courant pourrait-il communiquer un mouvement de progression à une rame oblique et horizontale, comme la queue d'un poisson en produit un dans une eau tranquille. On pourrait construire un bateau en forme de poisson, dont une longue rame horizontale ferait l'office de queue, qu'un homme couché ferait onduler avec les pieds : je suis persuadé qu'il voguerait rapidement par ce mécanisme. Une chaloupe que l'on fait avancer avec un seul aviron placé à son arrière, en prouve la possibilité ; on pourrait essayer de diriger, par le même moyen, le globe aérostat, en lui donnant la forme alongée d'un poisson. L'aérostat ne ressemble point à un oiseau, qui, pesant dans l'air, est obligé de s'y soutenir par l'effort de ses ailes; mais il est plutôt semblable à un poisson qui est en équilibre avec l'eau, comme lui-même l'est avec l'air. Il ne lui faut donc point d'ailes, comme à un oiseau; mais une longue queue qui lui tienne lieu à-la-fois de rame et de gouvernail, comme à un poisson. La nature n'a point mis dans les animaux qui nagent au milieu d'un fluide qui les porte, le principe du mouvement de progression dans la partie antérieure de leur corps, mais dans l'inférieure, comme on le voit aux pieds palmés des oiseaux aquatiques, et aux queues des poissons; elle l'a placé dans la partie antérieure de ceux qui volent dans un fluide plus léger qu'eux, comme on le voit dans les ailes des oiseaux; et elle l'a distribué en avant et en arrière dans les quadrupèdes et polypèdes, en leur donnant plusieurs pieds. Un vaisseau réunit en partie tous ces moyens de progression : il coupe l'eau par sa proue, comme un poisson; il vole avec ses voiles, comme un oiseau; et il marche en quelque sorte comme les polypèdes, avec ses rames. Je jette ces rapprochements en avant, non comme des spéculations de simple curiosité, mais pour faire voir que l'homme, ayant tiré toutes ses inventions de la nature, il lui reste encore à se perfectionner sur ses modèles.

Toutes ces imitations de la nature, qui pourraient nous être si utiles, n'approchent pas encore de ses inventions. Pour en avoir une idée, il suffira de jeter un coup-d'œil sur les formes des poissons; elles sont beaucoup plus variées que celles des volatiles. En effet, les eaux ont beaucoup plus de modifications dans leurs mouvements, que les vents. Comme elles sont arrêtées, détournées, ou brisées par les fonds inégaux où elles coulent, tantôt elles se précipitent en cascade du haut des rochers, et elles rejaillissent en gerbes et en bouillons; tantôt elles s'étendent en longues nappes dans les plaines, ou bien elles s'écoulent avec la rapidité d'une flèche par des détroits; quelquefois le calme des vents les fait paraître immobiles, comme si elles étaient glacées; d'autres fois les tempêtes les roulent avec fracas : la nature a fait des poissons pour tous ces sites. Il y en a de ronds, qui voguent en tournant avec les vagues, comme un rouet dont ils portent le nom; d'autres se jouent dans les flots écumants du rivage, comme les bourses et les lunes échancrées; d'autres sont plats et alongés comme des lames de sabre; d'autres, carrés et larges, tels que les coffres, parcourent les plus petites flaques d'eau; d'autres, fort pesants, comme les baleines, ont besoin, pour voguer, d'autant d'eau que des vaisseaux. Il y en a au bec long comme la bécasse, tels que l'orphie et l'aiguille, qui s'enfoncent dans les sables humides du rivage, et y attendent paisiblement le retour des marées; d'autres bravent les tempêtes, et franchissent, au moyen de leurs ailes, les vallées que forment les flots entre eux. Tandis qu'ils traversent l'air comme une flèche, d'autres s'élancent après eux, en courbant leur corps, et en le détendant comme un arc, tels que la bouete et le thon. C'est par un mécanisme semblable que le saumon remonte les cataractes des fleuves. Il y a des poissons larges et plats qui bondissent à la surface calme des eaux, sur lesquelles ils retombent en faisant retentir au loin les vastes solitudes de la mer : telles sont les raies, dont plusieurs sont d'une grandeur et d'une forme monstrueuses. Elles nagent, en été, à la surface des flots : les pêcheurs les prennent avec des filets appelés folles, qui flottent au gré des courants, perpendiculairement tirés, d'une part, par des plombs, et soutenus, de l'autre, par des liéges; huit ou dix barques attachent leurs folles bout à bout, et en forment des enceintes de plus d'une demi-lieue de longueur.

Mais il n'est pas besoin de s'écarter en pleine mer pour admirer la variété des formes des poissons, et de leurs mouvements de progression; c'est sur ses bords et parmi ses rochers, qu'on trouve des coquillages et des mollusques dont le nager est plus varié que celui des poissons, et que le vol des oiseaux. Les lépas pyramidaux se collent aux rochers parmi les algues; on les prendrait pour des têtes de clous qui soutiennent des guirlandes d'herbes marines : c'est en formant le vide, au moyen d'une membrane, qu'ils s'attachent, et sont inébranlables aux plus violentes tempêtes. Les limaçons, tournés en spirale, et les nérites brillantes serpentent autour de ces rochers, et s'y fixent avec un organe semblable. Les moules, taillées en forme de bateau, attachent des fils à des graviers, et se tiennent à l'ancre au milieu des courants; elles changent de site, au moyen d'une longue jambe, qu'on appelle improprement langue. Les oursins, hérissés comme des châtaignes, se roulent sur leurs pointes mobiles, dont ils piquent la main imprudente qui veut les saisir. Des crustacées, tels que des crabes, des araignées de mer, des homards, des langoustes, des chevrettes, sont en embuscade dans les trous caverneux des rochers; ils nagent avec les pales de leur queue en éventail. D'autres, quoique chargés d'un toit, voguent à la surface des eaux, au moyen d'une voile membraneuse. Il y en a qui se hasardent en pleine mer, avec une seule bulle d'air qui les soutient sur l'eau : tels sont de petits limaçons à coquille tendre, remplis d'une liqueur purpurine, que je trouvai au milieu de l'Océan atlantique, en allant à l'Ile-de-France.

Il y en a qui n'ont pas de carène, et qui n'en voguent pas moins loin. J'ai vu, en été, sur les côtes de Normandie, la mer couverte d'une espèce de mollusques, appelés bonnets flamands. Quoiqu'ils soient divisés en plusieurs lobes, avec un grand nombre de franges, ils semblent formés d'une eau congelée; car ils se déchirent dès qu'on les touche. Cependant un principe de vie animale réside en eux, et s'y manifeste par leurs mouvements; ils en ont un de systole et de diastole, qui les élève et les soutient à la surface des flots. Leur action se fait de bas en haut et de haut en bas, comme celle d'une pompe; mais les courants de la mer les portent fort loin, et les échouent en grand nombre sur ses rivages. Une autre espèce vogue à l'aide du vent : on la nomme galère ; elle est de la forme d'un œuf, et surmontée, dans sa plus grande longueur, par une membrane transparente qui lui sert de voile. Elle laisse pendre dans la mer plusieurs longs filets, que les matelots appellent ses câbles. Ils brillent des couleurs de l'azur et de la rose; mais ils brûlent la main qui les touche : la douleur qu'ils causent ne se passe, dit-on, qu'après le coucher du soleil. Nous pensâmes perdre un de nos matelots qui s'était jeté à la nage avec un panier, pour nous apporter les plus belles. Ses bras s'embarrassèrent dans leurs filets : il jeta des cris affreux, et il aurait coulé à fond sans pouvoir nager, si on ne l'eût secouru en lui jetant un cordage. Nous trouvâmes l'Océan atlantique couvert de ces galères pendant plus de cent lieues; c'était vers la ligne, à la fin d'avril : toutes avaient leurs voiles dirigées à-peu-près dans l'axe du vent. On eût dit une flotte de petits bateaux qui naviguaient avec des voiles latines arrondies. Je pense qu'elles descendent du Nord, en été, ainsi que les bonnets flamands, des côtes de Normandie. Il y a, à l'Ile-de-France, des mentula, espèce de boudin roux ou brun, qui rampent sur les récifs. Quand on veut les saisir, ils lancent sur les doigts une glaire blanche qui se change sur-le-champ en un paquet de fils. On voit, dans les mêmes lieux, de hideux polypes, qui serpentent avec leurs sept bras longs, armés de ventouses. On trouve sur les grèves, et principalement sur celles d'Europe, des étoiles marines, que les courants disséminent sur les sables, où elles paraissent incapables de mouvement. On trouve, collées à nos rochers, des anémones de mer, espèce de fleur vivante, ou animale, qui s'ouvre et se ferme comme une bourse, et lance un jet d'eau si on vient à la toucher. On prétend que c'est un polype, c'est-à-dire une agrégation d'un grand nombre de petits animalcules qui travaillent ensemble, comme les abeilles dans une ruche. Un concert de travaux et de défense si parfait, est sans doute digne d'être admiré par les hommes. L'abbé Dicquemare, mon laborieux compatriote, en a fait une histoire curieuse. Pour moi, qui n'ai aperçu les animaux marins de nos rivages que dans mon enfance, et qui en conserve encore d'intéressants ressouvenirs, je me rappelle avoir vu, vers le milieu du printemps, sur les mêmes plages, dans les parcs de filets que nos pêcheurs y dressent, des espèces de papillons à quatre ailes, vivement colorés, et qui voltigeaient çà et là au fond des flaques d'eau : je ne pus jamais en saisir un seul ; je ne sache pas qu'aucun naturaliste en ait fait mention.

Mais il n'est pas nécessaire d'aller sur les rivages de la mer pour jouir des harmonies aquatiques des animaux. Les plus petits ruisseaux en présentent en quantité sur leurs bords. Ils ont, comme l'Océan, leurs volatiles, leurs poissons, leurs coquillages et leurs amphibies. C'est là que la grenouille apprit d'abord à nager à l'homme, en poussant ses pieds antérieurs en avant, et ses postérieurs en arrière. Là, on voit une espèce de mouche glisser sur la surface de l'eau sans se mouiller les pates, tandis que la punaise aquatique nage renversée entre deux eaux. Ces deux insectes cherchent leur proie, et peut-être s'en servent l'un à l'autre, lorsqu'ils viennent à se rencontrer pieds contre pieds. L'araignée aquatique se promène au fond de l'eau, dans une bulle d'air qu'elle a liée avec des fils ; et la teigne, dans un fourreau qu'elle s'est formé de débris de plantes. J'en ai vu une espèce, encore plus ingénieuse, se former une grotte flottante avec de petits buccins et des limaçons fluviatiles. Ce qu'il y avait de très-singulier, c'est que cette grotte pyramidale était couronnée à sa pointe par une petite plante verdoyante, de l'espèce du cresson, destinée à la nourriture de l'animal, ou à tenir son habitation à flot. Il y a, dans nos ruisseaux, une multitude d'êtres dont sans doute les mœurs nous sont inconnues. Je ne saurais trop le répéter, les inventions des hommes n'ont point encore atteint à l'industrie des insectes. Les Romains bâtissaient dans l'eau avec la pouzzolane, mais les coquillages construisent leurs toits avec un ciment plus durable; et la teigne colle leurs coquilles au sein des eaux avec un gluten impénétrable à l'humidité, qui seule suffit pour détruire tous les monuments des hommes.

C'est la nature sans doute qui agit par eux, et qui donne aux habitants des eaux des harmonies à-la-fois positives et négatives. C'est elle qui donne aux oiseaux aquatiques un réservoir d'huile dont ils se lustrent les plumes, afin de les rendre imperméables à l'eau. Elle en a frotté la plante des pieds du moucheron, qui glisse sur la surface des fontaines; et elle a revêtu la baleine de couches épaisses et élastiques de lard, pour la préserver du froid et du choc des glaces. Enfin c'est elle qui a ordonné aux animalcules des madrépores, de jeter au sein de la zone torride les fondations des îles et des continents.

C'est sous l'influence du soleil, sur le bord des mers, à l'embouchure des ruisseaux, à l'ombre des palmiers et des bananiers, que la nature assigna primitivement à l'homme son habitation, ses subsistances, et le siége de son empire sur les animaux. Il y apprivoisa d'abord la vache, dont les pieds sont fourchus et armés d'appendices, et qui aime à paître sur le bord des rivières ; le cheval solipède, qui se plaît à s'exercer à la course dans les prairies qui en sont voisines ; l'oie, le cygne, qui en remontent le cours ; le pigeon, qui va picorer le sel sur les plages marines. Les enfants de l'homme agrandissent leur famille de plusieurs espèces d'animaux, en se répandant sur les rivages de la mer. L'Égyptien, pour annoncer dans les terres l'arrivée des vaisseaux, se servit d'un pigeon, comme d'un messager aérien. Le Chinois engagea le pélican à lui rapporter, du sein des flots, la large poche de son bec, remplie de poissons. Des enfants, chez les Grecs, traversèrent des bras de mer sur le dos des dauphins, amis des hommes. Qui osera un jour chevaucher le phoque, si familier dans nos foires, et si caressant pour le maître qui le nourrit ? Pourquoi celui qui a attaché à son char l'éléphant intelligent, ne pourrait-il atteler à son canot la stupide baleine ? Est-il plus aisé de la percer, au milieu des glaces, avec un harpon, que de la captiver par des bienfaits, comme les autres animaux domestiques? J'ai vu, au cap de Bonne-Espérance, des oiseaux de marine de toute espèce, se promener dans les rues, et un pélican même s'y jouer avec un chien. Sans doute l'homme peut mettre dans sa dépendance les animaux innocents de la mer, lorsqu'il a pu dresser à la chasse les bêtes carnassières de l'air et de la terre, telles que le faucon, l'épervier, le furet, et le tigre même. J'ai vu, dans le canal de Chantilly, de vieilles carpes venir prendre du pain de la main de l'homme. Que de communications rapides entre les peuples, que de ressources pour les malheureux naufragés, s'ils employaient à les aider, dans leurs besoins, les oiseaux, les poissons, les amphibies! Où sont, sur le globe, les bornes de la puissance de celui qui traverse les glaces dans un traîneau, la terre sur un char, l'Océan dans un navire, et l'atmosphère avec un aérostat de toile? Tout est possible à qui la nature a donné de subjuguer tous les animaux par ses armes ou par ses caresses. Pour en faire des esclaves, il lui suffit de s'en faire craindre; mais, pour en faire des serviteurs et des amis, il doit s'en faire aimer. La terreur lui a donné l'empire sur la terre et dans les airs, la bienfaisance seule peut l'étendre jusqu'au fond des eaux.

HARMONIES AQUATIQUES

DE L'HOMME.

L'homme, considéré nu, n'a ni fourrure comme les animaux, ni ailes comme les oiseaux, ni nageoires comme les poissons, ni plusieurs pieds comme les quadrupèdes; cependant il est le seul des êtres vivants qui puisse habiter par tout le globe. Ce n'est point une machine ordonnée à un seul élément; c'est un moteur de toutes les machines, que l'intelligence humaine, de concert avec celle de la nature, peut assortir à tous les éléments. Toutefois, si nous considérons ses rapports intérieurs et extérieurs avec les eaux, nous verrons que toutes les lois de l'hydraulique ont concouru à les rassembler.

Harmonie des eaux, fille du soleil, laisse-moi entrevoir ce méandre des fluides que tu fais circuler avec la vie dans le corps humain; donne-moi des expressions aussi gracieuses que les formes ondoyantes dont tu l'as revêtu. Tu inspiras le Tasse quand il imagina de placer à l'entrée des jardins d'Armide, des nymphes qui se disputaient un prix à la nage. Les tableaux de la nature sont encore plus aimables que les fictions de la volupté; ses scènes croissent d'intérêt en intérêt avec le drame de la vie. L'œil sévère de la philosophie peut les envisager sans trouble, sa langue chaste en faire des descriptions, et l'oreille de l'innocence les entendre.

Nos sculpteurs admirent, sur les statues antiques, et notamment sur le fameux torse, ou corps d'Hercule, les muscles qui, comme les ondes de la mer, se succèdent et se perdent les uns dans les autres. Mais ce n'est pas seulement pour plaire à la vue, que la nature a formé sur le corps humain des courbes si ravissantes; elle joint toujours le bon au beau, et l'utile à l'agréable: il n'y a point, dans ses ouvrages, d'ornement superflu; toute beauté y est nécessaire. Les couleurs mêmes, si brillantes et si variées, qui revêtent les fleurs, les papillons, les oiseaux, et qui ne semblent que de riches accidents, servent à en distinguer les tribus innombrables; il y a plus, chaque partie des ouvrages de la nature est destinée à divers usages, et son intelligence sur ce point, comme sur tout autre, s'étend bien au-delà de celle des hommes. Un habile architecte, par exemple, ne se contente pas de placer une colonne dans un bâtiment, pour le soutenir: il tire des effets de décoration de ses proportions, de sa lumière et de ses ombres, de son élévation dans l'air, et de ses reflets même dans les eaux ; il la groupe quelquefois avec des bosquets ou avec d'autres colonnes ; il en compose un monument qu'il consacre aux amours, à la gloire ou aux tombeaux ; et il fait sortir, du sein des pierres, des sentiments tendres, héroïques ou religieux, qui attirent la vénération de la postérité. Le corps humain est bien plus intéressant qu'une colonne ; la nature l'a mis en rapport avec toutes ses puissances, et avec la Divinité même, par les harmonies de son ame.

Le trop célèbre Winckelman prétend, dans son Histoire de l'art chez les anciens, que les sculpteurs grecs ne faisaient qu'indiquer les muscles sur les statues des dieux ; quelque âgés qu'ils les représentassent, parce qu'ils les supposaient jouir d'une jeunesse éternelle ; il cite même en témoignage, des statues barbues de Jupiter. Ce paradoxe est spécieux ; mais il paraît ne l'avoir mis en avant, que pour justifier les anciens du reproche qu'on leur fait quelquefois, de n'avoir pas toujours donné assez d'expression à leurs figures ; et, comme une erreur en engendre d'autres, il en conclut que l'expression nuit à la beauté. Il a raison, sans doute, quant aux expressions des passions convulsives ; mais il se trompe assurément pour celles des passions douces. Il est certain que le sourire de la joie, et même une teinte légère de mélancolie, ajoutent à la beauté d'un Amour, d'un Mercure, d'une Vénus. Quant à ce qu'il prétend, que les artistes anciens ne faisaient qu'indiquer les muscles dans les statues des dieux, même de ceux qu'on supposait d'un âge avancé, il faut, ou qu'il se trompe, ou que les anciens se soient contredits; car ils devaient donner aussi bien le caractère de l'âge viril aux muscles du corps de Jupiter qu'à sa tête, où ils figuraient des rides et une barbe. Il s'égare encore plus lorsqu'il dit que Marc-Aurèle n'a écrit que des lieux communs, et ne s'est servi que de comparaisons triviales. Le sublime ouvrage du disciple d'Épictète durera plus que tous ceux des sculpteurs, et sera sans doute plus digne des hommages des hommes. Winckelman a loué excessivement les médailles, les vases et les statues antiques du cardinal qui le pensionnait, et il a blâmé injustement un empereur philosophe, sans doute pour avoir condamné ce genre de luxe. D'ailleurs, cet écrivain saxon voulait plaire aux Romains modernes, chez lesquels il vivait. Son fanatisme pour les ruines de l'antiquité se fait sentir dès le frontispice de son livre, qu'il intitule : Histoire de l'art; comme si c'était l'art par excellence, et qu'il n'y en eût pas de plus utile et de plus agréable aux hommes. L'architecture, la peinture, la musique, et surtout la poésie, ne sont rien pour lui; il est très-remarquable qu'il n'y parle presque jamais de la nature, la source de tous les arts. Cependant il est intéressant par sa vaste érudition, par son caractère moral et par sa fin malheureuse ; car il fut assassiné par un voyageur auquel il s'était confié. Ce n'est qu'avec peine que je censure quelques-uns de ses principes, mais je m'y suis cru obligé à cause de sa réputation ; car il n'y a point d'erreurs plus dangereuses et plus communes que celles qui ont pour appui de grands noms.

Retournons aux harmonies que les muscles ont avec les eaux pluviales, et observons-les, non sur des statues, mais sur notre propre corps.

Les rapports de l'homme ne paraissent pas aussi bien établis avec l'océan liquide qu'avec l'aérien. Lorsqu'il nage dans une situation horizontale, les organes de sa respiration semblent devoir plonger dans l'eau ; cependant cet effet n'arrive pas, par diverses précautions que la nature a prises. Nous observerons que tous nos organes sont doubles et posés sur la même ligne horizontale, comme les yeux, les oreilles, les mains, les pieds ; mais il n'en est pas de même de l'organe de la respiration, si nécessaire à la vie. On peut dire qu'il est triple, car nous respirons à-la-fois par la bouche et par les deux narines. La bouche conduit l'air immédiatement aux poumons ; elle est le vrai sens de la respiration. La nature, pour élever l'homme au-dessus des flots, s'est servie de plusieurs moyens. Elle a d'abord mis le corps entier en équilibre avec l'eau, et sur-tout avec l'eau de mer, plus pesante d'un trente-deuxième. On en peut faire l'essai aisément dans un bain d'eau douce; car si on met le bras à sa surface, il surnage, et on ne l'enfonce point sans quelque effort. Si un homme tombe au fond d'une rivière, le plus faible mouvement le ramène au-dessus, et il s'y soutient seulement avec les mains. La nature a donné de plus à l'homme la facilité de tenir les organes de sa respiration hors de l'eau, en plaçant sa tête sur les vertèbres du cou, comme sur des pivots, de sorte qu'il peut la renverser aisément en arrière; elle a mis ensuite, immédiatement au-dessous du cou, la poitrine, comme la partie la plus légère du corps par ses concavités et le viscère du poumon, afin qu'elle aidât la tête à se soulever; ensuite, pour favoriser cet effet, elle a placé, à l'extrémité du corps, les parties les plus charnues et les plus pesantes, comme un contre-poids au bout d'un levier. On peut sans doute y ajouter encore le poids des mollets, des jambes et des pieds : de manière qu'un nageur, pour se tenir tout droit dans l'eau, n'a, pour ainsi dire, qu'à s'y étendre; car alors les pieds descendent et la tête s'élève. C'est sans doute parce que les femmes ont la partie inférieure du corps plus pesante que les hommes, qu'elles nagent plus aisément; la nature vient toujours au secours des plus faibles.

L'art de nager est une source perpétuelle de plaisir, mais il sert encore plus à la vertu qu'à la volupté. Ulysse, fugitif de l'île de Calypso, abordant, malgré les tempêtes, parmi les rochers de l'île de la vertueuse Nausicaa, offre un spectacle plus intéressant que celui des Sirènes qui nageaient, en chantant, autour de son vaisseau.

Que d'industrie l'homme a puisé dans les divers océans qui viennent tous aboutir aux rivages des mers! Là, la plupart de ses arts prirent naissance. L'océan aérien, par ses gouttes de pluie suspendues à des fils d'araignée, lui donna l'idée du microscope : le glacial, par ses glaces flottantes et transparentes, celle de la loupe, qui réunit les rayons du soleil ; et du prisme, qui les brise en mille couleurs : le souterrain, dont les nappes s'écoulent en filets sur les grèves, celle des puits qu'il creuse au sein de la terre : le fluviatile, celle du niveau, dans le repos de ses eaux tranquilles ; du miroir, dans leurs reflets ; des forces motrices, dans les eaux courantes : l'océan maritime, par ses flots agités qui se brisent sur les rochers caverneux, celle des eaux jaillissantes et tombantes dont il décore ses jardins. C'est ainsi que j'ai vu, sur les bords de l'île de l'Ascension, les vagues frapper en dessous les plateaux poreux de laves qui s'avancent au-dessus, jaillir à travers leurs trous, et former autour de cette île volcanisée, une longue guirlande de gerbes, de jets et de cascades. C'est sur les rivages des mers que l'homme trouva la riche teinture de la pourpre, la soie de la moule pinnée; les premiers filets, d'après les entrelacs des herbes marines; les formes des roues, des moulins et des chariots, d'après l'oursin qui se roule sur ses baguettes; celles de la râpe, de la scie, de l'escalier, des casques, des brassarts, des boucliers, des lances, et de toutes sortes d'armures, d'après les coquilles des crustacées; enfin la poudre à canon même, d'après le soufre et le nitre de leurs volcans. Ce fut là qu'il inventa la pirogue, la chaloupe, la goëlette, la galère, la frégate, d'après les formes nautiques et même les noms des coquillages, des poissons et des oiseaux amphibies. Il n'est rien dans les arts des hommes qui n'ait son modèle dans la nature, et dont la forme ne se trouve sur le bord des eaux.

C'est là que la puissance aquatique, se combinant avec celle du soleil et de l'air, réunit les productions les plus parfaites des puissances minérale, végétale, animale, telles que les sables d'or, l'ambre, les perles, le corail, les épiceries, et les présente en tribut à l'homme. Il semble qu'elle-même se répartisse à toutes ses harmonies. La pluie sert à ses cultures, la fontaine à son lavoir, le ruisseau à ses usines, la rivière à sa famille, le fleuve à sa tribu, la mer à sa nation, l'Océan à ses communications avec le genre humain.

C'est par les fleuves et les mers, qui semblent faits pour séparer à jamais les hommes isolés, que les nations se communiquent avec le plus de facilité. Un fleuve, a dit ingénieusement Pascal, est un chemin qui marche. Nous traiterons de ces grands sujets. Les terres doivent être en propre aux hommes; mais les eaux sont communes à tous, non-seulement les mers, mais les fleuves, les rivières, les ruisseaux, et même les fontaines. L'eau doit vivifier toutes les parties du globe, et tous les membres du genre humain.

On vante beaucoup les voyages aux Alpes et aux Pyrénées : ils ont sans doute leur agrément et leur utilité; mais je trouve que ceux de la mer, le long des côtes, sont incomparablement plus intéressants. Les vues prises du sommet des hautes montagnes s'appellent vues d'oiseau; mais j'appellerais par excellence vues d'homme celles du fond des vallées. Dans les premières, vous voyez tous les objets s'abaisser les uns derrière les autres, et se terminer par la terre; dans les secondes, vous les voyez s'élever successivement, et couronnés par le ciel. C'est sur-tout sur les bords de l'Océan, au fond de cette immense vallée qui le renferme, que se réunissent les harmonies de toutes les puissances de la nature. C'est là que se développent, sur un horizon de niveau avec nos yeux, toutes les magnificences du lever et du coucher du soleil, des météores de l'air, le flux et le reflux des mers, les vastes embouchures des fleuves, des montagnes escarpées par les flots qui montrent les minéraux qu'elles renferment dans leurs flancs, les végétaux et les animaux fluviatiles, marins et terrestres; enfin, des cités populeuses où abordent des vaisseaux de toutes les nations. Ce n'est point au sommet des montagnes, mais au bord des mers, non aux loges, mais au parterre, qu'aboutissent les perspectives, les décorations, les concerts, les drames, de l'architecte, du peintre, du musicien, et du poëte de l'univers.

Les vulnéraires et les laitages de la Suisse sont en grande réputation : à Dieu ne plaise que j'ôte la foi en des choses innocentes! mais les végétaux et les troupeaux de la Bretagne, de la Normandie et de la Hollande ont des qualités qui ne sont pas moins bienfaisantes. Que dis-je! c'est des rivages de la mer, et non des glaciers du globe, que nous avons tiré nos richesses végétales. Ce fut aux pieds de l'Etna, et non sur ses sommets glacés, que la Sicile montra aux hommes le châtaignier superbe chargé de fruits, et l'humble graminée qui porte le blé. C'est des îles de l'Archipel, et non du mont Ida, que sont venus la plupart de nos arbres fruitiers. Le noyer, le figuier, le poirier, la vigne, l'olivier, le cafier, le cacaotier, le cotonnier, la canne à sucre, l'indigo, croissent sur les rivages et dans les îles de l'Amérique, et non sur les croupes des Cordilières. C'est sur les rives des îles Moluques, et non sur les pics de Java, que se recueillent le poivre, la muscade et le girofle. Enfin, voulez-vous voir sur les bords même de la mer des glaciers comme sur les Alpes? ses contre-courants vous conduiront, en été, jusqu'au pied de la coupole glaciale du pôle nord, qui a encore alors cinq à six lieues de hauteur et deux à trois de circonférence.

Si la fortune me l'eût permis, j'aurais entrepris un voyage autour de l'Europe, et peut-être autour du monde, moins fatigant, plus agréable, et plus utile que celui que l'on fait tous les jours pour aller se promener dans les montagnes de la Suisse. Je l'aurais fait par mer, le long des terres, à la manière des sauvages. Un canot léger, avec une voile latine et quelques matelas, m'eût servi de voiture. Deux matelots, avec leurs compagnes, auraient formé mon équipage. Je n'aurais pas hésité à m'y embarquer avec la mienne et mes enfants; tout fût devenu pour moi instruction ou plaisir. Suis-je curieux de minéraux? les falaises m'entr'ouvrent leurs flancs; je trouve à leurs pieds des galets métalliques que les fleuves et les courants y roulent à l'envi. Aimé-je les plantes? j'en cueille sur les grèves, que les flots y entraînent des contrées les plus éloignées. Les semences mêmes de la Jamaïque sont portées, en hiver, jusque sur les rivages des Orcades; pourquoi celles des Orcades n'aborderaient-elles pas, en été, sur ceux de la France? Chaque coup de rame me lève un feuillet du livre de la nature, et me découvre un nouveau paysage. Ici j'aperçois, sur un banc de sable couvert de veaux marins sédentaires, des flamants couleur de feu; des aigrettes, des pélicans, et d'autres oiseaux voyageurs de la zone torride; là, au sein des dunes, s'élèvent les ruines d'un monument, au haut desquelles la cigogne fait son nid. Plus loin, j'entrevois l'embouchure d'une rivière bordée de saules; je la remonte au sein des prairies et des campagnes labourées, terminées à l'horizon par les tours d'une ville. Une forêt s'élève au milieu d'une île, je viens me reposer sous ses majestueux ombrages. L'alcyon en rasant les flots, et l'alouette marine par ses cris, m'annoncent-ils les approches de la tempête ou de la nuit? nous échouons notre barque sur la grève; nous la traînons au pied d'un vieux arbre, ou derrière un rocher, à l'embouchure d'un ruisseau. Cependant, les hommes se dispersent pour la chasse ou pour la pêche; les femmes allument le feu, et préparent à manger;

tous se réunissent ensuite dans la barque abritée, par sa voile, de la pluie, du froid et des vents.

Le matin, nous nous rembarquons, si l'aurore nous annonce un beau jour. Nous n'avons à payer ni poste, ni aubergiste, ni péage, ni barrière; nous n'avons à montrer ni passe-port, ni certificat; nous échappons à toutes les dissensions civiles, aux guerres qui versent le sang des nations par les nations, et aux calomnies encore plus cruelles, qui détruisent les hommes par les hommes, au sein même de la paix. C'est ainsi que voyageaient les sauvages des côtes de l'Asie, lorsqu'ils peuplèrent l'Amérique et les îles fortunées de la mer du Sud. C'est encore chez leurs hordes pélagiennes et errantes que la liberté et le bonheur se sont conservés; c'est ainsi que vous vivez, pauvres Patagons, méprisés des fastueux Européens; mais n'enviez point leur sort. Les Apennins, les Alpes, les Cordilières, sont leurs esclaves; mais les écueils du cap Horn sont toujours libres; ils succombent sous le nombre et l'insuffisance de leurs lois, et vous ne connaissez que celles de la nature; ils embrassent un long avenir dans leurs vains projets, et vous jouissez de la vie comme vous la recevez, jour par jour; elle n'est pour vous qu'un voyage innocent et rapide, qui vous mène au séjour de vos aïeux. Vous la soutenez sans crime, vous la passez sans remords, et vous la quittez sans regrets.

HARMONIES AQUATIQUES

DES ENFANTS,

ou

HISTOIRE D'UN RUISSEAU.

Je me suppose instituteur. Pour donner à mes élèves le premier apprentissage des harmonies de l'eau, je les menerais à la campagne par un temps de pluie. Je leur dirais : « Mes enfants, suivons le cours du ruisseau qui descend là-bas de cette colline couverte de bois, remontons jusqu'à sa source. Il pleut ; mais qu'importe la pluie à des hommes ? Ils doivent s'accoutumer de bonne heure à braver les éléments, et sur-tout celui de l'eau. Il pleut, dans nos climats, plus de la moitié de l'année. Un soldat, un marin, un cultivateur, un voyageur, un ouvrier, s'exposent fréquemment à la pluie, souvent pour leurs intérêts particuliers : vous ne devez pas la craindre, sur-tout lorsqu'il s'agit d'acquérir des lumières. La pluie n'est qu'un bain. Elle est salutaire tant qu'on est en mouvement; elle n'est nuisible que lorsque la transpiration est arrêtée par le repos : elle ne doit apporter aucun obstacle aux exercices des garçons. Il n'en est pas de même de ceux des filles, destinées par la nature à avoir soin de l'intérieur de la maison. La faiblesse de leur sexe les dispense des fatigues, que les hommes ne doivent pas craindre. C'est à elles à les soulager un jour, comme mères de famille, lorsqu'elles pourvoiront aux besoins de leurs maris et de leurs fils, revenant du travail. Qu'elles aillent donc dès à présent faire l'apprentissage de leurs devoirs futurs, en préparant à leurs frères, de retour d'une promenade laborieuse, des vêtements secs et des aliments chauds. Leurs frères les amuseront par le récit de leurs courses; et si elles n'en reçoivent pas d'instruction, au moins elles en obtiendront de la reconnaissance.

» Allons, mettons-nous en marche, tâchons de découvrir d'où ce ruisseau tire sa source; remontons le long de son cours; chemin faisant, nous prendrons une idée des harmonies des puissances de la nature avec l'eau, sous tous les rapports que nous lui connaissons, d'évaporation, de fluidité et de congélation.

» Commençons par celle du soleil. Considérez ces brouillards qui semblent fixés sur les sommets lointains des montagnes : ce sont eux qui fournissent l'eau qui coule à vos pieds dans ce ruisseau. Mais d'où tirent-ils eux-mêmes leur origine? Il fut un temps où les hommes, se fuyant les uns les autres à cause de leurs brigandages, et n'obéissant qu'aux frayeurs de la superstition, s'imaginèrent que leurs rivières et leurs fleuves étaient des divinités qui versaient leurs eaux par des urnes; qu'elles habitaient les sommets des montagnes, et que les brouillards qui s'y arrêtaient étaient des nuages dont elles se voilaient aux yeux des mortels. Ils croyaient que les orages qui s'y forment, étaient des tonnerres et des foudres dont elles étaient armées. C'est ainsi que les Grecs placèrent Jupiter fulminant au haut de l'Olympe, et que les Arcadiens, réfugiés en Italie, assuraient avoir vu ce dieu avec son égide sur la cime forestière du Capitole, ainsi que le bon roi Évandre le racontait à Énée :*

> Hoc nemus, hunc, inquit, frondoso vertice collem,
> Quis deus, incertum est, habitat deus : Arcades ipsum,
> Credunt se vidisse Jovem, quum sæpe nigrantem
> Ægida concuteret dextrâ, nimbosque cieret.

« Un dieu, dit Évandre, habite cette forêt et cette colline ombragée
» d'un sombre feuillage. Quel est ce dieu? on l'ignore. Les Arcadiens
» croient y avoir vu souvent Jupiter lui-même agiter de sa main toute-
» puissante sa noire égide, et s'environner de tempêtes. »

» Mais lorsqu'ils se rapprochèrent par leurs besoins, et mirent en commun leurs observa-

* Énéide, liv. VIII, vers 351.

tions, ils s'assurèrent que les brouillards étaient élevés de dessus l'Océan par la chaleur du soleil, que l'air les pompait et les voiturait, que la terre les attirait par les sommets électriques de ses montagnes, que de là ils se résolvaient en pluies, dont les canaux des rivières recueillaient les eaux pour féconder les campagnes. Alors, au lieu de trembler devant des dieux imaginaires et terribles, au nom desquels des prêtres avares exigeaient souvent des sacrifices cruels, ils adorèrent en commun le Père de l'univers, dont les éléments étaient les ministres, et qui ne se manifestait aux hommes que par des bienfaits.

» Considérons maintenant quelques qualités principales de l'eau : elle est réfractante dans ses vapeurs, réfléchissante et reflétante à sa surface.

» J'appelle réfraction la faculté qu'elle a de rompre les rayons de la lumière, et d'augmenter l'ouverture des angles des corps que l'on aperçoit à travers, de manière qu'ils nous apparaissent plus grands. C'est ainsi que le soleil levant, que vous voyez à travers ce brouillard, semble une fois plus large qu'à l'ordinaire. C'est encore par la réfraction qu'un bâton plongé dans l'eau y paraît rompu, et d'un plus grand diamètre que la partie qui est hors de l'eau. Lorsque les vapeurs sont opposées au soleil et réunies en gouttes de pluie, elles réfractent à-la-fois et réfléchissent la lumière, qui s'y décompose en couleurs. Telle est la cause de cet arc-en-ciel dont vous apercevez quelques traces vers le couchant.

» La réflexion sans réfraction renvoie la lumière toute pure. C'est par cette raison que ce ruisseau paraît là-bas, au milieu de la vallée, brillant comme un miroir.

» Le reflet est la propriété que l'eau a de représenter les objets qui l'environnent, comme s'ils étaient renfermés dans son sein. La physique vous expliquera un jour les lois de ce mécanisme merveilleux. L'eau réfléchit la lumière au dehors sur les corps qui l'avoisinent, et elle reflète leurs formes au dedans. Si elle les eût réfléchies comme la lumière, les formes des arbres et des terres qui bordent ses rivages eussent apparu à sa surface, et cette répétition des mêmes objets sur les mêmes plans eût détruit l'unité des sites de la nature : l'illusion se fût confondue sans cesse avec la réalité. Les oiseaux eussent voltigé en vain autour d'un saule fantastique pour y faire leurs nids, et les bœufs se fussent heurtés contre un saule réel, en le prenant pour son image. Cependant la nature a employé par-tout de doubles consonnances, mais elle les a transportées d'une puissance dans l'autre, pour ne pas les confondre. Si ce ruisseau reflète au fond de son lit la colline qui est sur ses bords, là colline de son côté répète à son sommet le murmure du ruisseau. Les reflets de l'eau sont à la terre ce que les échos de la terre sont à l'air ; mais la nature a répandu le charme des consonnances morales jusque dans les objets physiques.

» L'eau doit les qualités qui lui paraissent propres, à des harmonies combinées. Ses vapeurs, ses pluies, sa fluidité, ses réfractions, ses réflexions, ses reflets, ses neiges, ses grêles, ses glaces, résultent de la présence ou de l'absence du soleil. Elle doit son ascension dans l'atmosphère, à la spongiabilité et à la pesanteur relative de l'air, ses mouvements au cours des vents, et son équilibre avec elle-même, ou son niveau sur la terre ainsi que ses courants, à l'attraction du globe.

» La terre attire l'eau jusque dans ses parties les plus petites et les plus dures. Elle s'en imbibe comme une éponge, lorsqu'elle est en état de poussière : la pierre la plus sèche en renferme. Voyez ce four à chaux, sur la pente de la colline ; il en sort un tourbillon épais de fumée, quoiqu'il ne soit chauffé qu'avec des bourrées, et qu'il ne soit rempli que de pierres. Si vous mettez même une pierre à chaux sur des charbons ardents, vous la verrez fumer ; elle exhale les vapeurs de l'eau qu'elle contenait, et qui, par leur extrême ténuité, pénètrent les corps les plus compactes : vous en pouvez voir l'effet dans un petit gravier fort estimé, à cause de la propriété qu'il a de s'imbiber d'eau très-promptement. Il est naturellement opaque; mais, si on le met dans l'eau, il s'en pénètre et devient, par son moyen, demi-transparent. On l'appelle *oculus mundi*, œil du monde. C'est donner un grand nom à un bien petit objet; car il n'est guère plus gros qu'une lentille, et il ressemble au fragment de la croûte d'un caillou, dont on dit qu'il est un débris. Il y a tel de ces graviers qui a été vendu cent louis, à cause de leur rareté. Pour moi, je trouve la pierre à chaux, sans comparaison, plus curieuse et plus utile; car, après avoir renfermé de l'eau qu'elle rend visible par sa fumée, si on la met dans le feu, elle s'imbibe de feu qu'elle rend sensible, si on la remet dans l'eau. Elle sert d'ailleurs à une infinité d'usages.

» Mais ne nous écartons pas de notre ruisseau. Une chose importante à observer est son courant; il le doit à l'attraction centrale de la terre; la terre attire l'eau à son centre, dans l'état de fluidité, et au sommet de ses montagnes, dans l'état d'évaporation. La terre est un aimant qui paraît avoir plusieurs pôles; j'en distingue de trois sortes qui partent du même centre : les pôles des montagnes, les deux pôles du globe, et le pôle central, qui est le siége même de l'attraction. Voyez ce brouillard qui couvre le sommet de cette colline, il y paraît fixé; il s'y en joint d'autres qui viennent s'y rendre de différentes parties de la vallée. Dans les pays de montagnes, vous voyez les pyramides de rochers qui les couronnent, entourées d'un chapeau de nuages. Si elles sont fort élevées, il se forme, de ces nuages, des amas considérables de neiges et de glaces qui durent toute l'année : telles sont plusieurs montagnes de la Suisse. Leurs glaciers ont quelquefois trente lieues de longueur sur cinq ou six lieues de diamètre, et jusqu'à cinq ou six cents pieds d'élévation. Ce sont les châteaux d'eau du Rhin, du Rhône et de plusieurs autres fleuves. Les glaciers des Cordilières, en Amérique, sont beaucoup plus étendus et plus élevés; aussi il en sort des fleuves qui, comme l'Amazone, ont quatorze ou quinze cents lieues de cours, et plus de cent vingt lieues d'embouchure. Mais ces glaciers des Cordilières ne sont rien en comparaison de ceux des pôles, qui ont, dans leur hiver, quatre à cinq mille lieues de circonférence, et quatre à cinq lieues de hauteur, et dont l'Océan lui-même tire ses sources. Le courant de toutes ces eaux se dirige au centre de la terre, où est l'attraction générale de tous les corps; ces diverses attractions des montagnes, des pôles et du centre, s'étendent peut-être aux autres corps; à en juger du moins par la boussole; car, si elle dirige sa pointe générale vers le pôle nord, elle la varie au voisinage de beaucoup de montagnes, et elle tend aussi vers le centre de la terre par son inclinaison. A la vérité, il y a grande apparence que ce sont des mines de fer qui occasionent ces diverses attractions; mais il est remarquable que les sommets des montagnes qui attirent les eaux sont, pour l'ordinaire, ferrugineux. Au reste, l'attraction centrale de la terre agit sur tous les corps sans exception, puisqu'elle est la cause de leur pesanteur. Quoi qu'il en soit, c'est la tendance générale des fluides vers le centre de la terre, qui forme, d'un côté, le niveau des lacs, et de l'autre, le courant des rivières : c'est d'après cette tendance qu'on a imaginé le niveau d'eau. Le niveau de l'eau n'étant que l'équilibre de toutes ses parties autour du centre de la terre, il s'ensuit que la surface d'un lac et celle de la mer sont sphériques. Cette courbure est très-sensible en pleine mer, car elle cache le corps d'un vaisseau à une lieue et demie de distance, et toute la hauteur de ses mâts à cinq ou six lieues. Il s'ensuit encore que la surface de la terre, qui offre aussi des arcs de cercle dans presque toute sa circonférence, a été dans un état de fluidité, et nivelée par les eaux.

» Voilà pour les eaux de niveau et en repos; mais il y en a bien peu qui le soient naturellement. Depuis la fontaine jusqu'à l'Océan, la plupart des eaux circulent. La pluie qui tombe forme cette source située vis-à-vis de nous ; la source forme le ruisseau, le ruisseau se jette dans la rivière, la rivière dans le fleuve, le fleuve dans la mer, et cette mer dans l'Océan atlantique, dont les vapeurs nous fournissent la pluie. Pour l'ordinaire, la fontaine tire sa source d'un rocher ; le ruisseau, d'une colline ; la rivière, d'une montagne ; les grands fleuves, des montagnes à glaces, telles que celles des Alpes ; la mer, des continents qui l'environnent en tout ou en partie ; et l'Océan, des glaces qui couvrent les pôles du monde.

» Ce faible ruisseau suffit pour nous offrir une idée de l'Océan et de son bassin, comme une petite plante peut vous donner celle d'un grand arbre. Vous voyez ici des rives, des grèves, des détroits, des isthmes, des promontoires, des caps, des baies, des bancs de sable, de hauts-fonds, des îles, des presqu'îles, des confluents, des marais même. Si la terre a des matières qui attirent l'eau, elle en a qui les repoussent ; telles sont en général les glaises et les argiles. La glaise est une terre grise et compacte, grasse, et douce au toucher ; on s'en sert pour faire des pots. L'argile n'en diffère que par des parties ferrugineuses qui se manifestent, sur-tout dans la cuisson, par une couleur rougeâtre. Vous voyez des lits de ces différentes terres dans l'escarpement des bords de ce ruisseau. Observez qu'il découle au-dessus plusieurs filets d'eau. L'eau des pluies, attirée par les rochers, pénètre la terre végétale et les couches de sable, où elle se purifie; mais elle se perdrait dans l'intérieur de la terre, si elle n'était arrêtée par des lits de glaise ou d'argile que la nature y a placés à différentes profondeurs. C'est sur ces lits que reposent les nappes d'eaux souterraines, qui fournissent des sources à nos rivières et de l'eau à nos puits. On retrouve fréquemment ces sources sur les rivages de la mer, sur-tout quand elle s'abaisse dans le reflux; car c'est sur ses rivages qu'aboutit la coupe des différents lits de la terre. Cette observation peut être très-importante à un homme qui a fait naufrage, même sur un banc de sable aride. Il peut trouver de l'eau douce sur le bord de la mer, en y creusant à un pied de profondeur pendant son reflux. C'est aux eaux souterraines arrêtées par des couches glaiseuses ou argileuses, et quelquefois par des bancs de roche, qu'il faut attribuer les fortes transpirations de la terre, qui, la nuit, baignent de rosée les plantes, pendant les ardeurs brûlantes de l'été. Sans ces admirables prévoyances, une partie de la végétation périrait ; car il y a bien des lieux sur la terre où il ne pleut que dans une certaine saison.

» Mais nous voici parvenus à la source du ruisseau. Voyez comme il sort en murmurant, de la fente de ce rocher couvert de capillaires et de scolopendres. Ses eaux se rassemblent dans un petit bassin bordé de joncs et de roseaux. Tout autour sont des peupliers et des saules; plus loin, sur les hauteurs voisines, des hêtres et des châtaigniers. Observez d'abord que l'eau coule de toutes les parties de ce rocher : c'est qu'il attire le brouillard de toutes parts. En temps de pluie et de dégel, vous remarquerez des effets semblables dans l'intérieur même des maisons, sur les pierres et sur les vitres, qui deviennent alors tout humides, parce qu'elles attirent les vapeurs. La source de ce ruisseau vient d'un terrain encore plus élevé que celui où nous sommes. Elle y est formée par des vapeurs rassemblées, par d'autres rochers, en filets d'eau, qui, après avoir pénétré la surface de la terre, se réunissent sur un lit de roches, se dégorgent par cette ouverture, et se rassemblent dans ce bassin. Sans ces différents réservoirs, tant intérieurs qu'extérieurs, les eaux pluviales s'écouleraient tout d'un coup, et quand les vents n'apporteraient plus de vapeurs au haut de ces collines, leur ruisseau resterait à sec. Vous trouverez des dispositions semblables, à la source de tous les courants d'eau réguliers. Si les ravines, occasionées par les pluies, s'écoulent rapidement; si elles restent sans eau après les orages, c'est qu'elles n'ont pas de réservoir à leurs sources. Le torrent est l'ouvrage du hasard, le ruisseau est celui de la nature. Il y a des réservoirs sur toutes les hauteurs, qui attirent les eaux, et à la source de tous les courants réguliers : souvent ce n'est qu'un simple bassin à celle d'un ruisseau, un étang ou un marais à celle d'une rivière; mais un grand fleuve a pour château d'eau une montagne à glace, avec un lac à son pied qui en reçoit les fontes; et l'Océan a, dans notre hémisphère, un des pôles du monde couvert d'une coupole de glaces de quatre à cinq mille lieues de circonférence, avec des méditerranées autour, qui en distribuent les eaux à tout le globe.

» Mais, me direz-vous, comment des causes insensibles, aveugles et mécaniques, peuvent-elles produire des résultats si bien combinés? La main qui trace des caractères en ignore les pensées; l'intelligence seule réside dans l'ame invisible qui les ordonne et qui meut la main. Vous voyez donc bien qu'une Providence très-sage a combiné entre eux les éléments pour les besoins des végétaux et des animaux. Elle échappe à nos sens corporels; mais elle s'y manifeste par ses bienfaits : *Mens agitat molem,* l'esprit modifie la matière. Quel sera un jour notre étonnement, lorsque, étudiant les harmonies positives et négatives des végétaux avec les eaux, vous verrez ceux des montagnes élevées et des terrains arides attirer les vapeurs, et les recueillir avec des feuilles faites en pinceaux, en langues, en coupes, en écopes, comme les pins, les ormes, les châtaigniers ; tandis que ceux qui croissent au sein des eaux, et qui n'ont pas besoin d'être arrosés, comme les nymphæa, les roseaux, les joncs, les cristes-marines, les repoussent, et portent des feuillages qui ne peuvent se mouiller ni servir d'aqueducs ! Quel sera notre ravissement, lorsque, à l'instar des végétaux, vous verrez les oiseaux des montagnes se plaire à arroser leurs plumes des eaux du ciel ou de celles des fontaines, tandis que les oiseaux aquatiques plongent dans l'onde sans pouvoir mouiller leur plumage ! Que d'instructions vous pourrez tirer des différentes manières dont voguent les habitants des eaux ! Quel Vaucanson parmi vous formera un jour, sur le mécanisme d'un poisson, un bateau qui en ait la vitesse ? La nature, je le sais, n'a pas besoin que vous vous livriez à tant de recherches pour éclairer votre esprit et toucher votre cœur. Ses harmonies manifestent, sans études, l'intelligence infinie de son auteur et ses bienfaits envers ses créatures ; mais, en vous invitant à étendre vos lumières et à perfectionner vos vertus, je vous indique la nature comme la source unique des arts et des sciences connus et à connaître. C'est dans son sein sur-tout que la physique va puiser ses lois. Isolée, elle ne tire guère sa théologie que de ses expériences, et sa morale que de ses machines. Puissiez-vous n'en inventer jamais de cruelles aux animaux, et de funestes aux hommes!

» Il faut admirer la Providence, qui a permis que le corps humain, si délicat, pût supporter toutes les vicissitudes des éléments, afin qu'il vécût dans tous les climats; l'habitude est pour lui une seconde nature, non parce qu'il se crée une seconde existence, mais parce qu'étant harmonié d'une infinité de manières avec la nature, il est susceptible d'une infinité d'habitudes. Il n'en est ainsi d'aucun autre animal. C'est principalement pour l'usage de l'homme, que la nature a distribué des eaux potables par toute la terre : elle les a mises en neiges, en glaces dans les zones glaciales, et en couches souterraines dans les sables brûlants de la zone torride; elle les verse en pluie sur les vastes plaines de la mer, et elle les fait couler en ruisseaux, en rivières et en fleuves sur les continents. L'éléphant de la zone torride, qui ne peut boire qu'en pompant l'eau avec sa trompe, périrait de soif au milieu des neiges de la Laponie, s'il n'y mourait pas de froid. Au contraire, le renne de la zone glaciale, qui broute la neige avec la mousse, mourrait de soif, et sans doute de chaud, sur les bords des eaux tièdes du Sénégal et de la Gambie. L'homme seul trouve par-tout des eaux potables : il y en a jusqu'au milieu des mers australes et septentrionales. Leurs glaces flottantes, quoique formées au sein des eaux salées, se fondent en eaux douces ; le sel marin en est dégagé par la congélation. Le chimiste imite ces mêmes effets en faisant geler de l'eau imprégnée de sel ; il en tire des cristaux d'eau douce. Pour moi, je n'admire que le résultat des lois de la nature en faveur des hommes ; il semble que ce soit pour fournir de l'eau aux navigateurs, qu'elle fait voguer des montagnes de glaces jusqu'au milieu des mers tempérées ; et peut-être ces hauts-fonds illusoires de couleur de béryl, si fréquents dans les mers chaudes, et que tant de marins ont notés sur leurs journaux, ne sont que des glaces meurtries et submergées, qui peuvent, au défaut des pluies, leur offrir les mêmes ressources. Mais l'homme peut s'habituer à la longue à boire de l'eau salée sans en être incommodé. Des marins hollandais, entre autres Schouten, assurent qu'ils ont rencontré dans la mer du Sud, à plus de trois cents lieues de toute terre, des canots de sauvages, dont les femmes donnaient à boire de l'eau de mer à leurs enfants, qui se portaient à merveille : il faut, sans doute, que l'habitude s'en prenne de bonne heure. Lorsque je passai à l'Ile-de-France, quelques officiers principaux du vaisseau ayant embarqué dans la cale à l'eau des barriques d'eau-de-vie, au lieu de barriques d'eau, pour les vendre aux Indes, cette friponnerie nous mit dans la disette d'eau douce, et obligea le capitaine de réduire la ration, pour chaque matelot, à une bouteille par jour. Quelques-uns de ces malheureux, pressés de la soif, tentèrent de l'apaiser en buvant de l'eau de la mer; elle leur donnait des vomissements, et ils préféraient de boire leur propre urine.

» Mais les nuages accumulés cheminent lentement dans les airs; le soleil les a élevés de dessus l'Océan, et le vent du sud les charie vers le pôle nord, pour y adoucir les rigueurs de l'hiver, et renouveler, chemin faisant, les sources des mers et des fleuves. Si cet océan atmosphérique, en passant sur nos têtes, tombait par masses, il dégraderait les terres; mais il s'écoule du ciel en longs filets, comme si on le versait par un arrosoir. Les champs s'en imbibent, les plantes les reçoivent dans leurs feuilles naissantes, et les oiseaux aquatiques sur leurs plumes imperméables. La nature est dans l'enfance de l'année : déjà les pluies du ciel lavent ses premières couches ; les ruisseaux tout jaunes s'écoulent en murmurant sur la pente des collines; ils entraînent les débris des terres, des pierres, des végétaux, et des animaux victimes de l'hiver. Ils les portent dans les rivières, les rivières dans les fleuves, les fleuves dans les mers, et les courants les étalent sur leurs rivages. Là, les flots, qui s'y brisent sans cesse, réduisent en sables les corps les plus durs; et les feux des volcans disséminés sur leurs rivages consomment les huiles, les bitumes, les sels et tous les débris des animaux, et les rendent aux éléments. L'Océan est à-la-fois le tombeau et le berceau du globe. Les peuples ignorants ont fait des pélerinages aux sommets des montagnes, croyant s'approcher du ciel; les peuples éclairés devraient en faire aux rivages des mers, pour y entrevoir au moins les premiers agents de la nature et de la société.

» Cependant n'ambitionnez pas le sort des navigateurs qui ont fait le tour du monde : il n'y a que ceux qui l'ont parcouru pour faire du bien aux hommes, qui soient dignes d'envie. Combien en ont fait le tour pour le désoler! combien d'autres n'y ont rien vu que le profit de leur commerce! Mais comment admireriez-vous les merveilles de la nature dans les pays étrangers, si, avant tout, vous ne connaissiez celles du vôtre? Dieu a fait deux lots des biens qu'il distribue aux hommes : d'un côté, il a mis la fortune et les dangers, la gloire et l'envie; de l'autre, la médiocrité et le bonheur, l'obscurité et le repos. Quelquefois un jeune adolescent, séduit par des relations trompeuses de voyages, quitte ses parents, s'embarque, et croit être plus heureux dans un autre climat que celui qui l'a vu naître. Oh! combien de fois il soupirera après le toit paternel, au milieu des mers orageuses!

Combien de fois il regrettera l'humble violette de nos printemps, à l'ombre des palmiers de la zone torride! Heureux celui qui préfère le bord de son ruisseau aux rivages de l'Océan; qui, plein de reconnaissance pour ses parents, ne cherche d'autre fortune que celle de les soulager par son travail, d'autre contentement que celui de leur plaire, et d'autre gloire que celle de soumettre ses passions à sa raison!

» Mais déjà nous approchons de la ville; il est temps de nous séparer : vos tendres mères et vos sœurs chéries vous attendent; allez leur reporter l'amour de vos foyers et le goût de l'instruction. Pour vous donner une idée des harmonies des eaux, je ne vous ai point fait parcourir un cabinet de physique rempli de machines fragiles, passives et mortes; mais je vous ai promenés au milieu d'une nature active et vivante, parmi les eaux, les vents et les rochers. »

LIVRE IV.

HARMONIES TERRESTRES.

La terre, encore dans la première enfance de l'année, nous permet d'examiner les couches de son berceau. Le soleil a enlevé une partie des neiges qui l'enveloppaient comme des langes, et qui la préservaient des rigueurs de l'hiver; on n'en voit plus que quelques lambeaux sur les sommets des montagnes; la couleur brune de son humus apparaît de toutes parts; on aperçoit sur les escarpements de ses ravins, différents lits de fossiles déjà parés de primevères et de violettes; la vie végétale s'annonce dans les cieux. Les Autans endormis dans leurs cavernes ténébreuses, surpris d'y revoir tout-à-coup la lumière, se réveillent furieux. Ces fiers enfants de l'hiver et de la nuit renversent les moles de glaces qu'ils avaient élevés aux sources de l'Océan, et se précipitent, en mugissant, vers l'astre du jour. Chemin faisant, ils bouleversent les mers, secouent les forêts, chassent dans les airs les brumes épaisses, et par leurs tempêtes mêmes, préparent à notre hémisphère de nouvelles aurores et une nouvelle vie.

O toi, que l'antiquité nomma la mère des dieux, Cybèle, terre qui soutiens mon existence fugitive, inspire-moi, au fond de quelque grotte ignorée, le même esprit qui dévoilait les temps à tes anciens oracles!

C'est pour toi que le soleil brille, que les vents soufflent, que les fleuves et les mers circulent; c'est toi que les Heures, les Zéphyrs et les Néréides parent à l'envi de couronnes de lumière, de guirlandes de fleurs, et de ceintures azurées; c'est à toi que tout ce qui respire suspend la lampe de la vie. Mère commune des êtres, tous se réunissent autour de toi: éléments, végétaux, animaux, tous s'attachent à ton sein maternel comme tes enfants. L'astre des nuits lui-même t'environne sans cesse de sa pâle lumière. Pour toi, éprise des feux d'un amour conjugal envers le père du jour, tu circules autour de lui, réchauffant tour-à-tour à ses rayons tes mamelles innombrables. Toi seule, au milieu de ces grands mouvements, présentes l'exemple de la constance aux humains inconstants. Ce n'est ni dans les champs de la lumière, ni dans ceux de l'air et des eaux, mais dans tes flancs qu'ils fondent leur fortune, et qu'ils trouvent un éternel repos. O terre, berceau et tombeau de tous les êtres, en attendant que tu accordes un point stable à ma cendre, découvre-moi les richesses de ton sein, les formes ravissantes de tes vallées, et tes monts inaccessibles d'où s'écoulent les fleuves et les mers, jusqu'à ce que mon ame, dégagée du poids de son corps, s'envole vers ce soleil où tu puises toi-même une vie immortelle!

Notre vie artificielle n'est fondée que sur les lois naturelles; c'est à celles de l'attraction même, qui meut les astres, que nos fleuves doivent les pentes qui les font circuler autour de la terre; nos mers, leurs niveaux; nos rochers, nos édifices et nos propres corps, leurs aplombs. N'est-ce pas déjà une jouissance pour l'homme de trouver, au sein des déserts et des ténèbres, les lois de la nature toujours actives? Mais qui ne voit que l'attraction dans l'univers, ne voit dans un palais que l'équerre et le niveau qui en ont élevé les ordres. Les lois mécaniques de la nature sont dirigées par une puissance intelligente. Par exemple, l'encre qui coule de ma plume sur le papier pour tracer ces réflexions, obéit aveuglément à l'attraction centrale de la terre; la plume d'où l'encre s'écoule cède également à la direction horizontale que ma main lui donne de droite à gauche; ma main, quoique vivante et organisée, ignore ce qu'elle écrit, ainsi que l'encre, la plume et le papier : mais ma tête, qui en dirige les lettres, en a l'intelligence; et le cœur, qui en reçoit l'impression, en a le sentiment. Ainsi, si l'on peut comparer les choses célestes aux terrestres, la Divinité se sert du soleil comme d'une main, et de ses rayons comme de plumes et de pinceaux, pour tracer sur la terre, avec les éléments aveugles et insensibles, des caractères intellectuels, dont les pensées se font sentir à l'homme, qui est en quelque sorte le cœur de la nature.

Mais l'homme, quoique ému à la vue du grand livre de la nature, ne peut y lire qu'à l'aide de ses semblables. Supposons une fourmi sur le Panthéon de l'ancienne Rome : elle doit prendre ses inscriptions taillées en creux pour des vallées, et les bas-reliefs de ses figures pour des montagnes ; tout occupée des besoins de son petit gouvernement, elle ignore qu'elle habite un des plus grands monuments de la république romaine, destiné, par une autre sorte de fourmis, à loger tous les dieux. Ces idées n'ont point d'analogies avec les siennes : elle ne regarde ce vaste édifice, avec sa belle coupole, que comme un ouvrage du hasard ; cependant, si elle pouvait communiquer avec les autres fourmilières qui sont dispersées autour, elle apprendrait qu'il est rond, qu'il en part des avenues correspondantes avec une grande cité, et peut-être elle soupçonnerait qu'il est construit avec autant d'industrie que sa fourmilière. Mais la nature a donné aux républiques même des insectes un patriotisme intolérant, qui circonscrit leur intelligence à chacune de leurs tribus, de peur qu'en se réunissant toutes ensemble, elles ne vinssent à détruire celles du genre humain.

Les sociétés des hommes ne seraient guère plus savantes que celles des fourmis, si elles étaient isolées comme elles. Un homme seul, sur-tout, ne verrait sur le globe que des précipices dans ses vallées, et des aspérités dans ses montagnes. L'insulaire croirait, comme autrefois, que le soleil se lève et se couche dans la mer; le géomètre lui-même ne supposerait dans cet astre qu'un foyer d'attraction, qui attire toutes les planètes vers lui, et qui se répandant dans tous les corps à proportion de leurs masses, les pousse les uns vers les autres sans jamais les réunir. Il sentirait bien que les fleuves doivent leur cours à une attraction centrale qui fait couler leurs eaux vers les parties les plus basses de la terre; mais il ne pourrait concevoir leur écoulement intarissable, si le physicien ne lui apprenait que le soleil lui-même élève les vapeurs des mers aux sommets des montagnes, et qu'il faut ajouter aux lois de l'attraction centrale de la terre, celles de l'évaporation aérienne de l'Océan, pour expliquer le cours permanent des fleuves.

Pour moi, je ne suis qu'un atome que les vents de l'adversité ont jeté çà et là sur la terre, parmi diverses tribus de mes semblables. J'ai rapproché les unes des autres leurs idées isolées, et j'en ai conclu que la terre était un monument de l'Intelligence suprême ; que toutes ses parties se correspondaient ; que ses vallées et ses montagnes étaient des caractères et des figures qui exprimaient des pensées ; que son globe entier était un panthéon, non bâti par les hommes pour y loger la Divinité, mais créé par la Divinité même pour servir de théâtre à la vertu des hommes. Leur science et leur bonheur dépendent de leur union.

DES MONTAGNES.

Il faut d'abord nous faire une idée des formes extérieures de la terre, qui constituent les montagnes et les vallées. Il s'en faut bien qu'elles doivent leurs configurations au simple cours des eaux, et qu'elles aient toutes leurs angles rentrants et saillants en correspondance, comme Buffon l'a prétendu. Pour se convaincre du contraire, il suffit de jeter les yeux sur une carte détaillée des montagnes du Dauphiné, ou seulement de quelques-unes de nos îles de l'Amérique : on y en verra un très-grand nombre qui n'ont point d'angles alternatifs. Il ne faut pas croire, d'un autre côté, qu'elles tirent toutes leur origine du feu, parce qu'on en trouve quelques-unes de volcanisées. C'est une méthode dangereuse, que l'éducation nous rend familière, d'assigner à la nature des lois prises de la faiblesse de nos arts, et d'en généraliser les effets particuliers : cette méthode nous aurait empêchés de nous former une juste idée de la terre, quand notre géographie, qui la divise en tant de compartiments politiques, n'aurait pas achevé d'en obscurcir l'image. Nous rapporterons donc les montagnes, comme leurs fossiles, aux puissances de la nature et à leurs harmonies physiques et sociales, et nous en trouverons au moins seize espèces différentes. Il y a des montagnes solaires et lunaires, dont les unes sont disposées en réverbère, comme celles de la Finlande; d'autres en parasol, comme celles de l'Ethiopie. Il y en a d'hyémales, que je nomme ainsi parce qu'elles portent un hiver éternel sur leurs sommets; d'autres sont volcaniques, et vomissent des feux de leurs flancs. Parmi les hyémales, les unes ont les lits de leurs sommets obliques et relevés vers le ciel, en feuilles d'artichaut, afin d'en retenir les glaciers au sein des continents, qu'elles rafraîchissent: telles sont les Alpes et les Cordilières. D'autres, au contraire, sont évidées en gouttière, et inclinées vers l'Océan, afin d'y laisser couler leurs glaces, qui vont ensuite rafraîchir les mers torridiennes : telles sont celles du Groënland et du Spitzberg, ou montagnes pointues. Toutes les montagnes de ces divers genres sont ordonnées à l'action positive ou négative du soleil. J'y comprends aussi les volcaniques, quoiqu'elles appartiennent aux eaux, qu'elles épurent; mais elles doivent, dans l'origine, leur combustion au soleil, qui est la source de tous les feux. Il y a des montagnes aériennes, dont les unes, que j'appelle éoliennes, soufflent les vents; d'autres, anti-éoliennes, leur servent de barrières. Il y en a d'aquatiques. Les unes, que je nomme hydrauliques, sont à la source des fleuves, et y attirent sans cesse les vapeurs de l'atmosphère par leurs pics; d'autres sont littorales, et repoussent les eaux par leurs bases. Parmi celles-ci, j'en distingue deux espèces, les littorales maritimes, et les littorales fluviatiles. C'est dans ces dernières que se trouvent les montagnes ou plutôt les collines à angles saillants et rentrants en correspondance. Il y a des montagnes terrestres proprement dites, qui forment en quelque sorte la charpente du globe : tels sont les plateaux de granits qui apparaissent dans les régions polaires, au niveau des mers, et les pics de même nature, qui, comme ceux des Alpes et des Pyrénées, s'élèvent par chaînes dans l'intérieur des continents, à deux ou trois mille toises de hauteur, et semblent être au niveau des pôles. Les plaines mêmes du globe sont inégales : les unes sont en pentes douces et insensibles, où serpentent les ruisseaux; d'autres sont disposées en amphithéâtres et par gradins, d'où les fleuves se précipitent en cataractes.

HARMONIES TERRESTRES

DU SOLEIL ET DE LA LUNE.

Les montagnes coordonnées avec le soleil ont des effets négatifs ou positifs, passifs ou actifs. J'appelle montagnes à parasol, celles qui sont destinées à garantir les végétaux et les animaux de l'action trop ardente du soleil, et à leur procurer des ombres d'une grande étendue. Elles sont pour l'ordinaire de roc vif, formées de plateaux très-élevés, et escarpés de tous côtés, de sorte qu'on y trouve à peine quelque pente pour y monter. Leurs vallées ressemblent à des précipices d'une profondeur effrayante. Cette configuration permet aux végétaux de nos climats tempérés de croître même sous la Ligne, et dans les contrées de l'intérieur des continents qui ne sont pas rafraîchis, comme les îles de la zone torride, par des vents maritimes. Les plantes croissent sur la surface de ces plateaux si exhaussés, y jouissent de la fraîcheur de l'atmosphère supérieure, et n'éprouvent aucune réflexion de chaleur par des coteaux voisins, comme les campagnes de nos climats tempérés. D'un autre côté, les plantes qui viennent dans ces vallées profondes, y sont couvertes d'ombre une grande partie du jour. La couleur de leurs rochers latéraux est pour l'ordinaire brune ou noire, et elle contribue sans doute à y affaiblir la réflexion des rayons du soleil.

Ces montagnes à parasol se multiplient à mesure qu'on approche des contrées méridionales. On en voit quelques-unes en Italie, plusieurs dans les îles de la Grèce, et un plus grand nombre dans la Judée. C'est peut-être à cause des montagnes escarpées de ces pays, qu'on avait imaginé d'y précipiter les criminels, supplice qui ne pouvait avoir lieu dans la Pologne et la Hollande, à moins d'y creuser des puits. Ces montagnes à escarpements sont communes entre les tropiques, aux Antilles, aux Moluques, au Japon, et dans les parties méridionales de la Chine, où elles produisent des effets très-agréables dans le paysage. J'en ai vu plusieurs à l'Ile-de-France. Il y en a une entre autres, qu'on appelle la montagne du Corps-de-garde, de laquelle le botaniste Commerçon pensa un jour ne jamais redescendre, car s'y étant fait conduire un matin, par un habitant du voisinage, pour y herboriser, son guide voulut lui tenir compagnie, afin de le ramener avec lui ; mais Commerçon le pria instamment de s'en retourner, l'assurant qu'il retrouverait bien son chemin tout seul. Quand son herborisation fut achevée, il voulut redescendre; mais quoique ce plateau n'ait pas une demi-lieue de longueur, il ne put jamais reconnaître l'endroit par où il y était monté; il n'y découvrit aucune autre issue. Contraint d'y passer la nuit, il y soupa avec une espèce de pois comestible qu'il y trouva en fort petite quantité. Le lendemain, ses tentatives pour redescendre du plateau furent aussi vaines que la veille, et il y serait mort de faim, si l'habitant qui l'y avait amené, inquiet de son absence, ne fût venu l'y chercher. Cet événement arriva pendant mon séjour à l'Ile-de-France. C'est sur cette même montagne du Corps-de-garde, que, quelques années auparavant, un officier de la compagnie des Indes, suivi de quelques mécontents, arbora l'étendard de la révolte. Il avait bien pensé qu'on ne pourrait pas l'y forcer, mais il n'avait pas prévu que lui-même n'en pourrait pas sortir. Il fut bientôt obligé de se rendre à discrétion; et comme il était bien protégé, sa démarche criminelle passa pour un trait de jeunesse.

Plus on approche de la Ligne, plus les montagnes à parasol sont fréquentes. Il y en a beaucoup dans une partie de l'Arabie, qui en porte le surnom de Pétrée; mais l'Ethiopie en est, pour ainsi dire, couverte. Francisque Alvarès, chapelain des Portugais qui y furent envoyés en ambassade en 1520, nous a donné la première et la meilleure description de ce pays, que je connaisse, quoique Ludolf et les autres historiens de l'Éthiopie parlent peu de cet écrivain, suivant l'usage des compilateurs. Alvarès dit donc que l'Éthiopie est remplie de montagnes escarpées presque de tous côtés, et d'une hauteur effroyable ; qu'il approcha d'une, entre autres, qui s'étend presque jusqu'au Nil, et dont un homme à pied pourrait à peine faire le tour en quinze jours. Il ne pouvait trop admirer ses flancs escarpés comme des remparts, où l'on ne pouvait monter que par trois avenues. Sur cette montagne, il y en a d'autres de la même forme, avec des vallées semblables à des fondrières. C'est là que le roi d'Éthiopie tient prisonniers ses enfants et sa postérité. Il ajoute que les bords et les flancs de ces grands plateaux sont couverts de nuages ; que les rivières qui en descendent se remplissent au moindre orage, et que leurs eaux s'écoulent dans la vallée avec la rapidité d'un torrent, en emportant tout ce qu'elles rencontrent dans leur chemin ; ce qui est quelquefois fatal aux voyageurs qui cherchent le repos et la fraîcheur dans leurs lits souvent desséchés.

La formation de ces énormes plateaux de roc vif, d'une seule pièce, dans les bases desquels les Ethiopiens creusent des églises entières, et dont les flancs perpendiculaires ont cependant deux ou trois pentes pour y monter, ne peut s'attribuer aux dégradations occasionées par le cours des eaux, et encore moins aux tremblements de terre. Ils sont séparés, pour l'ordinaire, les uns des autres, par des vallées aussi larges par en haut que par en bas. Il y a de ces montagnes entièrement isolées au milieu des campagnes, comme celle qui sert de prison aux enfants du roi d'Éthiopie, ou telles que le Thabor, en Judée. Quelle que soit leur origine, elles sont très-utiles à l'agriculture. Nous observerons de plus, que leurs vallées sont couvertes de roches et de pierres détachées, qui, pour le dire en passant, ont introduit, dans les mêmes pays où l'on avait l'usage de précipiter les criminels, celui de les lapider. C'est aussi dans les contrées pierreuses que l'on a inventé les frondes. Ainsi, l'homme emploie, pour faire du mal à l'homme, les moyens dont la nature se sert pour faire du bien à tous. Les pierres à fleur de terre protégent très-puissamment, dans les pays chauds, la germination des plantes, en procurant à leurs semences de l'ombre et de la fraîcheur. Pline raconte qu'un laboureur d'un canton d'Italie, situé, je crois, dans une des gorges de l'Apennin, ayant fait *épierrer* son champ, il n'y pouvait plus rien croître, et qu'il fut obligé d'y faire rapporter des pierres, afin de lui rendre sa fécondité. J'ai vu la même chose arriver dans une habitation de l'Ile-de-France. Les pierres disséminées à la surface de la terre ne sont pas moins communes et moins utiles dans les pays froids que dans les pays chauds, en y produisant des effets contraires, c'est-à-dire en formant des réverbères au midi, et des abris au nord. J'ai vu la Finlande, aussi couverte de roches que Malte, la Martinique et l'Ile-de-France. Elles sont assez rares dans le milieu des zones tempérées; mais elles sont très-communes dans les zones glaciales et torridiennes. Nous avons attribué les fragments innombrables des rochers à d'anciens dégels; mais la nature en fait ressortir de grandes utilités pour les êtres organisés. Les éléments aveugles sont employés par une intelligence très-clairvoyante. L'attraction qui les meut est une lyre harmonieuse qui résonne sous des doigts divins.

Les montagnes à parasol renferment dans leur sein tous les métaux. On y trouve du fer, du cuivre, du plomb, mais sur-tout de l'or, qui semble tirer son origine de la zone torride. Elle doit réunir, sans doute, dans ses diverses élévations, qui sont les plus grandes de la terre, tous les minéraux, les végétaux et les animaux disséminés dans le reste du globe; elle doit aussi en avoir qui lui sont propres, à cause de l'influence perpétuelle du soleil. Il est certain qu'on ne trouve point de diamants hors de cette zone. Il semble que la sphère vivante de l'astre du jour fixe sa lumière et ses attractions dans une multitude de cristallisations magnifiques. J'appelle cristallisations, cette tendance que certains minéraux ont à se réunir à un centre commun, suivant des directions qui semblent caractériser leur nature particulière. Les unes se réunissent en deux pyramides à quatre faces, comme les diamants et les rubis; en six, comme les topazes d'Orient et le cristal de roche; à huit faces, comme les topazes d'Europe et les schorls; en neuf faces, comme la tourmaline; à dix faces, comme le feldspath; en douze, vingt-quatre et trente-six faces, comme les grenats; en sphères rayonnantes, comme les pyrites. Toutes les cristallisations de ce genre ne sont nulle part aussi belles que dans les montagnes de la zone torride. C'est aussi dans ses vallées et sur ses rivages, que l'on trouve les plus riches productions des puissances végétale et animale, en épiceries, en parfums, en ambres, en oiseaux, en quadrupèdes, en poissons. Cette zone en possède un grand nombre qui n'appartient qu'à elle.

Quoique les flancs des montagnes à parasol soient escarpés et sans terre, la nature trouve différents moyens de les couvrir de verdure. Tantôt elle fait croître à leurs pieds des lianes grimpantes, qui les tapissent à une grande hauteur, où ne sauraient atteindre les plus grands arbres; tantôt elle fait sortir des fentes de leurs sommets des végétaux tout opposés, qui pendent la tête en bas, et flottent au gré des vents : telle est une espèce tout-à-fait dépourvue de feuilles, qui lui seraient d'ailleurs inutiles, que j'ai trouvée une fois suspendue aux flancs des rochers de l'Ile-de-France, qu'on appelle le pouce, au haut des montagnes qui environnent le Champ-de-Mars. Elle était composée d'une multitude de rameaux semblables au jasmin, menus et souples comme des ficelles; ils sortaient les uns des autres, et portaient, dans leurs aisselles, de petites fleurs en roses, presque adhérentes, grosses comme des têtes d'épingles, et jaunes comme l'or. Elles jetèrent, dans le papier où j'en avais renfermé quelques rameaux, une poussière séminale, semblable à la fleur de soufre, et très-abondante. J'ignore d'ailleurs le nom de cette plante. Ce sont ces montagnes à parasol, avec leurs végétaux naturels, qui donnent tant d'agrément aux paysages de la Chine. Elles s'élèvent quelquefois, avec des cimes pendantes et des draperies flottantes de verdure, sur le bord des fleuves, qui en reflètent les images. On pense bien que quelque escarpés que soient leurs flancs, il y a des oiseaux qui les fréquentent; quelques-uns y vont picorer le nitre qui s'y rassemble. C'est à un semblable rocher, nu, stérile, inhabité, situé au milieu de la mer, et qui ne paraît susceptible d'aucun éloge, qu'Homère, qui embellissait tous les objets, comme la nature même, donne l'épithète agréable et vraie, d'aimé des colombes. Les montagnes rembrunies de l'Ile-de-France sont fréquentées par les oiseaux blancs du tropique, qui y font leurs nids, et peut-être aussi par ces oiseaux bleus de passage qu'on y appelle pigeons hollandais ; mais ce qu'il y a d'étonnant, c'est qu'il y a des quadrupèdes destinés à vivre sur ces plateaux si escarpés. Alvarès dit que ceux d'Éthiopie sont remplis d'escadrons de singes, qui jetaient des cris affreux en voyant passer les Portugais ; il donne même à l'un d'eux le nom de Montagne aux singes, à cause de la quantité prodigieuse de ces animaux qui l'habitaient. J'en ai vu, à l'Ile-de-France, filer par longues bandes sur les flancs des rochers les plus escarpés et les plus élevés, le long de corniches si étroites, qu'on ne voyait pas où ils posaient leurs pieds; ils paraissaient sculptés en relief sur les flancs de la montagne. Si on considère bien l'ensemble et le caractère du singe, ses flancs étroits, son corps alongé, ses jambes de derrière plus élevées que celles de devant, et pleines de ressorts pour franchir, d'un saut, les précipices ; sa queue, qui se reploie comme un serpent; si propre à l'attacher aux buissons et à l'élancer ; ses mains, dont les doigts articulés saisissent fortement les plus légères aspérités des rochers ; la couleur verdâtre de son poil, qui le détache de leur fond sombre; l'épaisseur de sa fourrure dans des latitudes chaudes; l'instinct qu'il a de lever toutes les pierres qu'il rencontre, et même de les lancer à la tête de ses ennemis; les cris perçants qu'il fait entendre de fort loin, et qu'il semble prendre plaisir à faire répéter aux échos : on jugera, par toutes ces consonnances, qu'il est moins formé pour les forêts de la zone torride, que pour ces rocs escarpés, dont les sommets s'élèvent dans une atmosphère froide. Ainsi, les montagnes à parasol entrent dans les plans de la terre, puisque la nature a fait des plantes pour les décorer, et des animaux pour les habiter.

La nature tire du même moyen des effets différents; elle fait d'un rocher un parasol au Midi, et un réverbère au Nord. J'appelle montagnes à réverbère, celles qui réfléchissent les rayons du soleil. Quoiqu'elles soient formées de pierres, comme les montagnes à parasol, elles en diffèrent essentiellement par leurs couleurs, leurs formes, leurs agrégations et leurs minéraux. Loin d'être rembrunies, elles sont, pour l'ordinaire, de couleurs tendres, remplies de particules brillantes, de mica, comme celles de la Finlande; ou revêtues de mousse blanche, comme celles de la Laponie; ou reluisantes comme de la mine d'argent, telles que celles du Spitzberg, décrites par Martens. Loin d'avoir leurs sommets aplatis comme les montagnes à parasol, elles les ont arrondis en forme de calottes pyramidales, où de dos d'âne, tout nus, afin que les neiges ne puissent s'y arrêter long-temps. Elles ont aussi à leurs bases quantité de rochers brisés, qui donnent aux végétaux naissants des abris contre le vent du nord, et réfléchissent sur eux les rayons du soleil. On trouvera en général des montagnes de cette configuration dans toutes les contrées qui avoisinent les deux zones glaciales, et sur-tout dans la nôtre, en Finlande, en Suède, dans la Laponie, tant suédoise que russe, et dans les îles septentrionales de la mer Baltique. Au contraire, toute la partie du continent qui est au nord de cette mer, est couverte de montagnes de roc jusqu'aux rivages de la Mer-Glaciale. Les terres qui sont au midi de la mer Baltique, ne présentent que des plaines en grande partie sablonneuses, telles que les steps ou déserts de l'Ukraine, et, plus à l'orient, ceux de la Tartarie. On trouve des territoires couverts de rochers, dans le nord de la Sibérie et de la Chine, jusqu'au Kamtschatka. Ils ne sont pas moins communs, aux mêmes latitudes du côté de l'ouest, dans l'Islande, décrite par Anderson; dans le nord de l'Écosse, les Orcades et les îles Schetland, dont James Béeverell a donné la description; en Amérique, dans les îles et les côtes de la baie d'Hudson, côtoyées en partie par Ellis; et dans l'hémisphère méridional, sur la Terre-de-Feu, les îles de Kerguelen, et jusque dans la Thulé australe, découverte par

Cook. Ainsi on ne peut s'empêcher de reconnaître, dans cette consonnance de montagnes de roc des latitudes froides, l'intention de la nature, qui a voulu y placer des réverbères pour y accélérer la fusion des glaces, et en échauffer les vallées. Cette vérité deviendra encore plus sensible, si on les compare avec les montagnes à parasol, du Midi, qui portent la fécondité sur le sommet de leurs plateaux élevés, tandis que celles-ci renferment la leur au fond de leurs vallées. On serait tenté de croire que les montagnes à parasol, du Midi, sont élévées au-dessus de la circonférence du globe; tandis que les vallées à réverbères, du Nord, ainsi que leurs montagnes, sont creusées dans l'épaisseur même du noyau de granit de la terre, qui apparaît de toutes parts vers les pôles, d'où l'on peut conclure encore que les pôles sont alongés. On sera persuadé des caractères que j'attribue aux montagnes à réverbère des régions glaciales, si on les compare à ceux des montagnes hyémales, que la nature a projetées en longues chaînes dans le voisinage, et sur-tout dans le sein de la zone torride, pour la rafraîchir. Celles-ci portent leurs glaciers sur des sommets très-exhaussés et taillés en feuilles d'artichaut, de manière que les glaces y sont retenues en partie toute l'année, se fondent peu-à-peu, et ne peuvent s'écouler en masse dans les vallées inférieures. Au contraire, les montagnes à réverbère, du Nord, sont souvent détachées les unes des autres, disposées en cercles, avec des sommets glissants, arrondis ou pointus, sur lesquels les glaces et les neiges ne peuvent s'arrêter long-temps. D'un autre côté, les vallées qui les séparent sont faites en écopes, de sorte que lorsque la terre vient à s'attiédir vers les pôles, par la chaleur des eaux souterraines, combinée avec celle du printemps, ces glaces énormes, accumulées par des hivers de six mois, se détachent du sol, qui les fond par leur base ; et toute leur circonférence portant en l'air, il s'en rompt des fragments semblables à des montagnes et à des îles, qui, comme des vaisseaux lancés à l'eau, glissent sur leurs chantiers au sein des mers, dont les courants les entraînent jusque dans le voisinage de la zone torride. Il résulte de ces différentes dispositions, que les glaces du Nord s'écoulent en grande partie dans la mer, et qu'il en sort, non des rivières, mais des torrents passagers, comme l'a remarqué Martens au Spitzberg. Il en résulte encore que les glaces du Midi se fondent peu-à-peu, et entretiennent constamment la fraîcheur de l'atmosphère, et les sources des fleuves auxquelles elles étaient destinées. Sans ces admirables prévoyances, les glaces se seraient accumulées inutilement, d'année en année, sur les pôles, si elles n'allaient chercher des étés chauds, à l'aide des monts à réverbère et des courants des mers ; et elles ne seraient jamais restées sur les hauteurs de la zone torride, si elles n'avaient été fixées dans la couche glaciale de son atmosphère par des montagnes à crans.

Les montagnes à réverbère de l'intérieur de la Finlande, ne sont pas aussi étendues que celles des îles et des côtes de la Mer-Glaciale, mais elles ont les mêmes proportions. Elles sont en harmonie avec des lacs ou avec la mer Baltique, comme les autres le sont avec l'Océan. J'ai donné une idée des premières dans le cours de mes ouvrages. J'ai parlé plus d'une fois de leurs collines et de leurs vallées de roc vif, d'une seule pièce, et taillées en forme de chatons qui communiquent les uns avec les autres, et vont se déboucher dans des lacs. J'ai fait encore dans ce pays quelques autres remarques qui pourront me servir en temps et lieu ; mais je n'y ai voyagé qu'au milieu de l'été : d'ailleurs, j'avais trop de distractions personnelles et d'inexpérience des ouvrages de la nature, pour les bien observer. Je considérais ce pays comme un lieu d'exil. Le cœur rempli de désirs qui me rappelaient sans cesse vers ma patrie, je le parcourais en poste, et avec les préjugés de mon état d'ingénieur, qui ne m'y laissait apercevoir que des plans d'attaque et de défense ; et avec les préjugés encore plus circonscrits de notre physique, qui regarde comme l'ouvrage du désordre tout ce qu'elle ne comprend pas, ou tout ce qui s'écarte de ses systèmes. A mon défaut, je présenterai ici quelques caractères topographiques des contrées septentrionales, les uns observés en Laponie par Maupertuis, les autres au Spitzberg par Frédéric Martens. On pourra y prendre à-la-fois une idée des montagnes à réverbère du Nord et des écluses septentrionales de l'Océan, et, ce qui n'est peut-être guère moins intéressant, de la manière de voir d'un académicien d'une part, et de l'autre, de celle d'un homme sans prétentions.

Voici ce qu'on trouve dans la relation de Maupertuis, intitulée la Figure de la Terre : « Pello » est un village habité par quelques Finnois, au- » près duquel est Kittis, la moins élevée de toutes » nos montagnes : c'était là qu'était notre signal. » En y montant, on trouve une source de l'eau » la plus pure, qui sort d'un sable très-fin, et » qui, pendant les plus grands froids de l'hiver, » conserve sa liquidité. Lorsque nous retour- » nâmes à Pello sur la fin de l'hiver, pendant que » la mer du fond du golfe et tous les fleuves » étaient aussi durs que le marbre, cette eau cou- » lait comme pendant l'été. »

Maupertuis ne dit rien de la forme de la montagne Kittis; il observe seulement qu'elle est située par les soixante-sixième degré quarante-huit minutes de latitude, et qu'elle est la moins élevée des environs. Ainsi, nous pouvons la considérer comme étant au foyer d'un réverbère, dont les reflets entretiennent la fluidité de son ruisseau. Il semble indiquer cette même forme de réverbère dans les montagnes du voisinage ; c'est à celle de Noémi, située au milieu des eaux. « Cette » montagne, dit-il, que les lacs qui l'environnent » et toutes les difficultés qu'il fallut vaincre pour » y parvenir, faisaient ressembler aux lieux en- » chantés des fables, serait charmante par-tout » ailleurs qu'en Laponie. On trouve d'un côté » un bois clair, dont le terrain est aussi uni que » les allées d'un jardin. Les arbres n'empêchent » point de se promener, ni de voir un beau lac » qui baigne le pied de la montagne. D'un autre » côté, on trouve des salles et des cabinets qui » paraissent taillés dans le roc, et auxquels il ne » manque que le toit. Ces rochers sont si per- » pendiculaires à l'horizon, si élevés et si unis, » qu'ils paraissent plutôt des murs commencés » pour des palais, que l'ouvrage de la nature. »

Je ne sais si le géomètre Maupertuis, chargé de mesurer en Laponie un degré du méridien, pour en conclure l'aplatissement de la terre sur ses pôles, a mis beaucoup de précision dans ses opérations ; mais il n'en met guère dans ses raisonnements et dans son style. Ce ne sont pas les difficultés que présentent les environs d'une

montagne qui la font ressembler à des lieux en-
chantés, plus fréquents, après tout, dans la nature que dans les fables. Je vois encore moins
pourquoi la montagne Noémi serait charmante
par-tout ailleurs qu'en Laponie. Plus ses environs
sont tristes, plus sa beauté particulière doit y
être intéressante par le contraste. Elle ne l'est
guère sous la plume aride de cet écrivain incon-
séquent. Il aurait dû au moins, comme géomètre,
sentir que l'épithète de perpendiculaires, qu'il
donne à ses rochers, n'est susceptible ni d'accroissement ni de diminution. Il ne fallait donc
pas dire qu'ils étaient perpendiculaires à l'horizon, comme il dit qu'ils étaient si élevés, parce
que la perpendicularité est une ligne immuable,
tandis que l'élévation est variable à l'infini. Quelle
idée nous donne-t-il après tout de l'élévation de
ces rochers, si grande, selon lui, qu'ils paraissent
plutôt les murs d'un palais commencé que l'ouvrage de la nature? Ne voilà-t-il pas la montagne
qui accouche d'une souris? On sent que ce philosophe courtisan, en mettant la fondation d'une
montagne au-dessous de celle d'un palais, était
plus occupé de la puissance des rois qui l'avaient
envoyé en mission, que de celle de la nature,
comme il le dit lui-même. La montagne Noémi
lui aurait paru charmante par-tout ailleurs qu'en
Laponie, c'est-à-dire dans le parc de Versailles,
ou dans celui de Postdam. Il n'aurait guère fait

plus de cas du système de l'aplatissement des pôles, si on n'en avait parlé que sur la montagne Noémi.

Au reste, on peut se former une idée de la nature et de la couleur de ces rochers perpendiculaires, taillés en réverbère dans les bases de cette montagne, par ce qu'il nous dit de celle de Kakama. « Tout le sommet, dit-il, de Kakama
» est d'une pierre blanche, feuilletée, et séparée
» par des plans verticaux qui coupent *fort* per-
» pendiculairement le méridien. Celle d'Horri-
» laxera, ajoute-t-il ailleurs, est d'une pierre
» rouge, parsemée d'une espèce de cristaux
» blancs, longs, et assez parallèles les uns aux
» autres. » Il éprouva sur celle-ci une chaleur très-grande au mois de juillet. Il y a apparence que ces rochers, mal décrits, sont de granit, et de la même nature que ceux qui couvrent la Finlande. Les couleurs et les formes réfléchissantes de ces montagnes concourent sans doute à en former des réverbères. Pour s'en convaincre, nous observerons que toutes celles de ce pays, où les astronomes assirent leurs triangles, avaient les mêmes escarpements que Maupertuis appelle salles et cabinets, et toutes un lac à leurs bases ou dans leur voisinage. Telles sont Kakama, Niwa, Cuitaperi, Avaraxa, Horrilaxera, Noémi, Pullingi, Kittis, ainsi que beaucoup d'autres ; de sorte que, dans toutes ces

contrées septentrionales, il n'y a point de montagne qui n'ait son lac, ni de lac qui n'ait sa montagne.

Nous observerons de plus que les vallées de la Laponie sont couvertes de débris de rochers, ainsi que celles de la Finlande; ce qui contribue encore à y réfléchir les rayons du soleil. On ne peut donc douter que les montagnes de la Laponie ne soient des réverbères en rapport avec des lacs. Nous allons maintenant en examiner d'autres, formées sur de plus grandes proportions, en rapport avec la Mer-Glaciale.

Frédéric Martens, Hambourgeois, ne se proposant d'autre objet que des observations sur l'histoire naturelle, s'embarqua, en 1671, sur un vaisseau qui allait à la pêche de la baleine sur les côtes du Spitzberg. Sa curieuse relation est insérée dans le Recueil des voyages des Hollandais au Nord. Je n'en citerai ici que ce qui a rapport à mon sujet. Il dit d'abord que le *Spitzberg* s'appelle ainsi, du mot *spits*, qui signifie pointe, et de celui de *berg* ou *bergen*, montagne, à cause des collines et des montagnes droites et aiguës dont il est rempli. Ses côtes les plus méridionales sont les soixante-seizième degré trente minutes du nord; Martens les côtoya jusqu'au quatre-vingt-unième degré. Il commença ses observations le 18 juin, et il les finit le 21 juillet de la même année.

« Le Spitzberg, dit-il, est environné de mon-
» tagnes fort hautes, qui semblent en défendre
» l'approche. Leurs pieds paraissaient tout en
» feu; leurs sommets étaient couverts de brouil-
» lards, sur lesquels on apercevait de temps à
» autre des parélies, et la neige qui s'élevait du
» fond de leurs vallées en hautes montagnes,
» réfléchissait une lumière aussi vive que lorsque
» le soleil éclaire en temps serein. On trouve
» fréquemment des baies le long de la côte.
» Le pays est pierreux dans les vallées et sur les
» bases des montagnes, qui sont pointues et d'une
» hauteur prodigieuse. La plupart sont d'une
» seule pièce de roc vif, pleines de crevasses et
» de fêlures. A leurs pieds et dans leurs vallées,
» on en voyait d'autres de glace, si élevées,
» qu'elles surpassaient celles de rocher. Il y en
» avait sept principales, toutes dans une même
» ligne. Elles étaient pyramidales et estimées les
» plus hautes du pays. Une partie de leur hauteur
» s'élevait au-dessus des nuages. Elles parais-
» saient d'un beau bleu, et la neige qui couvrait
» leur sommet y était plus lumineuse que le
» soleil même. La glace, au-dessous de ces nuages,
» était obscure, pleine de fentes et de trous, que
» les neiges fondues et les pluies y occasionent.
» Cependant cette obscurité et les fentes bleues
» de glace y faisaient une diversité très-agréable
» à la vue. Cet effet pittoresque recevait un nou-

» vel agrément des montagnes de rocher, dont
» les bases paraissaient tout en feu. »

Ces montagnes de rocher rendent une odeur fort agréable, telle que celle de nos prairies, au printemps, lorsqu'il a plu. Leurs bases sont couvertes de monceaux de roches de couleur grise, avec des veines noires qui reluisent comme de la mine d'argent. Il croît sur ces roches brisées toutes sortes d'herbes, sur-tout aux endroits abrités des vents de nord et d'est. Quand on jette des pierres le long de ces montagnes, elles retentissent dans la vallée comme le bruit du tonnerre. Au havre appelé la Madelaine, elles sont disposées en rond ou en demi-cercle, et à chaque côté il y a deux hautes montagnes creuses en dedans, comme si on en eût tiré la pierre. Dans leur creux il se trouvait d'autres montagnes de neige, qui s'élevaient jusqu'au sommet des rochers voisins, en forme d'arbres avec leurs branchages. Martens éprouva sur la mer, à plusieurs milles de distance de ces côtes réverbérantes, une chaleur qui faisait fondre le goudron de son vaisseau. Il n'aperçut aucun canal de rivière dans les baies qu'il parcourut. Dans un lieu fréquenté des pêcheurs de baleines, appelé la Cuisine de Harlem, il trouva quatre maisons, une enclume, des tenailles, et quelques autres ustensiles, qui tenaient fortement au sol par la glace. Il y avait un tombeau surmonté d'une croix, avec un corps qui y était enterré depuis dix ans, suivant l'inscription de la croix. Il y fut trouvé sans altération avec ses habits; cependant la neige était alors fondue dans les petites vallées, entre les roches.

Flore étendait encore son empire dans ces lieux désolés. Martens y cueillit une espèce d'aloès ou de *limonium maritimum*, à fleurs couleur de chair, une petite joubarbe, quatre espèces de renoncules, du cochléaria, si utile aux scorbutiques, de l'oseille rouge; plusieurs plantes qui ressemblaient à l'herbe aux perles, à la piloselle, à la pervenche, au fraisier; plusieurs sortes de mousses et de pavots blancs en fleur, dont il orna son chapeau, ainsi que ses compagnons. Il y a dans les mers du Spitzberg des fucus et des algues d'une longueur considérable, quantité de poissons des plus grandes espèces, et sur-tout de baleines, dont la pêche attire chaque année un grand nombre de vaisseaux. On trouve sur ses côtes une multitude prodigieuse d'oiseaux de marine de toutes espèces, des chevaux et des veaux marins, des ours blancs très-féroces. Tous ces amphibies font retentir de leurs cris et de leurs mugissements les rochers réverbérants de ses rivages. Ce qu'il y a de surprenant, ce sont des troupeaux de rennes, qui y passent tout l'hiver, et qui fréquentent particulièrement une des baies du Spitzberg, qui en porte le nom. Le renne a été créé évidemment pour ces territoires raboteux et glacés. Son pied, à-la-fois large et fourchu, est propre à parcourir les neiges et les rochers; sa peau, épaisse et velue, le garantit du froid; sa légèreté et son bois palmé, des bêtes féroces; et les quatre mamelles qu'il porte, ainsi que la vache, quoiqu'il ne nourrisse comme celle-ci qu'un petit, semblent réservées pour l'homme, dont la nature a étendu l'empire à tous les climats.

Examinez bien maintenant toutes les circonstances de la description du Spitzberg; ses grands rochers de couleur réverbérante, dont les flancs sont perpendiculaires, et quelques-uns évidés; la chaleur qui s'en exhale; ses hautes montagnes de glaces, dont les sommets doivent être de niveau, et qui n'affectent la forme pyramidale, que par l'action des foyers de leurs rochers collatéraux. Mettez à la place de ces grands rochers disposés en rond, des plaines ou de simples collines, comme dans nos climats: la neige, entassée à des centaines de toises de hauteur par un hiver de neuf mois, n'en laissera jamais apercevoir le sol; il n'y aura ni plantes, ni oiseaux, ni quadrupèdes, ni hommes, qui puissent y vivre. Les glaces s'y accumuleront de siècle en siècle; les mers se fixeront tout entières sur les pôles; et le globe ayant perdu ses mobiles contre-poids, ne présentera plus au soleil que sa zone torride desséchée. Mais supposez dans les zones glaciales des monts à réverbère, et les autres agents de la chaleur employés par la nature : dès que le soleil apparaît sur l'horizon, ses rayons se reflètent en teintes de rose sur leurs vastes neiges. Leurs montagnes de glaces, échauffées par des foyers de roches, fument de toutes parts; elles se fondent, prennent la forme pyramidale à leurs sommets, et se détachent de leurs bases; elles glissent dans leurs entonnoirs déclives, se précipitent avec des bruits épouvantables au sein de l'Océan; et entourées de brumes, de parélies et d'arcs-en-ciel, elles voguent vers les régions solaires, au sein des ondes azurées, comme les comètes nébuleuses que l'on voit, au milieu des nuits sereines, traverser les cieux.

Les navigateurs du Nord pourraient peut-être trouver en hiver quelques asyles tempérés dans les foyers de ces montagnes à réverbère maritime. Il est remarquable que les Hollandais, qui passèrent avec le pilote Barents l'hiver à la Nouvelle-Zemble, vers le soixante-onzième degré de latitude, pensèrent y mourir de froid, et que la cabane qu'ils y bâtirent n'était pas encore dégagée de glaces au mois de juin; tandis qu'à la même époque, il n'y en avait plus au Spitzberg, dans le fond de la baie appelée la Cuisine de Harlem, située par le soixante-dix-septième degré et demi, où les pêcheurs de baleines ont bâti des maisons. C'est sans doute dans de semblables sites que les Finnois et les Lapons placent leurs villages, à en juger par celui de Pello, situé vers le soixante-septième degré nord, dont les habitants doivent à la température de leur site le ruisseau de la montagne Kittis, qui coule pendant tout l'hiver. Enfin, il est possible que la nature ait disséminé les monts à réverbère à travers les zones glaciales jusque sous le pôle, comme elle a projeté les montagnes hyémales à travers les zones torrides jusque sous l'équateur.

Ces deux genres de montagnes, dont les dispositions sont très-différentes, présentent quelques usages qui leur sont communs : toutes deux tempèrent la chaleur du soleil dans les contrées méridionales; les premières, par leurs glaciers flottants; les secondes, par leurs glaciers permanents.

J'appelle montagnes hyémales celles qui, étant couvertes de glace toute l'année, ont un hiver éternel sur leurs sommets. Elles diffèrent entièrement des montagnes à réverbère du Nord par leur construction. Celles-ci portent leurs glaces entourées de rochers perpendiculaires ou taillés en creux, au fond de leurs vallées en pente; celles-là sur des sommets très-élevés, dont les lits sont disposés autour d'un pic comme des feuilles d'artichaut, afin qu'elles ne glissent pas. Les premières semblent taillées dans le noyau graniteux de la terre; les secondes, de même matière, sont saillantes et élevées au-dessus de sa circonférence : il est remarquable cependant que les montagnes à réverbère sont remplies de parties spéculaires, et que c'est dans leur sein qu'on trouve le talc, si commun au Nord, qu'on l'appelle verre de Moscovie. Elles sont agrégées en rond, et les hyémales sont projetées par longues chaînes. On peut voir d'un coup-d'œil les différences essentielles de leurs formes et de leurs glaciers dans les estampes du Voyage de Martens au Spitzberg, et dans celles des différents voyages des Alpes, mais sur-tout dans les observations savantes et pittoresques dont Ramond a enrichi le mauvais ouvrage de Coxe.

Les montagnes hyémales réunissent une partie des caractères que nous attribuons aux autres montagnes, en prenant pour exemple les Cordilières. Elles sont quelquefois volcaniques, malgré les glaces qui les couvrent assez souvent; elles sont éoliennes et anti-éoliennes, car il en sort des vents réguliers, et elles servent aussi de remparts aux vents généraux de la zone torride; mais elles sont essentiellement aquatiques, car elles attirent les vapeurs de l'atmosphère, qu'elles fixent en glaces sur leurs crêtes : elles sont pour cet effet ordonnées aux mers, dont elles reçoivent les émanations. Ainsi la chaîne des Cordilières, qui va du nord au sud, est en harmonie avec l'Océan atlantique; et celle de l'Atlas et du Taurus, qui va obliquement de l'ouest à l'est, avec les mers des Indes. Elles projettent, de plus, de longs bras en correspondance avec les grands golfes et les méditerranées. Nous remarquerons, à ce sujet, qu'elles attirent chaque jour autant d'eau qu'il en faut pour l'entretien journalier des fleuves qui en découlent, et qu'elles en ont en réserve au moins une fois autant en glaces et en neiges sur leurs crêtes; car, lorsqu'une partie seulement vient à fondre par le voisinage du soleil, les fleuves qui en descendent débordent de toutes parts, et inondent le terrain qu'ils arrosent : c'est ce qui arrive à l'Amazone et à l'Orénoque, en Amérique; au Nil, en Afrique, et à plusieurs autres fleuves en Asie. Il est donc à présumer que si les glaciers de toutes les montagnes hyémales fondaient entièrement, les fleuves qui en descendent submergeraient tout-à-fait les contrées qu'ils arrosent, les montagnes exceptées. J'en tire cette conséquence importante, que chaque hémisphère n'étant, pour ainsi dire, qu'une grande montagne hyémale, son pôle, qui en est le glacier, attire chaque jour, de l'atmosphère, précisément autant d'eau qu'il en faut pour la circulation journalière de l'Océan qui en découle en été, c'est-à-dire pour l'entretien de ses marées; que lorsque la fonte du glacier polaire augmente avec la chaleur du soleil et même de la lune, l'Océan déborde en quelque sorte, car on voit ses marées s'accroître sensiblement : et si cet accroissement n'est pas aussi considérable à proportion que celui de l'Amazone, par exemple, c'est que le pôle opposé, qui est dans son hiver, repompe à son tour les eaux de l'Océan, et les rétablit en congélation ; mais il y a grande apparence que, si les glaciers des deux pôles fondaient à-la-fois, le globe entier serait submergé.

Enfin les montagnes n'appartiennent guère moins aux autres puissances de la nature, car elles offrent, pour ainsi dire, lorsqu'elles sont sous la Ligne, une échelle de minéraux, de végétaux, d'animaux et d'hommes, depuis les bords de l'Océan jusqu'aux sommets de leurs glaciers, laquelle correspond à la distance qu'il peut y avoir depuis la Ligne jusqu'au pôle même. En effet, chaque trente toises d'élévation dans ces montagnes équatoriales, équivaut à vingt-cinq lieues ou à un degré de latitude ; de sorte que le terme de la glace y est permanent à une lieue de hauteur, comme il l'est, sur le globe, au quatre-vingtième degré nord, et au soixante-quinzième degré sud. On en peut conclure que ces montagnes sont les lieux du monde les plus favorables pour étudier la nature. Tous les fossiles de la terre doivent s'y montrer à découvert, ainsi que toutes ses plantes, et on n'aurait point besoin d'y creuser des puits profonds pour y chercher des connaissances minérales; car leurs pieds sont, selon moi, dans la partie la plus basse du globe, les pôles en formant la plus élevée. Ce sont de petits hémisphères qui ont l'été à leurs pieds, l'automne et le printemps sur leurs flancs, et l'hiver sur leurs sommets. C'est à cause de ces caractères généraux, que je les range au nombre des montagnes solaires, étant-à-la-fois, comme le globe, en harmonie positive et négative avec l'astre du jour.

Cependant, quoique les montagnes hyémales puissent réunir toutes les productions de la terre, elles en ont qui leur sont propres : celles de la zone torride renferment les pierres précieuses, telles que les diamants et les rubis, qu'on ne trouve point ailleurs. C'est aussi autour de leurs sommets que vole le condor, le plus grand des oiseaux. Mais, sans sortir de nos climats, nous trouverons dans les Alpes une foule de plantes qui leur appartiennent en propre, et auxquelles on a donné le surnom d'alpines. Quoique leurs glaciers, souvent sillonnés par les feux des orages, semblent inhabitables, le cèdre en ombrage les neiges de sa sombre verdure, le bouquetin en franchit les précipices, et l'aigle plane en silence autour de leurs mers immobiles, qui retentissent des bruits du tonnerre. Ainsi la nature, qui a placé dans ces hauts donjons de la terre les foyers de ses harmonies élémentaires, y amène aussi les symboles de sa puissance dans les êtres organisés, l'arbre roi des forêts, et l'oiseau de la foudre, souverain des airs. C'est aussi dans le voisinage de ces mêmes lieux que l'homme libre cherche des asiles : le sage Helvétien, au sommet des Alpes ; le sauvage indompté du Chili, sur celui des Cordilières ; et l'innocent Samoïède, dans les contrées voisines du pôle. C'est-là que l'homme a brisé, non-seulement les liens de la politique, mais ceux des superstitions, de la cupidité et de toutes les passions qui torturent la vie. C'est là que le soleil, dégagé des vapeurs de la terre, apparaît dans tout son éclat, et que l'ame, secouant toutes ses chaînes, semble recouvrer sa liberté primitive.

Si les montagnes hyémales ou à glace se rapportent particulièrement à l'harmonie négative du soleil, les montagnes volcaniques ou à feu peuvent se rapporter à son harmonie positive, parce que tout feu émane de lui, dans son origine. Cependant les unes et les autres sont coordonnées aux eaux; les premières, pour les attirer à leurs sommets; les secondes, pour les épurer à leurs foyers. Chaque puissance de la nature est une roue à plusieurs crans, et elles s'engrènent les unes dans les autres.

Les montagnes volcaniques sont destinées, comme nous l'avons vu dans nos Études, à consumer les soufres et les bitumes des végétaux et des animaux qui nagent dans la mer, et que les fleuves y charient sans cesse du sein des terres. On trouve des amas inépuisables de bitume marin, tout formé, à l'embouchure de l'Orénoque, sur les rivages de l'île de la Trinité, suivant le témoignage du P. Joseph de Gumilla; ils y sont connus sous le nom de fontaines de goudron. Il y en a aussi en plusieurs endroits sur les côtes de la mer du Sud. Les marins s'en servent pour espalmer leurs vaisseaux. On en trouve des sources bouillantes à la Solfatara, près de Naples. Je suis porté à croire que ce bitume, dans l'état de fluidité, s'introduit avec l'eau de la mer même, à travers les couches de sable des rivages, à une certaine distance dans les terres, et que lorsqu'il vient à s'enflammer par la fermentation des parties ferrugineuses que les vases marines y déposent, par celle des huiles et des soufres qui y pénètrent également, par les pluies qui tombent sur les grèves après une saison sèche, ou enfin par d'autres moyens, il devient la cause première des tremblements de terre, qui, ainsi que les volcans, n'ont leur foyer que dans le voisinage de la mer ou des grands lacs.

Les montagnes volcaniques sont toutes coniques, ou en forme de pain de sucre. Leur sommet est tronqué, et on y trouve une grande cavité, de figure parabolique, que l'on nomme cratère, d'un mot grec qui signifie coupe. C'est du fond de ce cratère, formé par leurs explosions, qu'elles exhalent leurs feux. Cependant leurs laves, ou pierres liquéfiées, sortent souvent par leurs flancs, d'où elles vont se rendre à la mer. Leurs cratères sont tous à des élévations considérables dans l'atmosphère. Si les volcans brûlaient à fleur de terre, les vents en rabattraient les fumées sur les campagnes, qui en seraient infectées à de grandes distances, et rendues tout-à-fait stériles; tandis qu'au contraire les plaines qui en sont voisines, comme celles de Naples, sont remarquables par leur grande fécondité. Les bords de leurs cratères contribuent aussi à l'ascension de leurs feux et de leurs fumées dans l'atmosphère, en empêchant les vents de s'opposer à leur sortie. On pourrait peut-être, par le même moyen, empêcher nos cheminées de fumer, en les couronnant de cratères, auxquels on peut donner à l'extérieur les formes de vases les plus agréables. J'ai vu, à la campagne, un pavillon produire un effet charmant par une semblable décoration. Le haut des cheminées qui entouraient son dôme, était masqué par des groupes de génies, qui tenaient dans leurs mains des vases dont les couvercles étaient percés de trous. La fumée, qui passait à travers ces trous, semblait sortir d'un encensoir, et s'élevait vers un Apollon qui couronnait le haut du dôme. On me dit que ce pavillon avait été construit sur les dessins de l'architecte de Wailly. Je m'étonne que quelque artiste ingénieux, à son exemple, n'ait pas tiré parti de nos gouttières, qui inondent les passants dans nos villes. On pourrait faire jaillir les eaux de pluie en gerbes et en jets d'eau autour des toits de nos édifices et de nos temples, et lorsque les fumées de leurs cheminées s'éleveraient en même temps du fond de leurs cratères vers le ciel, il en résulterait des effets charmants. L'agrément s'y trouverait réuni avec l'utilité, comme dans les ouvrages de la nature.

Je n'ai jamais vu de volcans, quoique j'aie cherché plusieurs fois à satisfaire, à ce sujet, ma curiosité; mais quand j'en aurais vu, il me serait impossible d'en faire une description comparable à celle que Virgile nous a donnée de celui de l'Etna : *

> Interea fessos ventus cum sole reliquit;
> Ignarique viæ, Cyclopum allabimur oris.
> Portus ab accessu ventorum immotus, et ingens
> Ipse; sed horrificis juxtà tonat Ætna ruinis,
> Interdùmque atram prorumpit ad æthera nubem
> Turbine fumantem piceo, et candente favillâ;
> Attollitque globos flammarum, et sidera lambit:
> Interdùm scopulos avulsaque viscera montis
> Erigit eructans, liquefactaque saxa sub auras
> Cum gemitu glomerat, fundoque exæstuat imo.

« Cependant le vent tombe au coucher du soleil, et nous laisse accablés de fatigue. Incertains de notre route, nous relâchons sur les rivages des Cyclopes. Nous y trouvons un port immense, tranquille, inaccessible aux vents; mais près de là l'Etna, entouré de ruines hor-

---

* Énéide, liv. III, vers 568-577.

» ribles, fait gronder son tonnerre. Tantôt il lance d'affreux nuages
» comme des tourbillons de fumée bitumineuse et de cendre tout étin-
» celante, suivis de longues flammes qui semblent lécher les cieux;
» tantôt il vomit, avec un bruit épouvantable, des roches arrachées
» de ses entrailles; il roule en gémissant leurs laves liquéfiées dans
» son sein, et les fait couler, tout enflammées, de ses flancs entr'ou-
» verts. »

Nous avons vu, aux harmonies aquatiques de la terre, que les volcans étaient les dépurateurs des eaux, et qu'ils étaient situés, non-seulement dans le voisinage des mers et des grands lacs, mais à l'extrémité de leurs courants et dans les foyers de leurs remous. Par exemple, le mont Etna, en Sicile, est au débouché de l'ancien détroit de Charybde et de Scylla, ainsi que le décrit Virgile dans les vers qui précèdent ceux que nous venons de citer. Le Vésuve est au fond de la baie de Naples, c'est-à-dire dans un lieu favorable aux alluvions, comme le sont la plupart des baies. Le mont Hécla, en Islande, est au confluent du courant général de l'Atlantique, qui descend du pôle nord en été et y remonte en hiver, et des contre-courants ou marées qui y déposent les bitumes et les huiles qui proviennent des fleuves du nord de l'Europe et de l'Amérique. Ces dépôts sont si constants et si réguliers, qu'on y trouve chaque année des amas considérables de bois, qui servent au chauffage des habitants de cette île, dépouillée de ses anciennes forêts. On trouve aussi sur ses rivages quantité de terres à tourbes, qui sont formées, comme l'on sait, de débris de plantes déposés par les eaux. Les dix-huit volcans qui sont rangés à la suite les uns des autres sur les rivages occidentaux de l'Amérique méridionale, sont pareillement dans les remous de la mer Pacifique. Les contre-courants des pôles qui en baignent les pieds, et le vent du sud qui y souffle toute l'année, y ramènent tous les corps qui nagent en dissolution dans cette vaste mer. Il en résulte que ses côtes ne sont abordables que derrière des îles, et qu'elles sont sujettes à de fréquents tremblements. Les volcans des autres parties du monde offrent des positions semblables : tels sont ceux des îles de Sumatra, des Philippines, de la Nouvelle-Guinée. La plupart sont situés dans la zone torride, et surtout vers son milieu, non à cause du renflement prétendu de la terre sous l'équateur, mais plutôt à cause de sa dépression dans cette zone, où l'Océan s'étend sur un plus grand diamètre, comme dans le lieu le plus bas du globe. Les courants généraux des pôles y déposent, d'ailleurs, la plupart de leurs alluvions, comme on peut le voir aux sables et aux hauts-fonds qui entourent au loin la Nouvelle-Hollande, et en rendent les rivages inaccessibles aux grands vaisseaux. C'est aussi dans cette zone que la mer du Sud se couronne d'îles naissantes, fondées, non sur des sables, mais à l'extrémité de cônes d'une profondeur incommensurable, élevés par des insectes invisibles, qui construisent des roches énormes de madrépores avec les tritus lapidifiques des eaux. Enfin le nombre considérable de volcans situés au sein des mers torridiennes, prouve que la nature ne les y a multipliés que pour accélérer leur dépuration.

Il est très-remarquable qu'il y a eu autrefois plus de volcans allumés qu'à présent. On en trouve plusieurs éteints dans les îles de la mer du Sud et sur les côtes du Pérou. Le pic de Ténériffe, et le mont Etna dont Virgile et Pline le naturaliste nous ont fait des descriptions effrayantes, ne brûlent presque plus. Je présume que la diminution de leurs feux provient de la diminution des forêts dont l'Europe inhabitée était autrefois couverte, et peut-être de celle de l'Océan lui-même. Quant aux montagnes volcanisées qui sont au sein des continents, comme celles du Vivarais, du Bas-Languedoc et de l'Auvergne, je pense, si j'ose le dire, qu'elles ont été autrefois au milieu des mers torridiennes, lorsque les pôles se trouvaient vers l'isthme de Panama et le détroit de Java. Les débris affreux de leurs hautes montagnes et de leurs îles escarpées, placées aux extrémités du même diamètre, semblent être les antiques essieux du globe, brisés par les glaces et les torrents des hivers. Si vous tracez entre ces deux pôles anciens une zone qui en soit à égale distance, vous la ferez passer par les pôles actuels, et elle sera toute parsemée de monuments torridiens. La Sibérie vous montrera des mines d'or et des squelettes d'éléphants ensevelis sur les bords de l'Irtis; la Hollande, des débris de palmiers près d'Amsterdam, et des mâchoires de crocodiles dans les carrières de Maestricht; l'Angleterre, des dépouilles de rhinocéros; la Normandie, la tuilée, cette grande coquille des Moluques; les collines de Montmartre, des squelettes sans nombre d'un animal de l'espèce du tapir, mais dont le pied est trifourchu; la Bourgogne, des os d'éléphant, au point le plus élevé du canal que vient d'y construire le savant ingénieur Gauthey; enfin l'Auvergne, le Vivarais, le Bas-Languedoc élèvent vers les cieux leurs monts volcanisés, qui ont dû nécessairement se trouver jadis aux bords des mers. Je ne présente ici qu'un arc de cette ancienne route du soleil allant du nord au sud, dans celle qu'il parcourt aujourd'hui de l'est à l'ouest. On pourrait peut-être trouver autour du détroit de Java et de l'isthme de Suez, des monuments des végétaux et des animaux des anciennes zones glaciales; des débris de sapins et des os d'ours blancs sous les racines des girofliers; des mousses et des squelettes de rennes dans les flancs des montagnes couronnées de cacaotiers. Les pierres brisées dont toutes ces terres sont couvertes, semblent y indiquer l'action prolongée des plus rudes hivers.

Si la retraite subite du feu dans un corps solide peut en opérer la fracture, comme nous en avons l'expérience, la même cause peut opérer la réunion des corps fluides, comme nous le voyons dans la congélation et la cristallisation, qui l'une et l'autre affectent des formes régulières convergentes à un même centre. Si une goutte d'eau évaporée est frappée du froid, elle se change en étoile de neige à six rayons, en hiver, et en polyèdre de grêle à six pans, en été. Une goutte de verre liquéfié par le feu, frappée par l'eau, produit un phénomène plus étonnant : c'est celui de la larme batavique, dont l'épaisseur résiste au marteau, et se laisse entamer par la lime sans se détruire; et qui se réduit sur-le-champ en poudre si on en rompt le petit bout. Il semble que ce soit une cristallisation dont le foyer est non au centre de la roue, mais dans la queue, qui est sensiblement plus roide qu'un fil de verre du même diamètre. Ce phénomène, si commun, m'a toujours paru inexplicable, malgré les explications des physiciens. Tout ce que j'en veux conclure ici, c'est que les colonnes de basalte à cinq, six, sept pans, que l'on trouve si fréquemment en Auvergne, dans l'île de Staffa, et à la chaussée des Géants en Écosse, ne sont peut-être, dans l'origine, que des masses d'une matière terrestre vitrifiée par les volcans, refroidies et cristallisées tout-à-coup par l'eau de la mer, où elles se sont écoulées. Il est possible encore que des masses semblables liquéfiées par le feu, en se plongeant dans l'eau, se soient cristallisées à la manière des larmes bataviques, et produisent dans le sein de la terre, en venant à se rompre, ces affreux tremblements et ces explosions subites, dont les commotions se font sentir à des centaines de lieues de distance. Je sais bien que j'ai présenté ailleurs d'autres explications de ces phénomènes ; mais on ne peut trop les varier. Nous sommes des aveugles qui tirons à un but : plus on lance de flèches, plus il y a de probabilités de l'atteindre. D'ailleurs, tout ce que nos arts découvrent en petit, existe en grand dans la nature. Les montagnes volcaniques ont, comme les autres montagnes, des minéraux qui leur sont propres, et qui les caractérisent comme leurs formes. Cependant, quoique leurs feux et leurs cendres brûlantes frappent autour d'elles la terre de stérilité, leurs bases et une partie de leurs flancs se recouvrent promptement d'un humus très-fécond : en épurant les eaux, elles volatilisent dans les airs les sels, les huiles, les esprits, et tous les éléments du système végétal, dont elles sont à-la-fois le tombeau sur le bord de la mer, et le berceau dans l'atmosphère. On connaît la fécondité et l'heureuse température des vallées du Pérou, couronnées à-la-fois de montagnes à glace et de montagnes à feu. C'est sur les flancs du Vésuve que se recueille la délicieuse grappe du lacryma-christi ; c'est sur les bords de son golfe, que les plus voluptueux habitants de Rome plantaient leurs jardins. Ce fut aussi dans les plaines de la Sicile, au pied des croupes de l'Etna, surmontées de vignes, d'oliviers et d'énormes châtaigniers, que l'Europe éleva, au milieu des moissons, les premiers autels à Cérès ; je dis l'Europe, car on y envoyait des offrandes du fond du Nord, du pays des Hyperboréens, ainsi que le rapporte Plutarque.

J'ignore si ces montagnes volcaniennes ont quelques végétaux qui leur soient propres, mais elles ont des animaux qu'on ne trouve point ailleurs. Le P. Dutertre, dans la description qu'il nous a donnée de la Guadeloupe, île à volcan, qu'il appelle la plus belle et la meilleure des Antilles, parle d'un oiseau fort extraordinaire qui habite la montagne de son volcan, appelée la Soufrière. Cet oiseau, que les habitants nomment un diable, à cause de sa laideur, est-à-la-fois un oiseau de nuit et de mer. Pendant le jour, il n'y voit point ; il se réfugie alors au haut de la montagne, où il a son nid dans la terre, et où il pond ses œufs. Il vole et va à la pêche pendant la nuit. « Sa chair est si délicate, ajoute le

» P. Dutertre, qu'il ne retourne point de chasseur
» de la Soufrière, qui ne souhaite de bon cœur
» d'avoir une douzaine de ces diables pendus
» à son cou. » La description de ce voyageur est
confirmée et amplifiée par son confrère Labat.
Celui-ci dit que « le diable de la Soufrière a
» des membranes aux pâtes comme un canard,
» et des griffes comme un oiseau de proie, un
» bec pointu et courbé, de grands yeux qui
» ne peuvent supporter la lumière du jour ni
» discerner les objets : de sorte que, quand il
» est surpris le jour hors de sa retraite, il heurte
» contre tout ce qu'il rencontre et tombe à terre ;
» mais la nuit, il va pêcher sur la mer. » Il ajoute
que c'est un oiseau de passage. On croit que c'est
une espèce de pétrel. Je me suis quelquefois amusé
à voir des pêcheurs prendre du poisson la nuit,
à la clarté d'une torche de paille ; mais voilà
un oiseau de marine plus ingénieux, qui pêche
à la lueur des volcans, et couve ses œufs à la
chaleur de leur soufrière. Ainsi la nature a destiné des habitants aux sites les plus épouvantables. Elle a tiré du sein des eaux un oiseau
pour le faire vivre au milieu des feux ; et si le
pétrel ordinaire a mérité par sa hardiesse le
nom d'oiseau de la tempête, l'oiseau marin et
nocturne de la Soufrière, qui est de la même
famille, doit s'appeler le pétrel des volcans.

Les divers sites de la terre ont chacun leur

espèce d'animal, mais l'homme seul étend sur tous son empire. Le Lapon habite, comme le renne, les monts à réverbère du Nord; l'Abyssin, comme le singe, les monts à parasol de l'Éthiopie; le Chilien, comme le Lama, les glaciers des Cordilières; et les Siciliens ont vu le philosophe Empédocle s'établir sur le sommet de l'Etna, où ils vont encore visiter sa petite tour.

La terre a sans doute encore d'autres harmonies avec le soleil, dont la plupart nous sont inconnues; mais nous terminerons celle-ci en jetant un coup-d'œil sur les harmonies qu'elle a avec la lune. Il n'y a pas de doute qu'elle ne lui renvoie une partie de la lumière solaire, mais beaucoup moins vive que celle qu'elle en reçoit, quoique quatre fois plus étendue. Comme je l'ai déjà observé, la lumière des satellites est plus forte que celle que rejaillit leur planète, parce qu'ils sont disposés en réverbères, et qu'ils lui présentent toujours la même face; cependant la planète, à son tour, étant plus grande, et tournant sur elle-même, leur renvoie une lumière plus spacieuse, mais plus divergente : ce qui forme compensation.

J'ai lieu de présumer que la plupart des effets de la lune sur la terre, sont environ douze fois moins grands que ceux du soleil sous l'équateur, et environ seize fois moins vers le cercle polaire. Il est singulier que les métaux synonymiques de ces deux astres, tels que l'or et l'argent, aient à-peu-près les mêmes proportions de valeur parmi les hommes, dans ces différents climats. En parlant des harmonies lunaires de la terre, j'ai réfuté Bouguer, qui affirme que la lumière de la lune est trois cent mille fois moindre que celle du soleil. En effet, cet académicien s'est prodigieusement trompé dans l'expérience et les calculs dont il s'appuie. Si, au lieu de verres superposés pour réduire la lumière du soleil à celle d'un clair de lune, il avait employé simplement les couches de l'atmosphère, il aurait reconnu bientôt son énorme erreur. Selon lui, il s'ensuivrait qu'une cerise, visible à une toise de distance, au clair de la lune, le serait encore à trois cent mille toises ou à cent quarante lieues, à la lumière du soleil, trois cent mille fois plus forte. Je crois, au contraire, avoir observé qu'un objet éclairé du soleil, à l'horizon, s'apercevait aussi distinctement éclairé par la pleine lune, lorsqu'il était, en été douze fois, et en hiver seize fois plus près de nous. Ces distances varient alors dans les mêmes proportions que des objets placés sous la Ligne et sous les cercles polaires. On voit, à la lumière de la pleine lune, une montagne, à un quart de lieue, aussi distinctement qu'à trois ou quatre lieues, à la lumière du soleil.

J'ignore si la chaleur de la lune est dans les mêmes rapports; mais il est certain qu'elle influe sur toutes les puissances de la nature. Un capitaine anglais, dont la relation est insérée dans l'Histoire générale des Voyages, affirme, de la manière la plus positive, que la chaleur de la lune est très-sensible en Guinée. Pline, que j'ai cité, assure qu'elle résout les neiges et les glaces. C'est sans doute à la chaleur des rayons solaires qu'elle reflète sur les glaces des pôles, sur-tout lorsqu'elle est nouvelle et pleine, qu'il faut attribuer l'accroissement des marées à ces deux époques, comme je l'ai dit ailleurs. Enfin tous nos laboureurs savent combien ces mêmes phases accélèrent la germination des plantes et les générations des animaux.

Les monts à réverbère, à parasol, à glace et à feu, en reçoivent aussi de nouveaux effets. Ils prennent sous ses rayons des teintes et des formes magiques; le soleil en peint les paysages avec des couleurs, la lune avec du noir et du blanc : le premier en fait des tableaux, et la seconde des estampes. Cependant chacun de ces monts en reçoit quelque harmonie nouvelle. Ceux à réverbère jettent sur les rochers et les arbres voisins, intermédiaires entre la lune et eux, des gerbes de lumière qui en dissipent les ombres, et les font paraître lumineux dans toute leur circonférence; les monts à parasol, au contraire, éclairés seulement sur les plateaux, étalent sur leurs flancs et à leurs pieds des ombres plus obscures, qui, contrastant fortement avec leur lumière, les font paraître plus près la nuit que le jour. C'est un effet bien connu des gens de mer, et que nous éprouvâmes en approchant, la nuit, des montagnes de la Corse. Nous nous en crûmes si près, dans l'obscurité, que nous nous hâtâmes de nous en éloigner, en revirant de bord ; mais une heure après, au lever de l'aurore, nous les vîmes bien loin derrière nous, et elles semblaient fuir à mesure que le jour s'élevait. Les monts à glace paraissent couleur de rose au coucher du soleil, et argentés au lever de la lune.

Les monts volcaniques ne laissent apercevoir, au soleil, que leurs épaisses fumées ; mais au clair de la lune, on voit briller leurs feux, qui rougissent les vastes horizons. La nature semble ne les avoir placés sur les rivages des mers, que pour servir de phares aux navigateurs, sur la terre, comme la lune leur en sert dans les cieux.

HARMONIES TERRESTRES

DE L'AIR.

Nous avons montré, aux harmonies aériennes de la terre, comment les montagnes se réparent par la médiation des vents; nous allons indiquer ici comment l'air se renouvelle par la médiation des montagnes. Jusqu'ici la terre nue ne nous a offert que des couleurs et des formes diverses, ou des bruits épouvantables, tels que ceux de ses volcans; elle va parler à notre ouïe, par des sons enchanteurs, de doux murmures et des échos, produits par les rochers et les vents.

Je distingue deux espèces de montagnes qui ont des harmonies avec l'air : l'une en a de négatives, et l'autre de positives.

Je donne aux premières le nom d'anti-éoliennes, parce qu'elles mettent les végétaux et les animaux à l'abri des vents. On conçoit facilement que les montagnes doivent être communes dans les pays où des vents réguliers soufflent pendant l'année entière : toute élévation qui n'est pas dans la direction de ces vents, doit avoir un côté exposé à leur influence, et un autre qui en soit à l'abri. C'est par rapport à ces harmonies terrestres de l'air, que la plupart des îles, dans la zone torride, se distinguent en deux parties principales, l'une appelée *au vent*, et l'autre *sous le vent*. La partie qui est au vent, s'élève pour l'ordinaire en pente douce, depuis les bords de la mer jusqu'aux sommets des montagnes, situées presque toujours vers la partie qui est sous le vent ; c'est sur la partie qui est au vent, que coulent la plupart des rivières, parce que c'est de ce côté que les vents charient les vapeurs et les nuages qu'ils puisent au sein des mers. La partie qui est sous le vent, au contraire, est très-élevée et manque ordinairement d'eau ; mais elle offre des abris aux vaisseaux, et quelquefois des ports, que là nature y a pratiqués. On peut se former en grand une image de ces dispositions topographiques, avec une carte de l'Amérique méridionale : on y verra, du côté où soufflent les vents réguliers de l'est, tout le continent s'élever depuis les bords de l'Océan atlantique jusqu'aux sommets des Cordilières, rangées sur les bords de la mer du Sud. Ce vaste amphithéâtre, qui a plus de seize cents lieues de profondeur, est arrosé par une multitude de rivières et de fleuves, dont quelques-uns, comme l'Amazone, ont plus de cent vingt lieues d'embouchure. Au contraire, il ne descend des Cordilières à la mer du Sud que quelques ruisseaux, qui, après avoir rafraîchi les vallées étroites du Pérou, vont se perdre, pour la plupart, dans des sables.

Il y a des montagnes anti-éoliennes qui ont des caractères encore plus déterminés. Je les appelle collines à ondes, à cause de leur peu d'élévation, et de la régularité de leurs formes. Elles n'ont point d'angles saillants et rentrants en correspondance, comme celles qui servent de digues naturelles à nos rivières ; mais elles sont parallèles entre elles : telles sont celles qui sillonnent les plaines du Thibet, et qui dans cette partie de la terre, une des plus élevées de l'Asie, présentent l'aspect des flots d'une mer agitée ; on en trouve aussi de semblables dans plusieurs endroits de la Tartarie. Elles paraissent destinées à abriter, dans leurs vallées petites et fréquentes, leurs végétaux du souffle des vents, qui sont violents dans ces contrées élevées. C'est sur leurs ados et au fond de leurs fossés, que se plaisent la rhubarbe au large feuillage, et le ginseng si vanté des Chinois pour le rétablissement des forces épuisées. Elles sont, pour l'ordinaire, habitées par des troupeaux de moutons sauvages, qui y sont de la plus belle et de la plus vigoureuse espèce qu'il y ait au monde. Ils surpassent les chevaux et les chiens à la course. Quelques naturalistes même croient que le mouton est originaire de ces contrées, comme le chameau de l'Arabie, et le chameau-léopard ou girafe, de l'Afrique méridionale.

Cet animal si utile, qui se plaît sur nos collines aérées bien plus que dans nos plaines, est encore plus protégé des vents que du froid par sa toison frisée. Les animaux qui habitent les pays froids, comme les loups, les martres, les renards, ont les poils de leur fourrure longs, touffus et soyeux; mais ils ne les ont pas crépus comme les poils de la laine, dont les entrelacs forment une toison d'une seule pièce, impénétrable aux vents: d'ailleurs le mouton n'est point un animal du Nord, car il y dégénère. Enfin les vents soufflent plus violemment dans les pays tempérés et dans les méridionaux, que dans les pays froids, comme nous allons le voir.

Il y a des montagnes qui, au lieu de protéger les terres contre les vents, produisent au contraire des vents dans le temps le plus calme. Telles sont celles qu'on appelle en Italie monts Éoliens, qui sont situés près de la ville de Cæsium. Ces monts sont remplis de cavernes. Quand le soleil échauffe et raréfie l'air des environs, celui qui est dans les cavernes se dilate, et sort avec violence par des soupiraux, et sur-tout par une porte que les habitants de Cæsium y ont pratiquée.

Les montagnes des îles Antilles produisent des effets semblables, et encore plus grands; car il en sort régulièrement, toutes les nuits, des vents appelés vents de terre, qui soufflent en divergéant du centre de chaque île à plusieurs lieues en mer. D'un autre côté, le vent de mer y souffle pendant tout le jour. Le marin Dampier cite, dans son Traité des Vents, beaucoup d'endroits semblables, situés dans la zone torride, où ces vents de mer et de terre ont lieu alternativement le jour et la nuit : tels sont, en Amérique, l'isthme de Darien, où, la nuit, le vent de terre vient de l'intérieur même du continent, la baie de Panama, Guayaquil, Païta, la baie de Campêche, deux petits archipels d'îles au midi de Cuba, la Jamaïque, etc.; et en Asie, Bantam dans l'île de Java, Achen dans l'île de Sumatra, la côte de Coromandel dans le continent de l'Inde, etc. etc. J'y dois joindre sans doute les plages torridiennes de l'Afrique, et sur-tout celles de la Guinée, que le vent de mer vient rafraîchir régulièrement tous les jours, depuis les huit heures du matin jusque vers le coucher du soleil; vent qui est suivi d'un calme, après lequel le vent de terre souffle toute la nuit jusqu'au point du jour.

Quelques naturalistes célèbres ont expliqué ce flux et reflux des vents de terre et de mer, connus des marins sous le nom de brises de terre et de brises du large, en supposant que les montagnes d'où ils sortent sont caverneuses, comme les monts Éoliens de Cæsium. Ils disent donc qu'elles se remplissent pendant le jour du vent de mer qui y souffle, et qu'elles le dégorgent ensuite pendant la nuit. Je n'adopte pas du tout leur explication. Elle suppose dans des effets si communs deux causes, dont l'une, à mon avis, est fort rare, et l'autre est tout-à-fait inconcevable. La première, c'est que ces montagnes à vent sont caverneuses. Je crois les cavernes naturelles fort rares et fort petites par tout pays, quoi qu'en disent les poëtes et les philosophes, qui expliquent par leur moyen une multitude d'effets physiques, et qui y logent même les premiers hommes de toutes les nations. J'ai un peu voyagé, et je n'ai jamais vu qu'une seule caverne naturelle, si toutefois on peut appeler ainsi le canal d'un fleuve souterrain, rempli d'eau dans la saison des pluies. C'était à l'Ile-de-France. Ce canal vient de l'intérieur de l'île, et se rend à la mer, à un endroit de la côte appelé la Pointe des caves. J'y descendis, à une lieue environ du rivage, par un trou extérieur qui s'était formé dans sa voûte; j'en parcourus environ cent cinquante toises à la lueur des flambeaux, car il ne reçoit la lumière du jour que par son éboulement. Il est donc inhabitable aux hommes, et même aux animaux, attendu qu'il est plein d'eau dans la saison des pluies, où ils auraient le plus besoin d'abri. La seconde cause, que je ne saurais concevoir dans l'hypothèse des cavernes éoliennes des îles à vent, c'est qu'il faut supposer qu'elles sont d'une grandeur prodigieuse, et que les vents de mer qui y soufflent pendant le jour, s'y entassent et s'y compriment d'eux-mêmes, pour souffler ensuite toute la nuit à plusieurs lieues de distance en mer, avec des rafales capables souvent de démâter les vaisseaux. C'est sans doute à cause de leur violence que les marins leur donnent le nom de brises, et de brises carabinées quand elles sont très-fortes. Il faut ensuite supposer qu'il y a dans les flancs de ces montagnes caverneuses des soupiraux très-nombreux, pour que ces vents soufflent dans toute l'étendue d'une côte ; et de plus, qu'il y a dans ces terres brûlées du soleil pendant tout le jour, des glacières qui rafraîchissent ces vents nocturnes ; car ils sont si froids, que ceux qui couchent à l'air, sans se couvrir au moins la poitrine, deviennent quelquefois perclus de tous leurs membres. Il est bien certain qu'on ne trouve aucun de ces accessoires mécaniques dans les montagnes que j'appelle éoliennes. Les physiciens expliquent le jeu de leurs machines par les lois de la nature, et ils ont sans doute raison ; mais ils expliquent aussi les phénomènes de la nature par le jeu de leurs machines, et c'est en quoi ils se trompent souvent. Quoiqu'il n'entre pas dans mon plan de rechercher les causes de tous les phénomènes, lorsque je rejette quelqu'une de celles dont nos cabinets de physique nous amusent, je tâche de la remplacer par quelque autre qui soit dans la nature même, et dont nous puissions nous assurer par l'expérience. Je hasarderai donc ici une courte explication de la cause des vents diurnes de mer, et nocturnes de terre, dans les îles des pays chauds. Elle nous convaincra des harmonies qui règnent entre toutes les parties du globe, et de la nécessité d'étudier la géographie, comme une science qui a des principes certains.

Nous poserons d'abord comme un fait évident, que par-tout où l'air est dilaté, l'air environnant y flue, et y produit un courant qu'on appelle vent. Le soleil, à l'horizon, échauffant donc, je suppose, la partie du continent de l'Amérique comprise dans la zone torride, en dilate l'atmosphère; ce qui détermine l'atmosphère voisine de la mer Atlantique à y fluer, et à y produire le vent d'est ou d'orient. Ce vent se détermine à souffler du côté de l'orient ou de la mer Atlantique, plutôt que du côté du couchant ou de la mer du Sud, par deux raisons : la première, à cause de l'élévation des Cordilières, qui sont à l'extrémité occidentale de l'Amérique, et servent en quelque sorte de barrières à l'atmosphère du côté du couchant; la seconde, qui est la principale, à cause de la rotation de la terre, qui porte l'Amérique du côté de l'orient vers le soleil, et lui présente peu-à-peu son hémisphère occidental, dont il dilate l'air de proche en proche ; ce qui oblige l'atmosphère à y fluer de l'hémisphère oriental, que la terre soustrait peu-à-peu à la chaleur de l'astre du jour. Les parties de l'atmosphère qui ont le plus de densité, de poids et de ressort, doivent s'y porter avec le plus de force. Voilà pourquoi l'air froid et condensé des pôles se joint au vent d'orient des deux côtés de l'équateur, et produit dans les deux zones torrides les vents frais et réguliers de nord-est et de sud-est. Si la terre était immobile, il est probable que les vents de ses zones torrides seraient toujours polaires, c'est-à-dire nord et sud. Ainsi les vents réguliers ou alizés, qui règnent des deux côtés de l'équateur, ne sont pas produits par la force centrifuge de la terre en rotation, comme l'ont dit de fameux astronomes, entre autres le docteur Halley. Ils représentent l'atmosphère autour de l'équateur du globe, comme la chevelure d'Atalante en course. Pour que cette hypothèse eût quelque vraisemblance, il faudrait supposer que l'air éprouvât lui-même quelque résistance en sens contraire ; car la force centrifuge de la terre, combinée avec son mouvement de rotation, ne le ferait point rétrograder. Il tournerait avec elle d'une vitesse égale, comme il arriverait au duvet d'un cocon de ver à soie qu'on mettrait en mouvement dans le vide, et à la chevelure même d'Atalante, qui accompagnerait son visage, si elle traversait les simples champs de la lumière. Enfin, si cette prétendue force centrifuge rétrograde fait fluer les vents sous la Ligne de l'est à l'ouest, pourquoi y sont-ils nord-est et sud-est? pourquoi y sont-ils variables, sur-tout dans la mer du Sud? On peut faire mille objections au système de Halley, mais je n'en opposerai ici qu'une seule; c'est que, si une force centrifuge rétrograde faisait circuler les vents d'orient en occident, sous la Ligne, elle y ferait aussi circuler les mers; le courant de la mer des Indes irait toujours d'orient en occident, et ne rétrograderait pas, à l'équinoxe de septembre, d'occident en orient, pour couler six mois dans cette nouvelle direction. Enfin, depuis que le globe tourne sur ses pôles, le bassin de ses mers ne formerait plus qu'un canal circulaire sous la zone torride, où se rassemble toute la force centrifuge.

Il faut l'avouer, les astronomes raisonnent bien à leur aise. Tantôt ils soumettent l'atmosphère à la force de rotation de la terre, et ils en soustraient les mers, comme dans leur théorie des vents; tantôt ils soumettent les mers à la force de gravitation de la lune, et ils en soustraient l'atmosphère, comme dans leur théorie des marées. Ils ne craignent point d'être accusés de contradiction : ils sont à l'abri, au moyen de leurs obscures hypothèses et de leurs savants calculs. Pour nous, qui cherchons à mettre la vérité en évidence, nous pourrons bien éprouver l'indifférence du vulgaire des hommes, qui ne l'admirent qu'entourée de mystères.

Il me paraît hors de doute que la dilatation de l'air par la chaleur de la terre, et la déclivité du sol, sont les causes premières des vents et de leurs directions. Ces causes physiques et locales ont tant d'influence, que dans la partie de l'Afrique comprise même sous les vents alizés de l'est, il y souffle tous les jours un vent particulier de l'ouest, vers les huit ou neuf heures du matin, lorsque le soleil commence à l'échauffer; il en est de même des vents de mer qui soufflent tout le jour sur les rivages des continents et des îles de la zone torride, soit qu'ils soient généraux ou particuliers. Mais, au coucher du soleil, ces vents maritimes se ralentissent aux environs des terres, parce que l'atmosphère de la mer se trouve alors trop dilatée par la chaleur, ou plutôt parce que l'atmosphère de ces terres commence alors à se refroidir et à se condenser, comme nous allons le voir. Dans le temps où ces deux atmosphères se mettent en équilibre, on éprouve environ une heure de calme, et une forte chaleur, qui deviendrait bientôt très-incommode, si les montagnes des îles qui en sont pénétrées, ne dilataient alors l'air supérieur qui les couronne, et n'en déterminaient les couches (qui, comme on sait, sont glaciales à deux ou trois mille toises de hauteur) à descendre et fluer vers leurs sommets, et de là à diverger par leurs gorges et leurs vallées sur toute l'île et aux environs. Voilà, à mon avis, la cause de la durée, de l'étendue, de la violence, et de la fraîcheur des vents de terre aux îles torridiennes pendant la nuit.

C'est la dilatation de l'air par le soleil, qui est la cause de tous les vents, et de leur fraîcheur même dans les pays chauds. C'est sa chaleur, pendant le jour, qui détermine les vents des pôles à souffler en harmonie avec le vent d'est sur le continent de l'Amérique; comme c'est la chaleur, acquise pendant le jour, des îles méridionales, qui détermine leur atmosphère supérieure et glaciale à y souffler pendant la nuit. Ainsi, quand nous voyons dans nos climats les nuages pluvieux de l'ouest s'avancer vers l'orient pendant des semaines entières, nous pouvons en conclure que l'atmosphère est dilatée dans quelque contrée de l'Ukraine ou de la Tartarie. La cause des vents, comme je l'ai dit ailleurs, n'est point aux lieux d'où ils partent, mais à ceux où ils arrivent.

Qu'il est difficile aux hommes d'apercevoir la vérité! Elle se repose souvent sur des sites en sens contraire de nos aperçus; nous la cherchons devant nous, et elle est derrière nous. Nous croyons que les vents poussent; et ce sont eux qui sont poussés et attirés. Le soleil nous paraît tourner autour de la terre, et c'est la terre qui tourne sur elle-même autour de lui. Le jour lumineux semble destiné à nous faire voir la nature dans tout son éclat, et c'est la nuit obscure qui nous la montre dans les cieux. Il en est des vérités morales comme des physiques. Nous cherchons souvent dans les jouissances un bonheur que nous ne trouvons que dans les privations; et cette vie fugitive, à laquelle nous sommes si attachés, ne nous mène qu'à la mort; tandis que la mort, qui nous épouvante, nous mène à une vie immortelle.

Pour revenir aux vents alternatifs de terre et de mer, le célèbre marin Dampier, qui les considère en navigateur, fait cette réflexion sensée dans son Traité des Vents :

« Il faut avouer, dit-il, que ces vents de terre
» et de mer sont un effet particulier de la Pro-
» vidence dans cette partie du monde, où les
» vents généraux de mer règnent d'une manière
» que, sans le secours des vents de terre, on n'y
» pourrait naviguer; au lieu que par leur moyen,
» on fait jusqu'à deux ou trois cents lieues contre
» le vent général. »

On en fait quelquefois bien davantage : la nature a mille moyens de parvenir à la même fin. Pour faciliter la navigation, elle distribue les vents à certaines îles par chaque nuit, à d'autres par chaque lune, à d'autres par chaque saison, comme à celles qui sont dans les moussons de l'Inde. Elle a formé, en Italie, des montagnes éoliennes caverneuses; elle en produit, dans les îles torridiennes, d'une structure différente, et d'un plus grand effet. Celles-ci sont pour l'ordinaire surmontées de pics, qui peuvent très-bien attirer l'air, comme ils attirent les nuages qui les environnent sans cesse. Je suis même porté à croire que les montagnes volcaniques sont en partie éoliennes, en dilatant l'air par leurs feux. Le vent du sud qui souffle, presque toute l'année, le long des côtes de la mer du Sud, n'est peut-être déterminé à prendre cette direction que par la dilatation atmosphérique, opérée par un grand nombre de volcans rangés en ligne droite le long des montagnes du Pérou.

Il est très-remarquable que la force des vents de terre se fait sentir principalement sur les rivages des mers chaudes. Dampier observe qu'ils sont bien plus violents aux débouchés des baies et des golfes, qu'à l'extrémité des caps, où on ne les sent quelquefois point du tout. Il dit qu'il y a eu des marins assez stupides pour tirer du canon sur ces caps, afin d'y tuer, disaient-ils, le dragon qui empêchait la navigation. Pour moi, je pense que tous les lieux maritimes fameux par leurs coups de vent, ont des monts éoliens, ou des baies et des golfes qui les produisent : tels sont le golfe de Lyon dans la Méditerranée, et l'île de Tristan d'Acunha, dont j'ai éprouvé les violentes tempêtes. D'un autre côté, je crois que les caps sont des monts anti-éoliens, sur un des côtés desquels les vaisseaux peuvent toujours trouver des abris contre le vent; et si quelques-uns sont fameux par leurs ouragans, tels que le cap Finistère, à l'extrémité de l'Espagne, et le cap de Bonne-Espérance, à celle de l'Afrique, c'est qu'ils sont au débouché d'un golfe ou d'un détroit, comme le premier, à la sortie de la Manche, et le second, à celle du canal de Mozambique. En effet, c'est au débouché de ce canal, et non par le travers du cap de Bonne-Espérance, qu'on est assailli de ces terribles tempêtes qui lui firent d'abord donner le nom de tempétueux. Ce sont des faits que je peux attester par les journaux des marins et par ma propre expérience.

Au reste, les vents frais et nocturnes de terre dans les îles et sur les côtes torridiennes, se font sentir sur-tout sur les rivages et dans le fond de leurs baies, où les remous de la mer, aidés des brises du large, portent pendant le jour les dissolutions et les débris d'une infinité de corps, qui finiraient bientôt par s'y entasser, et par y former des émanations dangereuses, sans les vents de terre qui les rejettent la nuit en pleine mer. C'est par cette raison que les vents soufflent de haut en bas, comme nous l'avons remarqué ailleurs, et qu'ils sont toujours violents au haut des montagnes et sur les bords des eaux. Le bon La Fontaine a fort bien senti ces convenances naturelles, et ne les a pas moins agréablement exprimées, lorsqu'il fait dire au chêne parlant au roseau :

>Tout vous est aquilon; tout me semble zéphyr.
>Encor si vous naissiez à l'abri du feuillage
>Dont je couvre le voisinage,
>Vous n'auriez pas tant à souffrir,
>Je vous défendrais de l'orage ;
>Mais vous naissez le plus souvent
>Sur les humides bords des royaumes du vent.

Le poëte s'est exprimé en naturaliste, en donnant au vent plusieurs royaumes; et il n'y a pas de doute qu'il ne plante son humble roseau dans un marais, et son chêne orgueilleux sur une hauteur. Nous observerons ici, comme nous l'avons déjà fait dans nos Études, que les végétaux de montagnes et de rivages ont pour l'ordinaire des feuilles menues, capillacées, sessiles, ligneuses, et capables ainsi de résister aux vents. Celles des chênes sont corticées, et attachées à des queues fort dures; d'ailleurs, leur tronc est noueux et plein de force. Il y a de ces vieux chênes dans les montagnes, qui ont, avec leurs grosses branches coudées, l'attitude d'un athlète qui combat.

contre les tempêtes. Les végétaux aquatiques, au contraire, ont des tiges souples et des feuilles sessiles, comme les osiers, les saules, les joncs et les roseaux. Ceux qui ont un large feuillage, comme les nymphæa, le portent couché sur l'eau, de sorte qu'il ne donne pas de prise aux vents.

— Dans les monts éoliens et sur les rivages de la zone torride, les végétaux ont des tiges souples, des feuilles branchues, alongées, et tout-à-fait ligneuses : tels sont d'abord les palmistes qui couronnent les montagnes. Leur tige, qui a souvent plus de cent pieds de hauteur, porte ses palmes au-dessus des forêts; elle est si élastique, que, dans les tempêtes, elle ploie comme un arc; et son écorce est si dure, qu'elle fait rebrousser le fer des haches; l'intérieur de son tronc n'est formé que d'un faisceau de fibres. C'est sur les mêmes hauteurs que croissent la plupart des lianes, qui, semblables à des câbles, s'attachent aux arbres, et les fortifient contre les ouragans. L'écorce de ces lianes est si forte, que leurs lanières sont préférées aux meilleures cordes. On retrouve à-peu-près les mêmes qualités de souplesse et d'élasticité dans les tiges et les feuilles des graminées, des bambous, des lataniers et des cocotiers, qui croissent sur les bords de la mer. En général les feuilles de toutes les espèces de palmiers sont si ligneuses, que les Indiens s'en servent comme de petites tablettes, sur lesquelles ils écrivent ou plutôt ils gravent avec un poinçon de fer.

Non-seulement les monts éoliens ont leurs végétaux particuliers, mais aussi leurs animaux. Je ne parlerai pas des oiseaux de terre et de mer qui vont y faire leurs nids, et élèvent ainsi leurs petits au foyer des tempêtes. Il y a de ces oiseaux, comme les orfraies, les foulques et les aigles, qui, exercés contre les vents dès leur naissance, volent à l'opposite des plus violents orages. Mais il y a des quadrupèdes qui leur semblent particulièrement destinés : tel est entre autres le lama du Pérou. Cet animal convient encore mieux aux monts éoliens des Cordilières, qu'à leurs glaciers. Il porte une toison épaisse et frisée comme celle du mouton; ses pieds sont armés d'ergots, qui lui servent à gravir avec vitesse les rochers. Il a le cou long, la tête petite, et des naseaux fort ouverts, pour respirer aisément. Tous ces caractères, qui lui sont communs avec le chameau, exposé aux tempêtes sablonneuses de l'Afrique, conviennent parfaitement à un habitant des monts éoliens. La nature fait croître en abondance dans ceux de l'Amérique, une espèce de jonc appelé ycho, qui est la nourriture favorite de cet animal. Les vents sont si violents dans ces hautes contrées, que Thomas Gage raconte qu'il fut forcé, par leur impétuosité, de s'arrêter deux jours et une nuit près du sommet d'une montagne de la Nouvelle-Espagne, appelée Maquilapa, ou tête sans poil ; et il en aurait été précipité dans la mer du Sud qu'il voyait à ses pieds, s'il ne s'était enfin résolu à marcher à quatre pates comme un lama. La nature a mis dans les monts éoliens des Antilles un quadrupède qui n'a point du tout de poil. C'est l'armadille, couverte d'écailles, qui roule sur ses talons, en se mettant en boule comme un cloporte.

Les monts éoliens ont non-seulement des plantes et des animaux, mais aussi des hommes propres à les habiter, du moins aux débouchés de leurs entonnoirs. Nous pouvons ranger parmi ces hommes éoliens les Tartares et les Chinois septentrionaux. Les pays qu'ils habitent sont situés au pied de ces vastes montagnes en amphithéâtre, du nord de l'Asie, d'où, suivant Isbrandides et les missionnaires jésuites, il sort régulièrement chaque jour des vents qui élèvent une si grande quantité de sable, que les habitants de Pékin ne peuvent aller dans les rues sans porter un crêpe sur leur visage. J'attribue les petits yeux en coulisse qui caractérisent les Tartares et les Chinois septentrionaux, à ces vents violents et sablonneux, qui les obligent sans cesse de cligner les paupières.

Les monts éoliens ont cependant aussi des harmonies très-agréables avec les hommes. Ils reçoivent pendant le jour les vents de la mer dans leurs gorges acoustiques, et font entendre les bruissements des flots au sein des forêts. D'un autre côté, pendant la nuit, ils chassent les parfums des végétaux bien avant en pleine mer : on sent quelquefois une île avant de l'apercevoir. En approchant de celle de France, j'ai vu nos malades scorbutiques se trouver mal tous à-la-fois, sans qu'on vît aucune terre. J'attribuais ces faiblesses subites et universelles à quelque influence végétale lointaine. J'avais un petit chien scorbutique aussi, qui, en se tournant le nez au vent, aspirait de toutes ses forces les émanations de ces terres invisibles.

Les monts éoliens ne sont donc pas l'ouvrage du hasard. Leurs formes mériteraient d'être étudiées, pour l'utilité même de notre architecture, qui cherche à donner en été des courants d'air frais aux appartements. On pourrait produire, ce me semble, les mêmes effets avec des courbes, qui multiplieraient en été, au haut de nos cheminées, l'ardeur du soleil. Si un foyer de chaleur, placé au bas d'une cheminée, fait sortir par le haut un vent capable de faire tourner une machine; une semblable chaleur, agissant au haut d'une cheminée, produirait peut-être par en bas un effet contraire. C'est ce qui arrive en partie à certaines cheminées, lorsque le soleil échauffe leurs sommets et en dilate l'air; car alors la fumée en descend et rentre dans la chambre. Les

Perses contruisent dans leurs maisons des cheminées à vent, qui servent uniquement à les rafraîchir. Je ne sais comment elles sont construites au dedans : Chardin en a donné les vues.

Au reste, je le répète, notre architecture devrait étudier la construction de notre globe, en apparence si irrégulier : elle lui doit déjà ses ciments, ses mortiers, et ses assises horizontales. Certains philosophes l'ont regardé comme un corps organisé, qui ne cache point le jeu de ses organes ni le cours de ses fluides, parce qu'il les porte au dehors. Il a sa chaleur dans le soleil, sa respiration dans son atmosphère, ses poumons dans les monts éoliens, sa voix dans ses échos, ses veines dans ses fleuves, ses organes sécrétoires dans les volcans, ses os et sa charpente dans ses rochers et dans les montagnes saillantes à sa surface.

HARMONIES TERRESTRES

DE L'EAU.

Comme dans le corps des animaux il y a des os de différentes formes et espèces, de durs et de compactes pour moudre; de criblés pour odorer; de cartilagineux pour le retentissement de la voix; de perforés pour le passage des veines, des moelles et des nerfs; de voûtés à la tête, de cambrés aux cuisses, de droits aux jambes; il entre de même dans la construction du globe, des rochers de toutes sortes de qualités et configurations. Il ne faut pas croire qu'ils sont jetés au hasard, parce qu'ils ne sont pas alignés, dressés et équarris comme les pierres de nos monuments. Les hivers, les volcans, les torrents, les mers, les tempêtes, les tremblements de terre, sont les ciseaux et les maillets de la nature; c'est avec les éléments qu'elle façonne le globe. Les monts qui versent des fleuves de la région des nuages, les anfractuosités de leurs flancs, les abymes de leurs pieds, les débris et les ruines, entrent dans sa construction. Les écroulements maintiennent sa solidité. Il y a peut-être plus de plantes et d'animaux, créés pour ses sables, ses graviers, ses vases, ses rochers brisés et ses monts escarpés, que pour ses vastes plaines et les belles courbes de ses collines.

Nous venons de voir dans les harmonies terrestres du soleil et de l'air positives et négatives, qu'il y avait quatre genres de montagnes solaires et deux d'aériennes. Nous en allons trouver deux autres semblables dans les harmonies terrestres de l'eau : ce sont les montagnes hydrauliques et littorales ; les premières attirent les eaux, et les secondes les repoussent.

Nous pourrions ranger sans doute dans les montagnes hydrauliques les hyémales, qui attirent les eaux de l'atmosphère et les fixent en glace sur leurs sommets, ainsi qu'on pourrait ranger parmi les montagnes littorales les volcaniennes, qui sont sur les rivages des mers, dont leurs feux épurent les eaux. Mais nous les avons classées dans les montagnes solaires, parce que les hyémales doivent leurs glaces à l'absence du soleil, et les volcaniennes à la présence du feu, qui, dans son principe, émane de l'astre du jour. Par leurs effets, les premières appartiennent aux harmonies négatives du soleil, et les secondes à ses positives. Mais, par leur construction et leur position, les premières se rapportent aux hydrauliques, et les secondes aux littorales. Chaque ouvrage de la nature sert à-la-fois à plusieurs usages. Dans l'immensité des conceptions du Créateur, chaque point de l'univers est le centre d'une sphère inconnue; mais dans la faiblesse de notre esprit, nous n'apercevons dans ces sphères même apparentes, que des points : heureux quand nous en pouvons saisir quelques rayons !

Nous ne considérerons ici que les montagnes hydrauliques et littorales proprement dites. Le genre des hydrauliques nous présente deux espèces, dont l'une est en pente douce et l'autre en amphithéâtre. Nous diviserons pareillement le genre des littorales en deux espèces, l'une maritime et l'autre fluviatile. Chacune de ces espèces nous fournira d'autres sous-divisions.

Nous allons en examiner successivement les positions, la construction et les formes, ainsi que les minéraux, les végétaux et les animaux qui leur sont propres.

Les montagnes hydrauliques sont celles qui attirent les vapeurs de l'atmosphère par leurs sommets, et les versent en ruisseaux et en rivières sur leurs flancs. Elles sont ordonnées aux mers et aux lacs, et elles en embrassent les méditerranées et les golfes par des chaînes et des sous-chaînes, pour en recueillir les évaporations par le moyen des vents qui les leur apportent. Elles sont situées, pour cet effet, à l'extrémité des continents et des îles, quand les vents y soufflent d'un seul côté, comme celles du Pérou et des Antilles, opposées au vent régulier de l'est qui règne sur l'Océan atlantique. Elles sont, au contraire, au milieu des continents et des îles, dans les latitudes où les vents soufflent, tantôt d'un côté, et tantôt de l'autre. Telles sont celles du Taurus et de l'Imaüs en Asie, celles des îles et presqu'îles situées au milieu des moussons alternatives de l'Océan indien. On peut reconnaître aisément leurs chaînes sur les cartes, en suivant l'intervalle qui s'y trouve entre les sources des fleuves. Cet intervalle, que les géographes laissent en blanc pour y mettre des écritures, ou qui est figuré hérissé de petites mottes isolées, est en longues crêtes parallèles à des mers qui en sont souvent fort éloignées. Les fleuves qui en descendent, annoncent par leur étendue l'élévation de leur sol; et les angles plus ou moins aigus des rivières confluentes, peuvent servir, comme je l'ai dit ailleurs, à déterminer la rapidité ou la lenteur de ces fleuves, et par conséquent les différentes hauteurs d'où ils prennent leurs sources. Ainsi, une fontaine annonce à sa source un tertre; un ruisseau, une colline; une rivière, une montagne; un fleuve, comme le Rhin, les Alpes; l'Amazone, de quinze cents lieues de cours, les Cordilières; et l'Océan, qui circule bien au-delà de la zone torride, les pôles.

Toutes ces élévations ont des rochers électriques de différentes formes, qui attirent les vapeurs, et les fixent en nuages autour d'eux. Il y a de ces rochers en pyramides droites ou inclinées, en pyramides à chapiteau, en cône, en ruches, en table, en tête de champignon, comme ceux de la Finlande, et en mamelles surmontées d'un piton. Cette forme de mamelles est une des plus communes, et le nom en a été donné, dans toutes les langues, aux sommets de beaucoup de montagnes. Les dénominations des peuples renferment toujours un grand sens lorsqu'elles sont universelles. Les noms de mamelles conviennent très-bien à ces hautes croupes couronnées d'un pic, qui sont les mères nourrices de chaque contrée, et les sources de leur abondance et de leur fertilité, par les eaux qui en découlent. Il y a de ces pics ou pyramides qui ne sont point apparents, mais qui sont ensevelis dans les flancs mêmes des montagnes, ce qui ne les empêche pas d'exercer leur attraction au dehors, comme j'en pourrais citer beaucoup d'exemples. Vous reconnaîtrez leur existence dans nos collines, aux brouillards qui se rassemblent au-dessus. En effet, si vous y faites fouiller, vous y trouverez, pour l'ordinaire, de la mine de fer et une source : il est remarquable que ce sont ces brouillards permanents que les minéralogistes donnent pour indices des mines métalliques. J'appelle ces pics ou pyramides hydro-électriques, parce qu'ils attirent à-la-fois le feu et l'eau. Partout où j'en ai observé, j'ai vu les nuages se détourner de leur chemin, et s'abaisser pour circuler autour d'eux. Ces nuages accumulés se résolvent alors en pluie, et descendant le long des forêts qui couvrent les croupes des montagnes, ils présentent les couleurs de l'arc-en-ciel au milieu de la verdure. Ces effets sont journaliers à l'Ile-de-France; sur les pics du Pouce, de Pieter-Booth, des Trois-Mamelles, et sur d'autres montagnes de cette île, dont les sommets sont cependant bien au-dessous de la région des nuages. J'ai monté sur celle du Pouce, au pied de l'aiguille inclinée qui lui en donne le nom, et qui n'a pas trente toises de hauteur. Cette aiguille, d'un roc cuivreux, était entourée de brouillards qui la couvraient en grande partie, et s'écoulant sur ses flancs humides, produisaient à sa base deux ruisseaux, dont l'un va se rendre au port, et l'autre se précipiter par le revers escarpé de la montagne, où des mineurs traçaient alors un chemin. Les nuages qui traversaient le ciel aux environs, me parurent à la même élévation que si je les avais considérés du fond de la vallée. J'ai vu de semblables effets, au cap de Bonne-Espérance, sur la montagne de la Table, où les nuages s'entassent fréquemment, de manière que son plateau paraît couvert d'une draperie blanche qui circule autour de lui. Les Hollandais disent alors que la nappe est mise sur la table. C'est sans doute pour les tempêtes, car il en part alors des coups de vent très-violents qui soufflent cette nappe sur la ville et sur la rade, en flocons semblables à ceux de la neige. Ils ne s'arrêtent point sur la terre et n'y produisent nulle pluie; ce ne sont que des lanières d'un brouillard épais, qui restent condensées malgré les rayons du soleil qui passent à travers, et y produisent des effets dignes d'être rendus par la peinture et expliqués par la physique, ainsi que leur cause.

Quant aux pics hydro-électriques, ils sont agrégés de bien des manières. Il y en a de solitaires, comme celui de Pieter-Booth, à l'Ile-de-France, et du Mont-Rouge à l'Ascension; d'accouplés deux à deux, comme ceux du Parnasse, fameux par sa double cime, et du mont Sinaï; d'autres, trois à trois, tels que ceux de la montagne des Trois-Mamelles, à l'Ile-de-France; d'autres, disposés comme les dents d'un peigne, tels que ceux qui sont vers les sources du Syriam; d'autres sont groupés en rond comme les colonnes d'un labyrinthe, tels que ceux qui couronnent le sommet de l'Ile-de-Bourbon, et du centre desquels s'élèvent les Trois-Salases dans la région glacée de l'atmosphère. J'en ai rapporté la description dans mes Études. Il n'y a aucun de ces pics qui n'attire les nuages autour de lui, et qui ne soit à la source de quelque rivière. Ainsi;

quand vous voyez une rivière, vous pouvez être assuré qu'elle a à sa source un hydro-électrique métallique intérieur ou extérieur ; et si vous rencontrez un rocher en pic dans les lieux les plus arides, il est plus que probable qu'il y a une source souterraine apparente aux environs. Je ne veux pas dire que chaque pic ne fournisse de l'eau qu'à une source, ou que chaque source ait son pic particulier ; je serais cependant tenté de le croire ; car les colonnes de la plaine des Trois-Salases, à Bourbon, si multipliées et si couvertes de brouillards, qu'elles forment un labyrinthe où l'on s'égare, sont dressées précisément dans la partie la plus élevée de cette île qui domine sur la mer, en forme d'hémisphère, et sont à la source de la plupart des rivières qui l'arrosent.

Ce qu'il y a encore de très-remarquable dans ces colonnes de l'Ile-Bourbon, c'est que, quoique de roc et très-escarpées, elles sont enduites de tous côtés d'une terre très-fine. Un des académiciens voyageurs au Pérou, je crois que c'est Bouguer, observa un pic semblable dans une de nos îles Antilles. Je suis donc persuadé que ces pics hydro-électriques ont encore une attraction fossile, qui peut-être résulte de la même attraction. En effet, ce n'est que par ce moyen qu'on peut expliquer la réparation des montagnes, qui vont toujours se dégradant ; et, comme nous l'avons observé ailleurs, il y a des pluies de sable et de terre volatiles, qui ne sont pas moins fréquentes en été que les pluies d'eau en hiver.

On peut voir par ces simples aperçus, combien se sont trompés ceux qui ont pris les pyramides qui couronnent la plupart des montagnes, pour les ruines d'une ancienne terre dégradée par les eaux. Où en seraient les autres débris? On ne peut placer les ruines de la terre hors de son globe.

Les montagnes hydrauliques ont, à la base de leurs pics, des réservoirs ou châteaux d'eau qui distribuent sans cesse et peu-à-peu les eaux aux fleuves qui en découlent. Sans ces précautions, ces fleuves resteraient souvent à sec en été, et déborderaient en hiver. Leurs réservoirs sont apparents ou cachés. Quand ils sont apparents, on leur donne le nom de lacs. Les lacs sont fréquents dans les montagnes hydrauliques qui portent des neiges et des glaciers sur leurs plateaux : telles sont les hyémales du Midi, et les monts à réverbère du Nord. On peut voir dans les cartes de la Suisse, de la Norwège, de la Laponie, du Canada, combien les lacs y sont fréquents. Il était nécessaire que les bassins de ces réservoirs fussent profonds, larges, et à ciel ouvert, pour recevoir au printemps des fontes abondantes et subites de neige et de glaces, dont des masses énormes viennent se précipiter quelquefois dans leurs eaux. A mesure qu'on s'approche du pôle nord, et de l'immense coupole de glace qui le couronne, les réservoirs qui sont autour d'elle se changent en méditerranées, telles, en Europe, que la mer Baltique, le golfe d'Archangel, la Mer-Glaciale; et en Amérique, la baie d'Hudson, celle de Baffin, etc. Ces dernières sont remplies de glaces flottantes, grosses comme des montagnes, qu'elles dégorgent sans cesse pendant tout le printemps et une grande partie de l'été.

Lorsque les montagnes hydrauliques n'ont point de glaciers, elles ont des réservoirs cachés dans l'intérieur de leurs flancs. Ce sont, pour l'ordinaire, de grandes couches de sable fort épaisses, où leurs eaux s'imbibent comme dans des éponges. Elles posent sur des lits de roche, ou plus souvent de glaise, afin que leurs eaux ne descendent pas trop bas. Nous avons remarqué cette même disposition jusque dans les plaines où nous perçons des puits; et c'est de ces eaux infiltrées dans des sables et retenues par des lits de roche ou de glaise, que résulte l'océan souterrain dont nous avons démontré ailleurs l'existence.

Non-seulement la nature creuse au pied des pics hydro-électriques, des réservoirs au-dessus de l'horizon pour l'écoulement des fleuves, mais elle a percé souvent des aqueducs, pour leur ouvrir des issues à travers les flancs des rochers. Quelques-uns de ces aqueducs sont à ciel ouvert, d'autres sont sous terre. Je comprends dans les premiers, par exemple, ceux qu'on appelle les Portes Caspiennes, qui ouvrent un passage à plusieurs fleuves de l'Arménie et de la Perse, lesquels se jettent dans la mer Caspienne. C'est par de semblables routes que le Tigre descend des monts Gordiens, fend le mont Niphate en allant se rendre dans le golfe Persique. Ces aqueducs sont, pour l'ordinaire, des détroits de roc vif, qui ont douze à quinze cents pieds de hauteur perpendiculaire, et si peu de largeur, qu'une poignée d'hommes peut en fermer le passage à toute une armée. C'est pour cette raison que, dans toutes les langues, on leur a donné le nom de portes. On les rencontre, pour l'ordinaire, dans la circonférence d'un bassin formé par des montagnes hydrauliques, aux environs de leurs méditerranées ou lacs, et au débouché des rivières qui y entrent ou qui en sortent. Certainement ils ne peuvent avoir été creusés par les rivières qui y passent, puisqu'ils sont de roc vif, que leurs escarpements sont pour la plupart à-plomb, et que quelques-uns sont encore plus élevés que je ne l'ai dit. D'ailleurs les aqueducs souterrains de rivières, qui passent souvent au travers des montagnes de plusieurs lieues d'étendue, prouvent que la nature en a percé les canaux, et dirigé les niveaux et les pentes. Tels sont les cinq aqueducs souterrains, de chacun dix milles de longueur, qui traversent la montagne de roc vif qui sépare le lac de Livadie du détroit de l'Euripe, et y produisent ces marées intermittentes, dont les sources sont dans les neiges des montagnes hyémales de la Thessalie. On peut mettre encore au nombre des aqueducs souterrains, le canal par lequel le Rhin s'engouffre aux environs de sa source, ainsi qu'un grand nombre d'autres. La nature a percé plusieurs rochers du globe, pour y faire passer des veines d'eau et des filons de métal, comme elle a percé plusieurs ossements dans les animaux, pour y faire passer des veines de sang et des nerfs.

Pour donner une idée de ces aqueducs souterrains, je dirai ici deux mots de celui que j'ai vu à l'Ile-de-France. Un conseiller de ce pays, appelé M. de Chasal, et un capitaine de sa légion, nommé le marquis d'Albergati, tous deux fort curieux d'histoire naturelle, m'ayant proposé d'aller voir une caverne extraordinaire qu'on attribuait à d'anciens volcans, nous partîmes du Port-Louis, et après une heure et demie de marche dans les bois, vers les plaines de Saint-Pierre, nous trouvâmes à nos pieds une ouverture semblable à l'écroulement d'une voûte. Un arbre, qui croissait au-dessus, avait projeté cinq ou six de ses racines tout au travers, et lui donnait assez de ressemblance à l'entrée d'une prison avec ses barreaux. Nous y descendîmes au moyen de quelques roches éboulées, et précédés de noirs qui portaient des flambeaux; nous en parcourûmes au moins la longueur de cent-cinquante toises. Ce souterrain avait environ quatre toises de largeur, et tantôt sept à huit pieds de hauteur au milieu, tantôt quatre à cinq seulement. En quelques endroits même, il fallait se traîner sur le ventre pour avancer. Cette hauteur inégale n'était pas sa vraie hauteur. Il était rempli en partie d'une terre rouge, très-fine, et ferrugineuse, telle que l'est en général celle de cette île. Dans les lieux où ses dimensions naturelles paraissaient à découvert, sa voûte en anse de panier, ses côtés et son sol, ne formaient qu'une seule pièce de roc, enduit d'un vernis de pierre, brillant, sec, et hérissé de stalagmites ferrugineuses, qui se brisaient sous nos pieds comme des glaçons. Ce vernis pierreux me parut être une véritable sève lapidifique, dont la nature se sert pour former et réparer les minéraux, comme elle forme et répare les écorces et le bois des arbres avec leur sève végétale, et la chair et les os des animaux avec leur sang. Ce souterrain n'était point percé à travers un rocher, mais dans le sein des terres et des roches détachées, qui composaient une vraie maçonnerie, au moyen du gluten pierreux dont elles étaient enduites. Il serait bien à souhaiter que l'art pût imiter ce gluten de la nature; car il n'y a ni mortier, ni ciment, ni vernis, qui lui soient comparables pour l'éclat, la solidité et la durée, sur-tout dans les lieux humides. Ce canal était parfaitement sec: à la vérité, nous étions dans la saison sèche; mais je jugeai que les eaux y coulaient dans la saison pluvieuse, par ses stalactites mêmes, qui sont l'ouvrage des eaux filtrantes, et non celui du feu; par cette terre rouge et fine, d'autant plus abondante que nous remontions plus loin vers sa source; par plusieurs coquilles de limaçons terrestres; par des feuilles que j'y ramassai, et sur-tout parce qu'il y avait sur ses deux côtés, à hauteur d'appui, des espèces de moulures horizontales et parallèles, qui provenaient évidemment des différents niveaux où l'eau avait coulé. Elles formaient un hydromètre qui marquait les années plus ou moins pluvieuses. C'est donc un véritable aqueduc naturel d'une rivière souterraine, et non l'ancien lit d'une lave, comme le prétendent quelques habitants de cette île, qui paraît en effet avoir été volcanisée.

Après avoir parlé des puits, des réservoirs et des aqueducs des montagnes hydrauliques, il me reste à donner une idée des canaux des rivières qui en découlent, et de leurs embouchures, soit à leur confluent, soit dans la mer.

Les canaux fluviatiles sont enduits d'une vase ou glaise que déposent à la longue les eaux les plus pures : cet enduit empêche les eaux de filtrer dans les terres et de s'y perdre. C'est pour éviter cet inconvénient que nous entourons de glaise nos bassins qui renferment des eaux stagnantes. Les eaux courantes ne sont pas exposées à cet accident, parce qu'elles renouvellent sans cesse leur ciment. Elles traverseraient les sables les plus arides, qu'à la longue elles y déposeraient un enduit qui étancherait leurs canaux. La nature les fait serpenter sur les flancs des montagnes et dans les plaines, afin de les fertiliser. J'ai remarqué qu'en général la vitesse des rivières était égale à celle d'un homme qui se promène ; cependant elles descendent de hauteurs bien différentes les unes des autres. La nature, pour leur donner à-peu-près le même cours, l'accélère et le retarde en les harmoniant ensemble. Si une rivière a une pente trop rapide, elle retarde son cours par une autre rivière, souvent aussi rapide, qui la traverse, en y tombant à angle droit. Si au contraire il est trop lent, la confluente lui communique sa vitesse, en formant avec elle un angle aigu : douce image de l'harmonie fraternelle et sororale, dont les lois, comme nous le verrons, s'étendent à toutes les puissances de la nature !

Ces lois harmoniques n'existent pas moins

dans la disposition de l'embouchure des fleuves. Souvent on y trouve une ou plusieurs îles qui leur permettent de verser leurs eaux, tantôt à droite, tantôt à gauche, à l'abri des vents qui s'opposent à leur cours. Ainsi, au moyen de cette double harmonie, elles sont protégées contre les tempêtes.

Chaque partie des montagnes hydrauliques en pente douce a des végétaux et des animaux qui lui sont propres, et qui sont variés dans toutes les latitudes. C'est sur les flancs perpendiculaires des montagnes de l'Ile-de-France, ainsi que dans ses monts éoliens, que j'ai trouvé cette plante sans feuilles, en forme de discipline, dont les racines sont en haut et la tête en bas, jouet perpétuel des vents et des pluies.

C'est dans les fentes de ces mêmes rochers que se réfugient plusieurs oiseaux de marine, entre autres le paille-en-queue. Dans nos climats, c'est sur les rochers toujours humides qui attirent les vapeurs, que croissent le chelidonium, la pariétaire, et le capillaire, qui rayonne avec ses feuilles divergentes. Dans les classes nombreuses d'êtres qui fixent leur habitation autour d'eux, on distingue le pic-vert de murailles. Ce bel oiseau, dont le plumage est glacé d'azur, vit des insectes qui se logent dans leurs fentes. Il a des griffes pour y grimper, et une tête dont les os souples et élastiques se prêtent aux efforts qu'il fait pour atteindre à sa proie, entre les parois des pierres.

Les réservoirs des montagnes hydrauliques, c'est-à-dire les lacs, nourrissent une infinité de plantes, de poissons et d'oiseaux, qu'on ne trouve point ailleurs. Chaque lac, comme une petite mer, a les siens, qui lui sont particuliers : tel est, par exemple, parmi les poissons du lac de Genève, l'ombre-chevalier.

Les aqueducs souterrains même ont leurs végétaux et leurs animaux. Je trouvai dans celui de l'Ile-de-France une plante de sept à huit pieds de long, grosse comme le petit doigt, entourée de filaments qui l'attachaient à la voûte. Elle n'avait ni branches ni feuilles, et ressemblait exactement à une racine, si ce n'est qu'elle finissait en pointe par les deux bouts. C'est dans de semblables lieux que l'on voit quelquefois des animaux d'une forme hideuse. Suivant le témoignage de Chardin, on prend des poissons d'une espèce particulière, d'une forme et d'une couleur déplaisantes, dans les souterrains que les Persans ont pratiqués au sein des montagnes, pour en conduire les eaux dans les plaines. Nous savons que des crapauds et d'autres reptiles hideux se plaisent dans les cavernes ténébreuses, et qu'ils s'y engagent quelquefois de manière qu'ils s'y trouvent enveloppés dans les eaux dont se forment les stalactites. Ils ne font plus alors qu'un seul corps avec le rocher, et ils y subsistent pendant des siècles, vivant d'une vie fossile. Des mémoires authentiques attestent qu'on en a trouvé plusieurs fois dans des blocs de pierre de taille et de marbre.

Il est très-remarquable que tous les êtres qui vivent loin des douces influences de la lumière, répugnent aux regards de l'homme; cependant l'homme habite les mêmes lieux. Ce n'est point seulement pour y chercher l'or qu'il s'enfonce tout vivant dans les entrailles de la terre : la dure nécessité le force souvent d'y descendre pour satisfaire les besoins les plus communs. A la triste lueur d'une lampe, il use ses jours à excaver des carrières, à creuser des marnières, à percer des puits. Quelquefois, la tête et les épaules couvertes d'un cuir, et le reste du corps nu, il va à tâtons chercher la molle argile jusque sous le lit des rivières. Mais la vanité lui fait entreprendre des choses encore plus hasardeuses que ne fait le besoin. Nous tremblons pour les plombiers et les couvreurs qui vont réparer nos toits et nos clochers; mais un maçon, à l'Ile-de-France, a osé monter jusque sur le cube en saillie qui couronne le pic de Pieter-Booth. A l'aide de quelques ferrements qu'il enfonçait dans les fentes de la pyramide, il parvint jusqu'à son chapiteau; et là, se renversant en arrière, le corps suspendu dans les airs, au moyen des mêmes ferrements, il mit enfin le pied sur ce socle, où ne s'étaient jamais reposés que des oiseaux, et parut aux yeux de toute l'île effrayée, sur un piédestal dont le sommet se perd dans les nuages. Son nom eût mérité d'y être inscrit, si la mémoire des actions téméraires tout-à-fait inutiles aux hommes, n'était digne de leur oubli. La hardiesse les étonne, mais elle ne les intéresse que quand elle se joint à un bienfait.

Nous avons donné un aperçu des montagnes hydrauliques à pente douce : nous allons jeter un coup-d'œil sur celles qui sont en amphithéâtre. J'en distingue de deux espèces. Les unes, comme les précédentes, s'élèvent en pyramides, divisées par étages, comme un roi d'échecs, sur la surface du globe ; les autres sont en quelque sorte coupées par plateaux, dans leur circonférence, comme les marches d'un escalier.

Les montagnes pyramidales en amphithéâtre sont fréquentes dans les îles de peu d'étendue : on peut en remarquer un grand nombre sur les cartes détaillées des îles torridiennes, telles que celles des voyages de Cook ; on en voit qui ont jusqu'à cinq et six étages. C'est une preuve de la sagesse de la nature ; car si une rivière qui descend du haut des montagnes se rendait à la mer par une pente douce, ses eaux s'écouleraient comme celles d'une écluse ; il n'en resterait plus dans son canal : mais lorsqu'elle tombe d'un terrain en amphithéâtre, ses chutes perpendiculaires absorbent une partie de sa rapidité, et elle flue ensuite avec lenteur sur un niveau presque horizontal. L'effet de sa chute est si propre à lui ôter une partie de sa vitesse, que, quoique son cours soit rapide au-dessus, il est presque insensible au-dessous.

Les montagnes hydrauliques en amphithéâtre sont communes dans les pays élevés, comme la Suisse; et par-tout où il y en a, il y a des cataractes. Souvent ces montagnes sont en pente douce d'un côté, et en amphithéâtre de l'autre. C'est par leur moyen que la nature fait partir deux fleuves du même pic, pour se rendre dans deux mers situées à des distances fort différentes, et y fait arriver leurs eaux avec la même vitesse : celui qui a le plus de chemin à faire coule par des terres en pente, et celui qui en a le moins par des terres en amphithéâtre. Ce double effet se remarque fréquemment dans les Alpes, les Cordilières, et dans toutes les montagnes situées entre deux mers, à l'extrémité d'une île et d'un continent.

Il y a encore ceci de très-remarquable, c'est que toutes les cataractes sont fortifiées et remparées de grands rochers. Je ne sais pas si le pays qui les avoisine en a également dans le pourtour du même étage; mais on voit qu'ils sont absolument nécessaires à l'endroit d'où le fleuve se précipite, afin d'empêcher ses eaux de dégrader le terrain. Sans cette fortification, dont la durée est sans doute digne d'étonnement, il se frayerait une pente oblique, et il s'écoulerait avec la rapidité d'un torrent. Ainsi, les cataractes d'un fleuve ne sont pas des preuves que le pays qu'il arrose est sorti depuis peu du fond de la mer, comme l'ont avancé de célèbres écrivains en parlant des fleuves du Nouveau-Monde ; car elles sont fort communes dans les montagnes de l'ancien, qui, d'après leurs systèmes, doivent être sorties les premières du sein de l'Océan. Il y a plus, c'est qu'on voit beaucoup de cataractes dans les plaines mêmes de l'Asie, de l'Afrique et de l'Europe. Le Rhin, le Danube, le Volga, le Sénégal, le Nil si ancien, et bien d'autres fleuves, dont les bords sont habités depuis long-temps, se précipitent dans leur cours, comme ceux des contrées solitaires de l'Amérique. Ainsi, les cataractes ne sont point des monuments des désordres de la nature, que la main des hommes n'a pas encore réparés; mais elles sont des preuves de la sagesse de ses plans dans les harmonies du globe.

Nous achèverons de nous en convaincre, si nous observons les montagnes hydrauliques en plateaux : elles n'ont point d'élévation par elles-mêmes ; elles n'ont que des hauteurs relatives ; elles ne sont montagnes que par leurs flancs; elles sont plaines à leurs sommets et à leurs bases, et elles prouvent la fausseté de cet ancien axiome, qu'il n'y a point de montagne sans vallée; elles sont les différentes coupes du même terrain, qui s'élève par degrés comme ceux d'un amphithéâtre. Sans doute la nature a voulu, par cette disposition, racheter la pente de plusieurs parties du continent vers la mer, les préserver des dégradations des pluies, et y faire séjourner les eaux, en divisant leur sol par étages, comme les Indiens et les Chinois le pratiquent dans les pentes de leurs montagnes, sans doute à son exemple et dans la même fin. Comment ose-t-on lui refuser une intelligence que nous accordons aux hommes, qui n'ont jamais rien imaginé et ordonné de sage qu'à son imitation?

J'ai remarqué, en France même, cette configuration graduelle de terrain depuis Paris jusqu'aux rivages de Normandie. En passant par Evreux, vous parcourez sur cette route de grandes plaines, au bout desquelles vous trouvez une descente; après cette descente, d'autres plaines s'étendent, et successivement jusqu'aux prairies de la Basse-Normandie. Ces terres en amphithéâtre sont fréquentes en Afrique, en Amérique, et surtout au nord de l'Europe. L'astronome Chappe, que je n'ai vu qu'un instant, et que j'ai regretté toute ma vie, pour rendre ses voyages plus utiles, traça un profil des diverses hauteurs de la terre depuis Paris jusqu'en Sibérie, au moyen d'un baromètre qu'il portait dans sa chaise de poste. Mais il n'est besoin d'aucun instrument pour connaître les différents niveaux : vous en apercevrez les pentes sur les cartes, par la direction des fleuves ; et des coupes en amphithéâtre, par leurs cataractes : c'est ce que n'apprend point un baromètre. J'ai trouvé la plupart des rivières de la Finlande russe remplies de cataractes, les unes obliques, les autres perpendiculaires : les lacs y sont rangés, du nord au midi, en forme de Cordilières; ils se dégorgent les uns dans les autres, en descendant la plupart vers la Baltique ; quelques-uns se déchargent dans la Mer-Glaciale, mais ils sont en petit nombre. Le sol où ils coulent de ce côté paraît presque de niveau avec cette mer, qui n'a point de montagnes sur ces rivages : j'en tire une nouvelle conséquence que la terre s'alonge vers ce pôle.

Les montagnes hydrauliques en plateaux offrent, comme on peut bien le croire, de vastes amphithéâtres à la végétation, en lui présentant des ados, des abris et des arrosages; elles nourrissent dans leurs rivières des poissons qui ont l'étrange faculté d'en remonter les cataractes. Les sommets les plus âpres de ces montagnes ont des végétaux et des animaux qui leur sont propres. C'est sur leurs crêtes raboteuses, qui abondent pour l'ordinaire en fer, que s'élève le mélèze aimé des forges, dont il accélère les fontes avec son tronc et ses rameaux couverts d'agarics et de mousses inflammables. C'est dans les rivières qui y prennent leurs sources, que le saumon se plaît à remonter, et à franchir d'un coup de queue leurs chutes bruyantes : je crois qu'il est attiré par les semences des mélèzes et des sapins qui sont à la cime des monts ; peut-être cet appât engage ce poisson à remonter les fleuves du Nord, et l'éloigne de ceux de la Méditerranée, où il y a fort peu de ces arbres. Le bouquetin ne se trouve que dans les sommets escarpés des Alpes ; c'est là qu'il broute des plantes inconnues aux laboureurs. Ce n'est point pour ce quadrupède léger et indocile, que la nature a arrondi les croupes des collines et aplani les campagnes de l'Élide; pour mériter le prix de la course sur tous les animaux, il n'a pas besoin d'être excité par les vains applaudissements de l'homme, et par ses cruels éperons : nul obstacle ne l'arrête quand l'amour l'appelle. Les vents lui apportent-ils l'odeur de sa femelle au-delà d'une fondrière profonde ? en vain les torrents mugissent à ses pieds : la nature lui refusa des ailes; mais l'Amour lui prête son arc; il se suspend aux branches d'un buisson par ses cornes recourbées, et d'un coup de tête il franchit l'affreux précipice.

Toutes les montagnes que j'ai décrites jusqu'ici seraient bientôt dégradées par les pluies, les

neiges, les torrents et les siècles, si la nature
n'avait pas pourvu à leur réparation. Ce sont des
grains de sable, sortis de la mer, qui réparent
les Alpes, comme ce sont ses vapeurs qui en entretiennent les fleuves et les glaciers. C'est du
mouvement perpétuel des flots de l'Océan, qui,
nuit et jour, roule, broie, pile et triture les rochers et les galets de ses rivages, que se forme
cette longue zone sablonneuse qui les couvre;
c'est de cette zone, qui entoure toutes les îles
et tous les continents, que les vents enlèvent
sans cesse des nuages d'une poussière si subtile
et si légère, qu'ils s'envolent jusque dans les
parties de la terre les plus reculées. Chemin faisant, ils déposent, de distance en distance, des
réservoirs et des arènes, et de grandes zones sablonneuses; comme les nuages aquatiques, partis
des mêmes lieux, forment, par leurs pluies, des
marais, des lacs et des méditerranées. Cette poussière est si volatile, qu'elle s'élève aux sommets
des plus hautes montagnes, et s'attache à leurs
pics hydro-électriques, qu'elle rend terreux,
comme nous en avons cité des exemples ; de là,
elle suinte dans toutes leurs parties caverneuses,
qu'elle remplit de stalactites, et comble leurs
fentes extérieures; elle y nourrit les grands arbres qui souvent les couronnent; broyée par la
mer, échauffée par le soleil, et voiturée par les
vents, elle renferme les premiers éléments de

la végétation ; les sables marins qui la produisent sont remplis de particules métalliques de fer, et même d'or. Elle est si subtile, qu'elle voltige sans cesse dans nos appartements, et sur-tout dans ceux qui sont inhabités ; c'est elle qui couvre les meubles. Elle dépose des couches de terre végétale sur le faîte de nos murs, et jusque sur les corniches des tours, qui, par son moyen, se couronnent de plantes de toutes couleurs, d'arbrisseaux, et même d'arbres de haute futaie. Le sable marin qui l'engendre, est lui-même si subtil, et s'élève en si grande abondance sur les bords de la mer, qu'il les rend quelquefois inhabitables, au moins quand les vents y soufflent : c'est une des grandes incommodités de la ville du cap de Bonne-Espérance, entourée de montagnes de grès et de plages sablonneuses. Quand le sable volatile qui les couvre est agité par le vent, non-seulement il empêche les habitants de sortir dans les rues, mais il pénètre dans leurs maisons, quoiqu'il y ait de doubles châssis aux fenêtres, et que les portes soient soigneusement fermées ; il entre par les trous des serrures et par les plus petites fentes, en si grande abondance, qu'on le sent craquer sous la dent dans tous les aliments, ainsi que je l'ai éprouvé moi-même. Corneille Le Bruyn en dit autant des orages de sable des bords de la mer Caspienne. Richard Pocoke rapporte qu'on en est fort incommodé

en Égypte. « Ils obscurcissent, dit-il, le soleil,
» et ils sont si épais, qu'on ne peut voir à la
» distance d'un quart de mille. La poussière pé-
» nètre dans les chambres les mieux fermées,
» dans les lits, dans les armoires. Enfin les Turcs,
» pour exprimer la subtilité de ce sable, disent
» qu'il pénètre à travers la coque d'un œuf. »
On retrouve de pareilles tempêtes sablonneuses
dans l'intérieur des continents ; j'ai cité celles
de Pékin, où l'on est obligé d'aller toute l'année
à cheval, avec un voile sur les yeux; et on doit
se ressouvenir de celles qui ensevelirent l'armée
de Cambyse.

Ces sables volatiles entrent tellement dans les
plans de la nature, qu'elle a, pour ainsi dire, pal-
lissadé les yeux des quadrupèdes et des hommes
pour les en garantir. Mais si ces poussières sont
incommodes, elles sont très-utiles à la végétation,
et sur-tout aux réparations des montagnes. Elles
forment, sur les bords de la mer, des dunes qui
en sont les digues naturelles. Ce sont là les premières montagnes littorales, dont je distingue
deux genres, les unes maritimes, et les autres
fluviatiles.

Les montagnes littorales maritimes présentent
deux espèces principales, les sablonneuses et les
lapideuses; toutes deux se subdivisent en concaves et en convexes. Les concaves sont celles qui
sont creusées dans le bassin même de l'Océan ; les

convexes sont celles qui s'élèvent au-dessus de la surface de la terre.

Les littorales maritimes sablonneuses concaves comprennent les bancs de sables sous-marins, et les convexes les dunes.

Les dunes sont de petites montagnes de sable qui tirent leur origine du fond de la mer. Elles commencent par des bancs de sable que les courants déposent d'abord sous les eaux. Ils se forment, pour l'ordinaire, par le concours de deux courants opposés : voilà pourquoi ils sont très-fréquents aux embouchures, c'est-à-dire aux confluents des fleuves et de la mer. Ils sont très-étendus vers la Ligne; à celui des deux hémisphères nord et sud, où aboutissent les deux courants généraux de l'Océan, qui descendent des pôles alternativement tous les six mois. C'est des débris de ces deux hémisphères, et particulièrement du nôtre, que se sont formés les hauts-fonds sablonneux de la Nouvelle-Hollande, qui en rendent l'abordage si difficile aux vaisseaux. On peut y ajouter les dissolutions pierreuses invisibles, dont tant de races de poissons forment leurs coquilles, et dont les madrépores entourent, comme d'un rempart, la plupart des îles des mers torridiennes. Ces fortifications marines vont toujours en croissant; et des îles entières de la mer du Sud leur doivent leur origine, suivant le témoignage de Cook. Ainsi, un grain de sable placé par la nature, peut être un jour la base d'un hémisphère. La mer, qui ronge sans cesse les plus durs rochers marins, ne fait qu'accroître les bancs de sable qui en sont les débris. Ce sont des digues mobiles qui résistent en cédant. Elles augmentent les grèves des rivages dans les hautes marées, et sur-tout dans les tempêtes, qui les portent jusque dans l'intérieur du continent. C'est ce que j'ai vu dans beaucoup d'endroits, et sur-tout à l'île de l'Ascension, dans l'Anse aux Tortues, où le sable se trouve à un quart de lieue de la mer, et est placé à plus de vingt pieds au-dessus de son niveau. Cet exhaussement n'est pas l'ouvrage des marées, qui ne s'élèvent point à cette hauteur dans la zone torride ; mais il est celui des ouragans, dont la violence est telle, qu'ils jettent des bancs de galets énormes à plus de cent pas du rivage, comme je l'ai vu dans les ouragans des îles de France et de Bourbon : ils portent le sable beaucoup plus loin.

Lorsque le sable marin est à une certaine distance de la mer, il n'y retourne plus ; les vents s'en emparent, et en forment de petites montagnes, connues sous le nom de dunes : c'est de ce mot celtique *dun*, qui signifie sable, que s'est formé le nom de Dunkerque, comme qui dirait église des sables, parce que le premier monument de cette ville fut une église qui s'élevait au milieu des dunes. La forme de ces petites montagnes sablonneuses prouve que les vents soufflent de haut en bas, comme je l'ai dit ailleurs ; et comme ils viennent fréquemment de la mer, ils font voyager quelquefois les dunes dans les terres, au point d'ensevelir des villages entiers, comme il arrive sur les plages de la Saintonge : d'un autre côté, la mer ronge quelquefois ces mêmes dunes, et les reporte ailleurs. La ville des Sables d'Olonne fut, il y a une vingtaine d'années, sur le point d'être détruite par des courants marins qui avaient élevé sa plage, ses jardins et une de ses rues. En vain on avait essayé de la défendre par des digues, des pieux, des murs ; la ville voyait sa ruine s'avancer de jour en jour. Un habile ingénieur des ponts et chaussées, Lamandé, trouva enfin le moyen de faire rendre à la mer ce qu'elle avait pris à la terre. Après avoir observé que le courant destructeur venait frapper une partie de la côte, d'où il se réfléchissait directement sur la ville, il construisit, à l'angle de réflexion, une digue qui détournait obliquement le courant de sa direction : de sorte que, loin de dégrader désormais la ville, il lui rendit, en moins d'une année, plus de grève qu'elle n'en avait perdu. Ainsi la science d'un homme attentif aux lois de la nature, sauva une ville florissante des fureurs de la mer, et força les flots de réparer leurs propres dommages, non en s'opposant directement à leur violence, mais en la détournant vers un autre objet. On ne peut opposer à la nature que la nature même; c'est une maxime vraie en politique et en morale, comme en physique. Les habitants des Sables d'Olonne regardent cet ingénieur comme leur sauveur; et l'un d'entre eux qui n'avait point d'enfants, et qui avait pour héritiers des collatéraux riches, lui a légué, par son testament, 40,000 livres, pour récompenser un service rendu à son pays. J'ai cru devoir rapporter cet acte rare de générosité d'un particulier envers un de mes anciens camarades aux ponts et chaussées, qui était digne à tous égards de la reconnaissance publique.

Pour revenir aux dunes de sable, on doit les regarder comme les meilleures digues que l'on puisse opposer aux fureurs de l'Océan. Il n'y trouve que de longs talus où ses flots s'étalent sans résistance ; souvent il les augmente par ses tempêtes, qui détruisent les jetées les mieux construites. La nature les fortifie encore avec divers végétaux, suivant les climats. Elle a planté dans les sables marins de la zone torride les souples mangliers comme des digues flottantes, et les cocotiers qui entrelacent tellement leurs racines chevelues, qu'ils en font des masses solides. Elle y a disséminé une multitude d'animaux, tels que les crabes, les bernards-l'hermite, les tortues, ainsi qu'une foule d'oiseaux de marine qui ne peuvent vivre que dans des sols sablonneux. C'est là aussi que vivent beaucoup de hordes errantes de sauvages, qui y trouvent des chasses et des pêches abondantes. Les dunes de nos rivages ont aussi leurs végétaux et leurs animaux. C'est là que croissent le gramen arenosum, les squilles, la criste-marine, le thym et le serpolet les plus parfumés. Les lapins, si bien peints par La Fontaine, et dont le sort a été envié par l'infortuné Jean - Jacques, se plaisent à y construire leurs longs et tranquilles souterrains. A l'instinct de ces paisibles animaux pour creuser la terre, on peut reconnaître qu'ils sont les habitants naturels des dunes. Ceux de Cabourg, sur les côtes de la Basse-Normandie, sont à tous égards les plus estimés dans nos climats. Les Hollandais regardent leurs dunes comme leurs meilleures digues. Ils ont grand soin de les entretenir et de les réparer à chaque marée avec des bottes de jonc, qu'ils enfoncent, d'étage en étage, dans leurs flancs battus de la mer. Ils sèment aussi sur leurs crêtes le gramen arenosum, et ils y plantent, avec une constance inaltérable, des chênes, qu'ils renouvellent sans cesse. Enfin, ils n'opposent souvent aux fureurs de l'Océan et à celles de leurs ennemis, que de simples bancs de sable.

Les montagnes littorales maritimes saxatiles sont de deux sortes, comme les sablonneuses. Les unes sont concaves, les autres sont convexes. Les concaves sont creusées dans le bassin des mers.

Parmi celles-ci, les unes sont sous l'eau, comme les rochers sous-marins; les autres sont hors de l'eau, comme les falaises. Les littorales convexes sont des montagnes qui s'élèvent au-dessus de la surface de la terre.

Il y a d'abord des rochers sous-marins, soit que la mer les forme actuellement en pétrifiant des bases, ou en conglomérant des sables en grès, soit qu'elle les ait construits autrefois, comme les falaises qu'elle détruit aujourd'hui, et que ces rochers en soient des débris. Nous rangerons parmi les rochers sous-marins le banc de Terre-Neuve, qui est de roche vive, comme on l'a reconnu par les sondes, et autour duquel on ne trouve point du tout de fond; le grand banc qui borde la côte occidentale de l'Afrique; et peut-être le fond même de la mer, qui, en beaucoup d'endroits, ne présente aux sondes qu'un lit de roches, couvert çà et là de vases, de sables, de coquilles brisées. Quoi qu'il en soit, une grande quantité de rochers sous-marins montent du fond de la mer jusqu'au-dessus de sa surface, et protégent ses rivages contre la fureur des flots, qui s'y brisent sans cesse. Telles sont les colonnes de pierre qui s'élèvent devant la côte de Norwège, dans une étendue de trois cents lieues; et la crête de rochers qui borde celle du Brésil, dans une longueur de mille lieues. Quoique ces digues maritimes soient peu élevées au-dessus de l'eau, elles ont au moins deux à trois cents brasses de profondeur. Telles sont encore les chaînes de pierre qui environnent les attollons des Maldives; et les ceintures de madrépores qui entourent un grand nombre d'îles entre les tropiques. Toutes ces digues naturelles sont faites avec un art admirable; car, quelque dur que soit le rocher dont elles sont construites, elles sont ouvertes à l'embouchure des fleuves, non pas toujours vis-à-vis, mais de la manière la plus convenable aux débouchés de leurs eaux, par rapport aux courants de la mer. Comme c'est là qu'abordent les alluvions de l'Océan et de la terre, c'est aussi là que vivent des variétés prodigieuses de fucus, d'algues, de varechs, de coralloïdes, d'éponges, de vermisseaux, de crustacées, de coquillages, de poissons, d'amphibies, d'oiseaux, dont la plupart n'ont pas même encore de nom dans les langues européennes. Je ne balance pas à dire que l'histoire naturelle d'un rocher sous-marin situé entre les tropiques, ne serait pas contenue dans un cabinet de la même étendue, quand on n'y mettrait que deux individus, mâle et femelle, de chaque espèce d'êtres qui l'habitent dans le cours de l'année. J'ai vogué en pirogue sur les hauts-fonds de l'Ile-de-France, et je les ai vus pavés de madrépores aussi variés que les herbes le sont dans nos prairies. Ces madrépores sont remplis de zoophytes, de crabes et de coquillages de toutes espèces; et il y en a de si grands, qu'un seul ferait la charge d'un cheval. Le sol qui les porte est lui-même un madrépore formé de couches dont on fait de la chaux en abondance. Lorsque la mer découvre, dans ses basses marées, une partie des fondements de cette architecture hydraulique, c'est alors qu'on peut se convaincre qu'un rocher n'est pas l'ouvrage du hasard; puisque de son existence dépend celle d'une multitude d'êtres végétants et vivants, organisés exprès pour ne végéter et ne vivre que là. Le lépas, par exemple, est un coquillage pyramidal, collé à un rocher qu'il suce, et son existence en dépend tellement, qu'il meurt dès qu'il en est détaché. L'huître de l'Ile-de-France se colle aux anfractuosités des rochers, de manière que son écaille en suit les plis, et qu'on ne peut l'en détacher qu'en emportant une pièce du roc. La première fois que je vis à l'Ile-de-France un panier d'huîtres, je crus que c'était un panier de pierres. On ne les pêche et on ne les ouvre qu'avec un marteau et un ciseau. Elles sont d'ailleurs excellentes. J'ai vu à Malte et à Toulon une espèce de moule appelée dail, qui se loge et vit dans l'intérieur des blocs de pierre calcaire qui sont au fond de la mer, sans qu'on la trouve nulle part ailleurs. Il n'est pas aisé de dire comment ce dail y pénètre, car on ne voit point d'ouvertures à ces rochers, que l'on brise à coups de masse pour en tirer ce coquillage, qui est très-bon à manger. Ce n'est pas à moi à dire sur ce sujet ce que j'ai vu, mais aux Patagons, aux habitants des Orcades orageuses, des îles Kuriles, du détroit de Jeso, découvert par l'infortuné La Peyrouse, et à cette foule de familles errantes, libres et heureuses, qui, sans aucune culture, trouvent dans les productions si variées des rivages de l'Océan des moissons plus abondantes et plus gratuites que celles de la terre.

L'Océan est, comme je l'ai dit ailleurs, le berceau et le tombeau de la terre. Il est le grand réceptacle de ses dépouilles, et c'est sans doute à leurs dissolutions qu'il doit le bitume et les sels dont ses eaux sont imprégnées. Quoiqu'elles paraissent limpides sur ses rivages, elles se troublent, dans les grandes tempêtes, dans tous les endroits où la sonde peut atteindre. Si on en met alors dans un verre, on y voit des grains de sable se déposer au fond : j'en ai vu faire l'expérience à l'embouchure de la Manche, à plus de soixante lieues au large. C'est un des moyens dont les marins se servent dans les brumes et dans les gros temps, lorsqu'ils ne peuvent sonder, afin de connaître s'ils approchent de terre. Quant à leur sonde, c'est une quille de plomb, quelquefois du poids de 60 à 80 livres. On l'attache à une corde de cent cinquante à deux cents brasses; et on la laisse aller au fond de l'eau pour en connaître la profondeur. Sous la base de cette quille il y a une cavité ronde, de la capacité d'une salière. Elle est remplie d'une pelote de suif en saillie; cette pelote s'écrase par le poids de la quille, et s'amalgame avec le sable et la vase du fond où elle s'arrête. Au moyen de ce sable et de cette vase, dont les débris et les couleurs varient suivant les côtes, on juge de leur éloignement. On a porté l'art de sonder jusqu'à faire des cartes fort exactes des bancs et des écueils que l'on ne peut voir. Les marins, ce me semble, l'emportent en ce point sur les astronomes. Ceux-ci mesurent des distances inaccessibles dans les cieux; mais ceux-là en mesurent d'invisibles au fond de la mer. C'est par la sonde que l'on a le contour et la hauteur des bancs sous-marins de nos côtes, et même du banc de Terre-Neuve, qui a plus de deux cent trente lieues de longueur.

Quant aux montagnes littorales maritimes concaves qui s'élèvent hors de l'eau, on les appelle falaises. Les falaises ne sont pour l'ordinaire que des rivages très-escarpés, taillés dans le sol des terres et à leur niveau. Il y en a de toutes sortes de minéraux. Les unes sont de pierre de taille, comme les collines de l'île de Malte, escarpées par la mer; d'autres sont de laves, comme celles de l'île de l'Ascension. Celles-ci avancent leurs plateaux poreux au-dessus de la mer, qui, les frappant en dessous par ses houles, fait jaillir à travers leurs trous une multitude de gerbes et de jets d'eau : j'en ai vu la côte de cette île bordée quelquefois dans l'étendue de plus d'un quart de lieue. C'est sans doute à quelque longue caverne où la mer s'engouffre, qu'il faut attribuer un jet intermittent d'eau salée qui s'élève dans l'île de Malte, au milieu des terres, à une grande distance du rivage. Il y a plusieurs jets semblables d'eau bouillante, aux environs du volcan du mont Hécla en Islande.

Les falaises de la Normandie sont des couches alternatives de marne blanche et de cailloux noirs, posées par assises horizontales comme les pierres d'un monument : elles ont de quatre-vingts à cent pieds de hauteur. Elles sont évidemment l'ouvrage de l'Océan, car elles sont remplies de coquillages marins ; mais ce qu'il y a de fort singulier, c'est qu'on y trouve les plus grandes coquilles des Indes, telles que la tuilée ou le bénitier. L'Océan indien les a formées dans son sein, et l'Atlantique les détruit aujourd'hui. Il est prouvé, par les observations les plus exactes, qu'il en ronge une toise tous les ans. On pourrait, ce me semble, remédier à cette dégradation, en coupant ces falaises en longs talus, depuis le haut jusqu'en bas. Les marées s'y étaleraient, et n'en battraient plus le pied en ruines. Il suffirait même d'en couper en pente douce la partie inférieure, jusqu'à l'endroit où s'élèvent les plus hautes marées. On laisserait la partie supérieure perpendiculaire, et on y ménagerait de charmantes habitations, qui auraient communication à-la-fois avec la mer et avec les campagnes. On pourrait y tailler d'une seule pièce des chantiers pour de petits vaisseaux, des maisons de plaisance, des bains où l'on recevrait des douches marines. Lorsque la mer roulerait sur leurs talus, ses flots y glissant sans résistance, n'y causeraient plus de dommages. Leurs galets dégradés n'iraient plus encombrer à vingt lieues de là le port du Havre, comme ils font aujourd'hui.

Au reste, l'idée de ces talus littoraux n'est pas de moi; elle appartient à la nature. Elle en a ménagé de semblables dans la plupart de ses montagnes littorales, tant pour leur conservation que pour l'usage des amphibies qui y abordent. Ils sont très-fréquents sur les rivages du Nord, parmi les roches qui bordent le Groënland, le Spitzberg, la baie d'Hudson: ils y sont connus sous le nom d'échoueries. C'est là que rampent les veaux marins, les morses, les phoques, les chevaux marins, pour gagner la terre; et c'est de là aussi qu'ils glissent et se lancent à la mer, à la vue des chasseurs. Ces échoueries sont de roc vif, en pente douce et très-glissantes, parce qu'elles sont sans cesse lubrifiées par un gluten dont la peau de ces animaux est toujours enduite. Ils n'y pourraient pas grimper aisément, si la nature ne leur avait donné, à la plupart, de grosses dents recourbées, qui leur servent à s'accrocher. Ces talus servent aussi de chantiers aux grandes glaces du Nord, pour s'écouler tout entières de leurs glaciers à la mer. Les sauvages y mettent leurs bateaux en sûreté, à l'exemple de la nature et des amphibies. Leurs ports sont des écueils.

Les montagnes littorales maritimes élevées au-dessus de la surface de la terre, sont pour l'ordinaire de roc vif; elles se rencontrent fréquemment aux endroits où les mers sont tempétueuses. Telles sont, par exemple, les Orcades, où battent sans cesse les flots de l'Océan calédonien. Ces îles, placées aux confluents et dans les remous du courant général de l'Atlantique, qui descend du pôle, et de ses contre-courants latéraux qui y remontent, sont, pour la plupart, formées de hauts rochers pyramidaux, coupés en précipices. Les tempêtes de l'air mugissent à leurs sommets, et celles de la mer à leurs pieds; mais ils renferment dans leurs vallons des abris favorables aux plantes, aux animaux, et même aux hommes. Si ces îles septentrionales et venteuses n'avaient été composées que de simples plateaux escarpés en falaises, aucun végétal n'aurait pu y croître.

Je ne finirais pas si je voulais parler ici des plantes et des animaux saxatiles qui peuplent les montagnes littorales. Les mousses et les oiseaux de marine ne sont pas en moindre nombre dans les fentes et les ouvertures des flancs de ceux qui sont hors de l'eau, que les fucus et les coquillages dans les cavités des rochers sous-marins.

Des sauvages y trouvent en abondance non-seulement les aliments de leur vie, mais des objets de luxe pour les femmes de l'Europe. L'Indien plonge au fond des mers pour y chercher des perles; le montagnard écossais, suspendu dans les airs par une corde au haut d'un rocher des Orcades, dérobe à l'eider l'édredon de son nid.

HARMONIES TERRESTRES

DE LA TERRE.

La terre paraît avoir des montagnes qui lui sont propres, et qui composent en quelque sorte les principaux voussoirs de sa circonférence : ce sont les montagnes de granit. Il y en a deux longues chaînes sur le globe. L'une va du nord au sud, dans le Nouveau-Monde, et s'étend depuis la baie de Baffin jusqu'au cap Horn. Elle s'élève dans la zone torride, où elle forme les hautes Cordilières, toujours couvertes de glace ; elle projette, dans sa longueur, de longs bras vers l'orient, dont elle entoure les baies, les méditerranées et les golfes de l'Océan atlantique ; elle en reçoit les vapeurs, et elle en entretient les fleuves, qu'elle verse sur les deux Amériques. L'autre chaîne de montagnes de granit, au contraire, parcourt l'ancien Monde d'occident en orient. Elle commence au mont Atlas, sur les bords de l'Océan atlantique, et, s'avançant jusqu'au Kamtschatka ; elle se compose des monts Caucase, de l'Imaüs, du Taurus, de l'Ararath, des montagnes du Thibet, etc. Elle étend ensuite au nord et au sud des chaînes secondaires qui embrassent, au nord, la Méditerranée et la mer Caspienne, et au sud la Mer-Rouge et les golfes de l'Arabie, de la Perse, du Bengale, de la Cochinchine, en recevant, sur ces deux faces, les brumes et les vapeurs de la Mer-Glaciale et de l'Océan indien, qui fournissent les eaux aux fleuves dont elle arrose l'Afrique et l'Asie. Une voûte entière de granit couronne ensuite les régions polaires du Nord; elle s'y manifeste en mamelons dans la Finlande, la Suède, la Laponie; elle s'élève en forme de mole, à la hauteur des Alpes, dans les montagnes littorales de la Norwège, et en pyramide dans celles du Spitzberg; elle paraît former sous les eaux mêmes un bassin peu profond des mers Glaciales. C'est là en effet que le globe, plus élevé, et dégradé par les glaces et les courants qui en descendent, montre à découvert son noyau graniteux; comme les hautes montagnes laissent apercevoir des rochers de la même nature à leurs sommets dégradés par des causes semblables. Il y a plus : une ligne horizontale, qui part de la base des régions toujours glacées du pôle, passe à une demi-lieue de hauteur par la base des glaciers des Alpes, et à une lieue, par celle des glaciers des Cordilières, et atteste que ces bases sont au même niveau, et que le pôle est élevé au-dessus des mers.

Ces montagnes réunissent en elles les harmonies de toutes les autres, dont elles sont en quelque sorte les noyaux. Voilà pourquoi elles apparaissent tantôt à leurs bases, tantôt à leurs sommets, contre le système des naturalistes, qui, divisant, dans les Alpes, les montagnes en primitives graniteuses, et en secondaires calcaires, sont fort surpris de trouver quelquefois des blocs de granit sous des couches de pierres calcaires. On voit, dans les cartes des victoires de l'empereur de la Chine sur les Tartares, des montagnes à mamelons surmontées de roches à couches horizontales. La chaîne des Cordilières renferme des montagnes de tous les genres. Il y en a de solaires à réverbère et à parasol, de volcaniennes par leurs feux, d'hyémales par leurs glaces, d'hydrauliques par leurs sommets, d'éoliennes par leurs flancs, de littorales par leurs bases.

Quant aux formes de ces montagnes et de toutes les autres en général, elles sont infiniment variées. Indépendamment de leur utilité, elles embellissent les paysages par leurs formes. Rien ne serait plus monotone que le globe de la terre parfaitement rond ; il n'y aurait ni fleuves ni ruisseaux, ou pour mieux dire, il serait entièrement couvert par les eaux, parce qu'elles se mettraient de niveau dans toute sa circonférence : il y fallait donc des montagnes pour y former des harmonies. Par elles, les vents soufflent, les eaux circulent, les plantes végètent, les animaux se meuvent; elles sont les claviers de ce grand orgue de la vie, que touchent successivement les rayons du soleil. On vante beaucoup de vues prises du sommet des montagnes; mais je trouve encore plus belles celles du fond des vallées : ce sont celles-là que peignent les peintres, et avec raison. Du haut des montagnes, on ne voit que le fond des vallées couvertes de brouillards; du fond des vallées, on voit les montagnes couronnées de nuages colorés par le soleil. Les premières vues vous montrent la terre, les secondes le ciel : les plus belles perspectives de la nature sont tirées du parterre, et à notre portée.

Avant d'entrer dans quelques détails sur un si riche sujet, nous allons donner une idée de la manière dont nous concevons que les montagnes ont été formées. Il n'y a pas de doute que les volcaniennes vitrifiées doivent leur origine au feu; les dunes sablonneuses, aux vents; les littorales calcaires, aux eaux. Les eaux de l'Océan, sur-tout, paraissent avoir déposé toutes les couches concentriques du globe; mais il est clair qu'elles l'auraient rendu parfaitement rond, s'il n'y avait pas eu des causes primordiales qui en eussent interrompu l'uniformité. Qui aurait creusé ces belles vallées qui le sillonnent ? Les eaux courantes, me dira-t-on. Mais les eaux courantes ont nécessairement leurs sources dans les hauteurs. Dire que les hauteurs doivent aussi leur origine aux eaux, c'est une pétition de principe. Les montagnes ont donc établi la première organisation du globe d'après des plans que Dieu a conçus dans sa sagesse. Il les a élevées, non à la manière des hommes, avec des machines, mais avec les éléments, et par les lois générales de la nature, qui sont ses mains et ses instruments. S'il est permis à un faible mortel de suivre les traces de l'intelligence céleste, j'ose dire que l'attraction seule a suffi pour organiser la terre dans l'état où nous la voyons. Je reconnais d'abord une attraction centrale au milieu de la terre, qui est la cause de la pesanteur de tous les corps qui sont à sa surface, et de la rondeur de son globe. J'admets ensuite des attractions partielles, qui ne sont peut-être que des rayons de la première, et qui se manifestent au pôle nord par le magnétisme, et aux sommets des hautes montagnes par différents degrés de magnétisme et d'électricité. Celles-ci paraissent avoir leurs siéges dans des noyaux granitiques, et leurs foyers dans les métaux qui s'y rencontrent ordinairement, tels que le fer, le cuivre, etc. Je suppose maintenant que la terre, étant dans un état de mollesse tel que semblent l'indiquer les différentes matières qui composent le granit, elle a subi à-la-fois l'influence de son attraction centrale qui l'a arrondie en sphère, et l'influence de l'attraction solaire qui lui a communiqué d'abord un mouvement circulaire autour du soleil, et un de rotation sur elle-même. Dans ce mouvement de rotation, l'attraction solaire aura agi sur les attractions partielles de la terre, et aura élevé en montagnes, diverses parties de sa circonférence à différentes hauteurs, suivant leurs différents degrés d'attraction.

Pour vous former une idée des courbes variées que ces montagnes auront subies par ces attractions partielles du soleil, suspendez un fil aux deux montants parallèles qui supportent un carreau de vitre, de manière que ce fil ait de longueur une fois et demie la distance comprise entre les deux montants : il formera une courbe à-peu-près hémisphérique. Si vous descendez ensuite un de ses bouts le long d'un des montants, jusqu'à ce qu'il soit en ligne droite, il tracera successivement sur la vitre une multitude de courbes renversées, qui figureront celles des montagnes, depuis les hémisphériques jusqu'à celles qui sont formées par une légère portion elliptique. Dans cette hypothèse, la terre, qui attire le fil, agit sur toutes ses parties. Mais je suppose que l'attraction terrestre n'ait lieu que dans un seul point du fil; au milieu, par exemple : en y mettant un grain de plomb, alors le fil, au lieu de décrire une courbe, tracera les deux côtés d'un triangle, dont le sommet renversé sera au point d'attraction. Le sommet de ce triangle deviendra plus aigu à mesure que sa base se raccourcira, et plus obtus à mesure qu'elle s'alongera. L'attraction de la terre sur le fil représente celle du soleil sur les attractions partielles de la circonférence de la terre dans un état de mollesse. Là où il n'y a eu qu'un point d'attraction, il s'est formé une montagne à profil, triangulaire, en pyramide, et même en pic, comme les littorales maritimes en général, ainsi qu'on le voit dans les vues marines de la plupart des îles. Le foyer de leur attraction se manifeste sur-tout à leurs sommets, dont il a été rapproché ; il est sans cesse environné de nuages. Ces montagnes marines ont un aspect anguleux et rude, comme l'élément tempétueux qu'elles avoisinent. Mais lorsque les attractions partielles ont agi sur toute l'étendue de la montagne, alors elles forment des courbes très-agréables et très-variées : telles sont en général celles des collines, des coteaux et des vallées qui sont dans l'intérieur des îles et des continents.

Je donne cette explication pour ce qu'elle vaut, c'est-à-dire pour peu de chose. Cependant je trouve qu'elle peut servir à nous donner une idée assez naturelle de la formation des montagnes de la terre, puisqu'elle résulte aussi de l'attraction solaire ; loi qui sert à expliquer le mouvement de son globe. Je trouve encore que cette même cause peut rendre raison des fleurs, des fruits, des muscles des animaux, et sur-tout des formes du corps humain, si variées, si nombreuses, et où se trouvent réunies les plus belles courbes de la terre. Je suppose donc que c'est un foyer d'attraction solaire, qui s'étend, en forme de coquilles hémisphériques, dans les cinq pétales de la rose, en ovoïde dans la tulipe, en sphéroïde dans la pomme. Chaque germe a ses formes déterminées, que le soleil développe tour-à-tour. Le fœtus humain a aussi les siennes, également soumises aux influences de l'astre du jour et de celui des nuits. Tous ses muscles et ses os sont en harmonie avec les diverses périodes des mois, des années et des cycles, et en reçoivent successivement leurs développements aux époques de l'enfantement, de l'accouchement, de la dentition, de la puberté et de la virilité. Mais, comme les montagnes sont plus élevées au milieu de la terre, et sous la plus grande influence du soleil, de même les muscles sont plus renflés au milieu du corps humain et de sa plus grande chaleur. Une attraction expansive les étend aux lieux qui ont le plus besoin de force et de grace. On trouve réunis dans la zone torride du corps humain, comme dans les Cordilières et les monts de la Lune, des caractères électriques, volcaniens, éoliens, hydrauliques, pélagiens, littoraux, à ne les considérer qu'en physicien. Mais qui oserait ici prendre le pinceau pour en peindre les formes ? C'est par celles-ci que Vénus est Vénus. Voilà les ondes d'où elle est sortie. Mais jetons simplement un coup-d'œil sur les autres muscles, soit simples, soit combinés ; nous les verrons s'étendre et se renfler aux endroits du corps qui avaient le plus besoin de grace et de force. Dans la tête, par exemple, joues elliptiques, mobiles charmants des ris et de la pudeur dans les jeunes filles ; sur le sein maternel, les mamelles hémisphériques qui devaient nourrir des enfants ; dans le corps de l'homme robuste qui devait les élever et les protéger, les muscles herculéens des jambes, des bras, des reins et des épaules, combinés sous une multitude de formes. Vous diriez que ce fils de la terre et du ciel est formé, comme sa mère, de montagnes et de collines.

Quoique toutes les formes des corps soient renfermées dans la sphère, cependant la nature ne les engendre point, à la manière des hommes, avec un compas ; mais elle se sert pour les former, des qualités positives et négatives de ses attractions, qu'elle attache à chaque corps suivant une infinité de modifications, subordonnées à la loi universelle de leurs convenances. Le cône, dont on déduit les principales courbes, connues sous le nom de sections coniques, est lui-même engendré dans la sphère par la révolution circulaire de l'extrémité d'un de ses rayons autour d'un autre rayon qui lui sert d'axe. Si on voulait produire un grand nombre de courbes nouvelles, il ne s'agirait que d'avoir des vases de formes sphériques, coniques, elliptiques, paraboliques, hyperboliques, etc. En les remplissant d'eau à moitié et en les inclinant, on verrait le contour de l'eau présenter une multitude de courbes différentes, dont la sphère est génératrice, et dont l'attraction de la terre est le mobile en mettant l'eau de niveau. C'est par le moyen de l'eau, et par l'entre-coupure de ses différents niveaux, que tant de figures, régulièrement irrégulières, se sont formées dans l'intérieur des marbres. Mais si l'on veut voir les plus belles courbes, dont la sphère est la génératrice, rassemblées et harmoniées à l'infini dans un concert parfait, il faut les considérer dans le corps humain. Pour en bien saisir les contours, il faut employer le même moyen dont se sont servis, suivant Winckelman, de célèbres artistes italiens, pour copier les plus belles figures de l'antiquité. Ils les mettaient dans l'eau, dont les différentes hauteurs en saisissaient et dessinaient toutes les coupes avec la plus grande précision. Il n'y a pas de doute que, depuis la plante des pieds jusqu'au sommet de la tête, il n'y ait une infinité de coupes dont aucune ne se ressemble. Elles varieront toutes, si on incline la figure seulement d'un degré : et si on augmente cette inclinaison de degré en degré, jusqu'à ce qu'elle soit horizontale, on trouvera, pour ainsi dire, de minute en minute, autant de profils différents. Ces profils seront au nombre de cinq mille quatre cents pour la figure inclinée; et si vous les joignez à ceux que donne la figure perpendiculaire, et à ceux que produirait l'horizontale, vous verrez qu'il n'y a point de paysage qui produise des aspects aussi variés que la figure humaine. Ajoutez-y maintenant les différences que les divers tempéraments, les âges et les sexes y apportent, vous connaîtrez que les beautés dont la nature a revêtu l'homme sont inépuisables. Que serait-ce, si vous en formiez, comme elle, des groupes de familles, de tribus, de nations! Que de courbes simples, à réflexion, à rebroussement, inconnues à notre géométrie! Pour moi, la mienne est si bornée, que je ne peux expliquer comment se forme la réflexion lumineuse des deux portions circulaires en forme de cœur, qui apparaît au fond d'une tasse à café cylindrique, lorsqu'on l'incline. Je vois bien que cette réflexion vient de la partie concave qui est éclairée; mais comment se décompose-t-elle sur le fond en deux portions de cercle qui sont tangentes? J'en laisse chercher la raison à de plus habiles.

Tels sont les caractères principaux que j'ai recueillis sur les divers genres de montagnes élémentaires qui me sont connus. Avec plus de lumières j'en aurais pu rassembler davantage ; mais lorsque je voyageais, je ne soupçonnais pas qu'il y eût de l'ordre dans des sables et dans des rochers. Je croyais, d'après les livres, qu'il n'y avait sur la terre d'autre architecte que l'homme, et pas plus de cinq ordres d'architecture. Je m'imaginais que celui qui avait ordonné le monde, avait réservé son intelligence pour les sphères célestes, et qu'il avait abandonné notre globe terrestre aux éléments, ainsi que ses productions à nos disputes. Mais j'ai entrevu depuis que les montagnes avaient des formes en rapport par leurs latitudes, non-seulement avec les éléments, mais avec des genres particuliers de végétaux et d'animaux, dont on ne trouve que là les espèces primordiales. Elle a donné au site le plus escarpé un quadrupède, et même un poisson ; elle y a planté un végétal qui les y attire par ses fruits ou ses insectes. Elle a mis le sapin sur les monts en amphithéâtre de l'Écosse et de la Finlande, et elle a fait grimper vers lui la marmotte, habitante de leurs rochers ; et bondir le saumon dans leurs rivières en cataractes. Pour varier ses plans, elle a couronné du même arbre les monts à plateau de la Nouvelle-Espagne, et elle a lancé vers lui dans les airs l'écureuil volant ; elle a tapissé de pelouses quelques pentes des monts éoliens dans les Antilles, et elle y a roulé l'armadille entourée de brassarts. Elle a suspendu le singe à la liane flottante qui pend des flancs des monts à parasol de la zone torride, et elle a accroché le bouquetin au buisson vertical au sommet des Alpes. Chaque rocher a son végétal, et chaque précipice son sauteur. Le saumon franchit le sien avec les reins, la marmotte avec les pieds, l'écureuil-volant avec les bras, l'armadille avec le dos, le singe avec la queue, et le bouquetin avec les cornes.

Les montagnes élémentaires présentent encore d'autres caractères en harmonie avec les hommes. Il y en a d'hydrauliques, qui annoncent, sous une figure humaine, la vue des îles maritimes aux navigateurs. Tel est, à l'Ile-de-France, le pic de Pieter-Booth, qui, avec sa pyramide surmontée d'un chapiteau et entourée de nuages, ne ressemble pas mal à une figure de femme revêtue d'une robe flottante. Tel est encore dans cette île le sommet de la montagne du Pouce, qui représente le profil d'une tête d'Encelade regardant vers le ciel. Ce furent, je pense, de semblables aspects qui donnèrent à Homère l'idée de feindre que le vaisseau d'Ulysse avait été changé en rocher en arrivant au port d'Ithaque, parce qu'à l'entrée de ce port s'élève un rocher qui ressemble de loin à un vaisseau à la voile. Celui-ci sert d'enseigne aux mariniers pour leur indiquer leur route; mais d'autres, au contraire, les éloignent des parages dangereux par des formes et des bruits lugubres, comme le rocher de Scylla, noir, couvert de flots écumeux et glapissants, qui fournit encore à Homère la fiction d'une femme entourée d'une meute de chiens dévorants. L'Etna, avec ses feux, ses fumées, ses laves et ses mugissements, donna autrefois à Virgile la terrible image du géant Encelade foudroyé par Jupiter, et, par ses agitations, faisant trembler toute la Sicile. D'autres montagnes, placées au sein des terres, par leurs croupes majestueuses, leurs formes pyramidales, et les riches accidents de lumière que le soleil répand sur les nuages qui s'y rassemblent, présentèrent à l'antiquité ingénieuse une image du palais des Muses ou du séjour des Dieux. Tels furent le Parnasse en Phocide, et l'Olympe en Thessalie. Ces sensations intellectuelles sont sans doute destinées à élever l'homme vers les cieux. Elles ont captivé en tout temps et par tout pays l'imagination des peuples. C'est leur influence qui inspire aux sauvages d'offrir des présents aux montagnes, qu'ils croient habitées par les esprits, et qui engage une multitude de nations civilisées à bâtir des temples et des chapelles sur leurs sommets. C'est elle qui portait les Hébreux à sacrifier dans les lieux hauts, malgré les vives représentations de leurs prophètes, qui leur rappelaient que ce n'était pas là que l'Éternel avait choisi sa demeure, et que la terre entière, avec toutes ses harmonies, était à peine digne d'être l'escabeau de ses pieds. Mais ces spéculations sont ici d'un ordre trop sublime. Quittons les hautes montagnes, descendons dans les humbles vallées, au sein des prairies, ou à l'ombre des forêts. Occupons-nous des harmonies de la terre avec les plantes.

HARMONIES TERRESTRES

DES VÉGÉTAUX.

Nous avons entrevu quelques-uns des minéraux qui composent le globe, les longues chaînes de granit dans les montagnes terrestres proprement dites, les lits de marbres, de pierres calcaires et d'argiles au fond des bassins et sur les rivages de l'Océan, le fer et le cuivre aux sommets aériens des montagnes hydrauliques, et à ceux des monts lunaires et solaires l'argent et l'or; mais de toutes les couches fossiles dont la terre est composée, la plus utile, la plus riche et la plus féconde en merveilles, est celle que nous foulons aux pieds; c'est la couche végétale : c'est elle qui produit nos moissons. On lui donne le nom d'humus, soit à cause qu'elle est le soutien de la vie humaine, soit parce qu'elle en reçoit les dépouilles. En effet, le mot inhumer veut dire déposer un corps dans l'humus. Cette couche superficielle, qui n'a guère dans nos contrées plus d'un pied de profondeur, est formée des débris de fossiles, et surtout de végétaux, dont elle est à-la-fois le tombeau et le berceau. Quoiqu'un grand nombre d'arbres tirent leur nourriture de l'intérieur de la terre par leurs racines, ou de l'atmosphère par leurs feuilles, ce n'est cependant qu'au sein de l'humus que leurs semences développent leurs germes.

La couche végétale de la terre est formée principalement de débris de végétaux; cependant on y trouve ceux des rochers les plus durs réduits en sable ou en gravier. Nous avons démontré ailleurs que ces fragments si nombreux résultaient de l'action des dégels ou du tritus de l'Océan; Newton, de son côté, prétend que la solidité d'une pierre ne vient que de l'attraction de toutes ses parties. Il s'ensuivrait de là que la répulsion mutuelle entraînerait la pulvérisation de cette même pierre. C'est, ce me semble, étendre un peu loin l'attraction des parties intégrantes d'un corps, que d'en faire résulter sa solidité et sa dureté. Ne pourrait-on pas même tirer de ce raisonnement une forte objection contre l'attraction des planètes, qui aurait dû réunir en un seul bloc tout notre système planétaire, malgré leur force de projection? Quoi qu'il en soit, si, malgré l'attraction centrale de la terre, tous les grains de sable qui composent une montagne de grès, telle que celle de la Table, se sont alliés et ont apposé leurs faces assez juste pour n'en former qu'une masse très-dure et très-élevée, comment se fait-il que dans tous ceux que renferment tant de sablonnières, il n'y ait pas deux grains d'adhérents ? Si cette double merveille résulte de l'attraction et de la répulsion des grains de sable, elle n'est pas moindre que celle qui résulterait d'une double projection des caractères de l'alphabet en nombre infini, dont l'une produirait l'Iliade, et l'autre ne formerait pas une syllabe. Voulez-vous une comparaison plus rapprochée ? Supposez, au lieu de caractères alphabétiques, de petits cubes en nombre infini, dont tous, d'une part, viennent à se réunir à leurs voisins par leurs six faces, et tous, d'une autre part, s'en tiennent séparés, quoique posés les uns sur les autres. Cependant il s'en faut bien que des grains de sable soient des cubes réguliers : leurs faces, vues au microscope, sont aussi inégales que celles des plus âpres rochers. Comment donc ont-elles pu toutes se rencontrer juste, et adhérer les unes aux autres par l'attraction, au point de former des Pyrénées et des Alpes ?

O vanité et faiblesse de l'entendement humain ! Il veut remonter jusqu'à l'origine des choses, et il ne peut savoir lequel a été le premier du rocher ou du grain de sable, et si celui-ci est le fondement ou le débris de l'autre. Ce qu'il y a de certain, c'est que tous les deux entrent nécessairement dans la construction de la terre sous leur forme individuelle. Ses harmonies ne pourraient pas plus subsister sur un globe d'un seul bloc, que réduit en poudre. Pour moi, je suis plus frappé de ses parties solides que des pulvérisées, quoique également étonnantes. Je ressemble à ce bon nègre, qui, voyant déboucher une bouteille de vin mousseux de Champagne, s'étonnait, non de ce que le vin sortait de la bouteille, mais de ce qu'on avait pu l'y faire entrer. L'agrégation me paraît plus surprenante que la dissolution, et la construction plus que la destruction. Quoi qu'il en soit, la nature emploie les unes et les autres aux harmonies de ses ouvrages ; elle ne fait subsister la vie que des ruines de la mort. Les fossiles mêmes, qui paraissent purs et que l'on trouve par couches au-dessous de la terre végétale, tels que le sable, l'argile, la marne, les granits, les bancs de coquilles, les débris de pierres, produisent, chacun à part, un petit nombre de végétaux qui leur sont propres : mais si on les mêle ensemble dans certaines proportions, toutes ces matières hétérogènes composent un sol très-fertile ; tant il est vrai que tout est harmonié, jusque dans les débris des êtres inanimés. La terre végétale n'est qu'une matrice qui pompe sans cesse les rayons du soleil, l'air vivifiant de l'atmosphère et l'eau féconde des pluies. C'est pour y introduire l'harmonie des éléments, que la nature y dissémina tant d'insectes et d'animaux, qui la criblent de trous ; et que l'homme, à leur exemple, la laboure avec le fer de la bêche et de la charrue. Mais la nature, qui prend soin des végétaux qu'elle sème elle-même, leur a donné de profondes racines, qui font pénétrer la chaleur, l'air et les eaux jusque dans le sein des roches.

Voyons maintenant comment ces racines s'accrochent aux différents sols auxquels la nature les a destinées.

A commencer par les montagnes solaires ou à feu, nous trouverons que les volcaniennes, comme nous l'avons observé, sont les plus fertiles du globe par leurs bases, mais en même temps les plus arides par leurs sommets. Cependant, comme elles ont des oiseaux qui leur sont propres, et que ceux appelés diables y habitent, comme dans le volcan de la Guadeloupe, je ne doute pas qu'elles n'aient aussi leurs plantes. Les naturalistes y ont observé une espèce de lichen qui est particulière aux laves. Les lichen ont en général pour racines des griffes imperceptibles qui s'accrochent aux rochers les plus durs et les plus polis; ces racines dégradent à la longue la surface de ces rochers, et la changent en terre végétale. Elles sont les premiers avant-coureurs de la végétation; mais comme rien n'est monotone dans les paysages que dessine la nature, elle revêt la bouche même enflammée d'un volcan du plus vif éclat des minéraux. Souvent son cône noir s'élève du sein verdoyant des forêts, et son cratère, tout jaune des couleurs de ses soufres, vomit un long tourbillon de fumée étincelante au milieu d'un ciel azuré.

Les montagnes hyémales, les plus hautes du globe, sont couvertes de mousses d'une multitude d'espèces. Ces mousses végètent en quelque sorte par la simple émanation des vapeurs qui s'élèvent du sol ; car, si on en expose de sèches à l'humidité long-temps après qu'elles ont été cueillies, même après des siècles, on les voit reverdir et croître. Cependant elles s'accrochent par des filaments à la surface de la terre, aux rochers et aux troncs des arbres, où elles sont suspendues ou rampantes. Il semble que la nature en ait revêtu, comme d'une laine, les roches et les arbres des pays élevés et des contrées polaires, par la même raison qu'elle a couvert leurs animaux d'épaisses fourrures. Les mousses sont si abondantes dans les forêts de la Russie, qu'il m'est arrivé plusieurs fois, en voulant en traverser quelque partie hors des chemins frayés, d'y enfoncer jusqu'aux genoux, et d'en voir sortir aussitôt des légions de mouches. C'est sans doute à cause de ce végétal, ou de l'insecte dont il est le berceau et l'asyle, que la Russie portait autrefois le nom de Moscovie, ou à cause de ses mouches, *propter muscas*, suivant d'anciens géographes, ou parce qu'elle est couverte de mousses, *muscosa*. C'est ainsi que la Saxe tire son nom de ses rochers, appelés en latin *saxa*. D'autres végétaux non moins variés que les mousses, quoique moins nombreux, sont répandus dans les contrées les plus élevées et les plus septentrionales : ce sont les champignons. Ils ont avec elles des consonnances par leurs proportions, et parce qu'ils végètent comme elles ; ils en ont d'autres par les vapeurs du sol, qu'ils reçoivent dans les nombreux feuillets de leurs parapluies; mais ils contrastent avec elles de la manière la plus frappante par leurs formes, leurs couleurs, et sur-tout leur durée ; car, si les mousses conservent la vie végétale pendant des siècles, les champignons ne la gardent qu'un jour. Les premières, destinées à donner des abris aux semences des végétaux, et aux insectes pendant l'hiver, devaient durer toute l'année; il suffisait aux seconds de n'exister que le cours d'un été, pour nourrir des habitants éphémères comme eux. Du sein de ces humbles végétations s'élèvent des arbres de la plus haute stature, qui forment entre eux de semblables contrastes. Les bouleaux, comme de hautes pyramides renversées, supportées par des troncs blancs, laissent flotter dans les airs leurs scions pendants, garnis de feuilles que moissonnent les hivers : ils sont disséminés parmi les sapins pyramidaux, dont les troncs noirs élèvent vers les cieux leurs rameaux toujours verts, symbole de l'immortalité chez les Orientaux. Leurs longues racines, sur-tout celles du sapin, sont semblables à de fortes ficelles, et en tiennent lieu aux Lapons et aux

Samoïèdes, qui en font les cordes de leurs arcs; elles serpentent dans l'humus des vallées, et entourent de leur plexus les blocs de granit qu'elles ne peuvent percer. Elles contribuent, avec celles des mousses, à fixer les couches végétales du sol sur les flancs déclives des montagnes hyémales. L'œil n'est pas moins surpris de voir des monts de neige et des rochers de glaces s'élever du sein des tapis et des bocages toujours verts, que de voir les cônes noirs des montagnes volcaniennes vomissant le feu au milieu des forêts.

On peut compter les végétaux précédents parmi ceux qui croissent dans les monts éoliens, parce qu'ils ont, d'une part, de longues racines capables d'une forte résistance, et de l'autre, des feuilles très-menues, qui ne donnent point de prise aux vents : tels sont les pins, les sapins, les genévriers, les genêts, les joncs. Quoique les sommets de ces monts dépouillés de terre se montrent à nu, la nature les revêt de plantes microscopiques, dont les racines armées de griffes imperceptibles, ou de ventouses, se collent aux surfaces des rochers les plus durs, les décorent de plaques vertes, noires, blanches, aurores, et les font paraître comme de grands môles de marbre de toutes les couleurs. Souvent des lianes, telles que nos lierres, prennent racine à leurs pieds, et tapissent leurs flancs, où elles s'attachent avec des racines semblables à des suçoirs, tandis que d'autres, poussant des racines dans leurs fentes, sont suspendues la tête en bas, et jouent, comme des draperies de verdure, au gré des vents. Dans les vallées anti-éoliennes, comme quelques-unes du Mexique, renfermées dans des bassins de montagnes où règne un long calme, les cactus, les nopals, les cierges, s'élèvent presque sans racines, en s'appuyant contre les flancs des rochers. On voit à Paris, au Jardin des Plantes, un cierge de plus de soixante-dix pieds de haut, qui jette de longs bras à droite et à gauche; il n'a pas un pied de racine en terre : il est renfermé dans une espèce de tour vitrée qui le soutient de toutes parts. Il y a apparence que ce grand végétal est destiné à ramper.

Dans les monts hydrauliques, on trouve des arbres qui paraissent concourir avec les rochers hydro-attractifs, à attirer les vapeurs de l'air, et à les résoudre en pluies : tel est celui que l'on appelle *Sanctus* dans une des îles des Canaries. Il est toute la nuit entouré d'un brouillard qui se résout le jour en pluie, dans une telle abondance, qu'il fournit de l'eau à la plupart des insulaires. J'en ai parlé dans mes Études de la Nature, en observant que beaucoup d'arbres avaient la propriété d'attirer les vapeurs de l'air, et même les tonnerres. Je crois qu'on peut ranger au nombre des arbres hydro-attractifs celui dont le tronc est entouré d'ailerons en forme de larges planches, qui lui servent d'arcs-boutants contre les vents au milieu des rochers, où il aime à croître, et où il ne trouve guère à étendre ses racines.

Les végétaux qui croissent dans les montagnes littorales, tant fluviatiles que maritimes, ont des racines qui en fortifient les rivages : celles des joncs, des roseaux, des glaïeuls, des aunes, s'entrelacent comme des cordes dans les berges de nos rivières, et les défendent contre les courants. Plusieurs graminées, comme le chiendent et le gramen arenosum, lient les sables arides de leurs longues racines articulées, et protégent même les digues de la Hollande contre les fureurs de l'Océan. Mais c'est sur-tout dans la zone torride, où les tempêtes sont d'autant plus violentes que les calmes y sont plus profonds, que la nature a pris les plus grandes précautions pour fortifier les rivages de la mer par les racines des végétaux. Les grèves arides sont couvertes des rameaux de la fausse patate, espèce de liane rampante qui s'étend comme un filet, dont les cordons sont si longs et si forts, que les noirs s'en servent pour prendre des poissons. Les cocotiers s'y enracinent par une multitude de filaments, qui font du sable une masse solide comme un rocher ; il n'y a point de colonnes plus fermes sur leurs piédestaux. La nature élève non-seulement des colonnades dans ces sables marins, mais des palais entiers de verdure. L'arbre des Banians jette de l'extrémité de ses branches des racines qui s'enfoncent dans les sables, et forment autour de son tronc une multitude d'arcades et de voûtes dont les pieds droits deviennent bientôt de nouveaux troncs. Un seul arbre produit, au milieu de ces sables marins brûlants, une forêt dont les racines sont inaccessibles aux flots, et dont le feuillage est impénétrable à la pluie et au soleil.

Les montagnes littorales, tant fluviatiles que maritimes, nourrissent sous les eaux des végétaux dont les racines les fortifient contre les dégradations et contre les tempêtes. C'est sur les bords des rivières et au fond de leurs canaux, que croissent les racines des joncs, des roseaux, des nimphæa, de l'iris fœtida, de la sagittaire; elles s'entrelacent au point que, si on ne les fauchait tous les ans, elles en obstrueraient le cours. Ce sont elles qui, en arrêtant les vases et les sables, élèvent à la longue les bords et les canaux des rivières au-dessus du sol des vallées; souvent il s'y joint des saules et des aunes, dont les racines traçantes sont semblables à des cordes. Si un de ces arbres vient à être renversé par quelque inondation fortuite, il pousse des rejetons de chacun de ses rameaux; et reproduit à lui seul une forêt. Ainsi la nature tire le remède du mal même, et, en harmoniant la puissance végétale à l'aquatique, donne un lit aux fleuves et des canaux aux forêts. C'est ainsi que coulent le Mississipi, et plusieurs fleuves de l'Amérique, dont les bords, couverts de cannes et d'une multitude d'autres végétaux, forment à droite et à gauche des digues latérales, entre lesquelles circulent leurs eaux, au-dessus du niveau des plaines. Les montagnes littorales maritimes ont aussi leurs végétaux sous-marins qui les fortifient. On peut regarder en général les plantes marines comme de simples racines, qui, plongées au sein des eaux, en tirent leur nourriture par tous leurs pores. Elles sont attachées, à leur extrémité inférieure, par une espèce de gluten insoluble à l'eau, au moyen duquel elles se collent aux rochers; elles sont dures comme du cuir, souples et alongées comme des cordes, et il y en a de plus de trois cents brasses de longueur, comme le fucus giganteus, dont nous avons déjà parlé. Elles sont pour l'ordinaire terminées par un bouquet de feuilles qui apparaît à la surface de l'eau, sans doute pour y recevoir les influences immédiates de l'air et du soleil. Celles qui croissent sur les bords de la mer, dans nos climats, et qui sont découvertes deux fois par jour par les marées, sont plus feuillues que celles qui croissent à de grandes profondeurs. J'ai vu souvent avec intérêt, sur les côtes de Normandie, des masses de marne blanche entremêlées de lits de galets noirs, détachées des falaises, dont la mer s'était emparée, et qu'elle avait couvertes de fucus, d'algues et de varechs. Ils suspendaient aux flancs des rochers leurs houppes et leurs guirlandes brunes, vertes, pourprées, cramoisies, au-dessus et au-dessous des flots azurés, s'élevant et s'abaissant avec eux, comme des ondes de diverses couleurs. C'est dans le lit de l'Océan que naissent une multitude de plantes inconnues à nos botanistes ; c'est là qu'elles forment mille harmonies étrangères à leurs systèmes. Non-seulement elles fournissent des abris et des pâtures à un grand nombre de coquillages, de testacées, de poissons, d'oiseaux de marine, d'amphibies ; mais elles protégent encore les rivages de l'Océan : c'est ce que prouvent les dégradations de ces rivages dans les lieux où l'agriculture par ses engrais, et le commerce par ses manufactures, les ont dépouillés de leurs végétaux pélagiens. Mais c'est sur-tout sur la terre proprement dite, sur les flancs de ses collines, au fond de ses vallées et dans ses plaines, que les racines sont aussi variées que les végétaux mêmes qui les tapissent et les couronnent. Il y en a de chevelues, de cordonnées, de capillacées, de pivotantes, qui s'harmonient avec les sables, les rochers, les cailloux, les argiles ; chacune conserve sa forme toujours en rapport avec le terrain que lui a destiné la nature. J'ai vu, dans des carrières de pierre à chaux, des racines de vigne pousser leurs longs filaments à travers les rochers, à plus de quinze pieds de profondeur. Le chiendent entrelace les siennes dans les sables, dont il arrête la mobilité ; celles de l'anémone nemorosa s'étendent comme un réseau à la surface de la terre, dans les bois, et y fixent l'humus. L'orme prolonge les siennes autant que son ombrage sur la pente des collines ; le chêne y enfonce son long pivot autant qu'il élève sa cime dans la région des tempêtes.

Nous contemplons avec plaisir une belle forêt. Les troncs de ses arbres, comme ceux des hêtres et des sapins, surpassent en beauté et en hauteur les plus magnifiques colonnes ; ses voûtes de verdure l'emportent en grâce et en hardiesse sur celles de nos monuments. Le jour, je vois les rayons du soleil pénétrer son épais feuillage, et à travers mille teintes de verdure, peindre sur la terre des ombres mêlées de lumière ; la nuit, j'aperçois les astres se lever çà et là sur ses cimes, comme si elles portaient des étoiles dans leurs rameaux : c'est un temple auguste qui a ses colonnes, ses portiques, ses sanctuaires et ses lampes ; mais les fondements de son architecture sont encore plus admirables que son élévation et que ses décorations. Cet immense édifice est mobile ; le vent souffle, les feuilles sont agitées et paraissent de deux couleurs ; les troncs s'ébranlent avec leurs rameaux, et font entendre au loin de religieux murmures. Qui peut maintenir debout ces colonnes colossales mouvantes ? Leurs racines. Ce sont elles qui, avec les siècles, ont élevé sur une plage aride une couche végétale, qui, par l'influence du soleil, a changé l'air et l'eau en sève, la sève en feuilles et en bois; ce sont elles qui sont les cordages, les leviers, et les pompes aspirantes de cette grande mécanique de la nature; c'est par elles qu'elle supporte l'impétuosité des vents, capable de renverser des tours. La vue d'une forêt me fait naître les plus douces méditations; je me dis, comme à l'aspect d'un de nos plus magnifiques spectacles : Le machiniste, le décorateur et le poëte sont sous le théâtre et derrière la toile : ce sont eux qui ont préparé toute la scène, et qui la font mouvoir avec ses acteurs; de même les agents des forêts sont sous la terre, et ce que je ne vois pas à sa surface est encore plus digne de mon admiration que ce que j'y vois.

Quoique toutes les montagnes et même les rochers soient susceptibles, comme nous l'avons vu, de nourrir des végétaux, il y a cependant des parties de la terre qui leur sont plus particulièrement destinées, par des ados et des abris : telles sont en général les vallées. C'est là que les pluies rassemblent l'humus, l'un des moteurs de la végétation. Son exposition la plus favorable est à l'orient et au midi, dans nos climats. Nous y distinguons en général les plantes en septentrionales et en méridionales, nous pouvons les subdiviser encore en orientales et en occidentales; mais nous parlerons de ces classifications aux harmonies végétales de la terre : il nous suffit d'avoir donné ici une idée des harmonies terrestres des végétaux.

HARMONIES TERRESTRES

DES ANIMAUX.

Quelque intéressantes et nombreuses que soient les harmonies que les végétaux ont avec la terre, elles n'égalent point celles que les animaux ont avec elle et avec les autres éléments. Un arbre n'affaisse point par sa pesanteur le sol qui le supporte; il s'y soutient par ses longs pivots, par les différents étages de ses racines, et même par les divers plans de ses feuilles. Il n'en serait pas ainsi d'un quadrupède du même poids : comme il ne pèse qu'à la surface de la terre, il y enfoncerait par la base étroite de ses pieds. C'est sans doute pour cette raison que la nature a fait les animaux terrestres beaucoup moins pesants que les arbres, et même que les animaux aquatiques, qui sont supportés par l'eau dans toute leur longueur : l'éléphant, le plus lourd des quadrupèdes, pèse beaucoup moins qu'un cèdre et qu'une baleine. Il y a aussi cette différence très-remarquable entre le centre de gravité de l'arbre et celui du quadrupède, que le premier a le sien en bas, parce qu'il devait être en repos, et que le second l'a en haut, parce qu'il devait être susceptible d'un mouvement de progression, qui n'a lieu que lorsqu'il porte son corps et sa tête en avant. En considérant les arbres de nos parcs et de nos vergers, dont le tronc est nu, et dont la tête est surchargée d'une masse de branches et de feuilles, on serait tenté de croire que leur partie supérieure est la plus pesante; mais ils ne sont figurés ainsi que parce qu'on a soin d'élaguer, dès leur jeunesse, les branches de leur tronc. Si on les abandonnait à la nature, ils en produiraient dès leurs racines, et affecteraient bientôt la forme pyramidale. C'est ce que j'ai vu arriver à des ormes négligés, qui avaient poussé de leur partie inférieure des rameaux si étendus, qu'on ne pouvait plus passer dans leurs intervalles, ni même dans l'avenue qu'ils formaient. Ainsi la nature a donné aux arbres des forêts des espèces d'échelles propres à les escalader. Je ne connais guère que les palmiers dont la tête seule soit chargée de palmes. Quoique la tête des palmiers soit assez large, le poids en est léger par comparaison à celui de la partie inférieure de leur tronc, et sur-tout de leurs racines, composées d'une multitude de filaments qui forment une masse solide avec le sable, dont elles tirent leur nourriture. Cependant, en considérant en général les arbres comme de grands leviers, garnis du haut en bas de plusieurs étages de verdure, agités par les vents qui leur font décrire des arcs de cercle, j'admire la force prodigieuse de leurs racines, qui souvent n'ont d'autre tenue que du sable ou des terres marécageuses, où nous n'oserions asseoir le plus petit édifice; mais je suis bien plus surpris encore en voyant des animaux fort pesants avoir en eux-mêmes une force motrice, qui les pousse, suivant leur volonté, en avant et en arrière, à droite et à gauche, en haut et en bas, suivant les diverses configurations du sol qu'ils parcourent.

Quoique tous les animaux soient assujettis à la force centripète de la terre, ils ont une force de progression qui leur est propre, et au moyen de laquelle ils surmontent cette force générale d'attraction, soit en volant dans les airs, ou en nageant dans les eaux, ou en marchant sur la terre. Nous avons entrevu combien leur vol et leur nager sont variés : maintenant, nous allons jeter un coup-d'œil sur leur marcher, qui présente encore plus de combinaisons. En effet, les animaux terrestres proprement dits, n'étant soutenus par aucun fluide, ont des organes et des moyens de progression bien plus variés que les oiseaux et les poissons. Parmi eux on en trouve qui glissent, rampent, marchent, sautent, roulent, dansent, etc., avec des membranes, des anneaux, des ressorts et des pieds, dont la configuration est en rapport avec le sol qu'ils habitent et leurs besoins divers. La nature a fait la surface de la terre assez compacte pour résister au poids des plus lourds animaux, et en même temps assez légère pour que les insectes et les végétaux pussent la pénétrer. Ainsi elle se trouve à-la-fois, par sa densité et sa ténuité, en rapport avec la mousse et la fourmi, et elle supporte à-la-fois le cèdre et l'éléphant. Cette observation est, je crois, de Fénélon, et je saisis cette occasion de lui en rendre hommage.

Ce n'est pas tout. La nature a mis les animaux les plus lourds en harmonie avec cette même terre, afin qu'ils ne pussent s'y enfoncer par leurs mouvements accélérés, qui doublent et triplent leur poids. Elle les a d'abord posés sur quatre appuis, que nous appelons jambes, et ces jambes sont terminées par des pieds d'autant plus larges que le quadrupède est plus pesant. Les os de leurs jambes ne sont point en ligne droite et perpendiculaire, mais un peu arqués en dehors et même en arrière, comme des voussoirs, pour mieux supporter la charpente de leur squelette et le poids des muscles qui y sont attachés. Elle a divisé ces jambes en plusieurs articulations, fortifiées de nerfs au pied, au jarret, à la cuisse, afin que l'animal ne tombât pas de tout son poids; ce qui serait arrivé si ses jambes avaient été d'une seule pièce. Elle a ensuite fortifié le pied d'un cuir très-épais, et d'une corne à-la-fois dure et élastique. Il s'ensuit de toutes ces précautions, dont je donne ici une bien faible idée, que les quadrupèdes les plus pesants sont, en quelque sorte, ceux qui marchent le plus légèrement.

L'éléphant a quatre jambes formées en colonnes articulées, terminées par des pieds un peu concaves en dessous, avec cinq ergots plats, qui lui servent à gravir les montagnes, où il se plaît. Son pas est très-sûr. Le philosophe Chardin, qui en avait vu beaucoup en Perse et aux Indes, dit qu'en marchant il ne fait pas plus de bruit qu'une souris, qu'il va fort vite, et que, s'il vient derrière vous, il est sur vos talons avant que vous vous en aperceviez. On en peut inférer qu'il ne galope point, car, s'il galopait, son poids, accéléré par la chute de toute la partie antérieure de son corps, l'enfoncerait en terre. Que serait-ce, s'il s'élançait en l'air comme un chevreuil? Il écraserait le sol comme un rocher, et s'y briserait lui-même.

Ainsi la nature a proportionné le poids des animaux à leur marche et à la densité de la terre, comme celui des oiseaux à la résistance de l'atmosphère, et celui des cétacées à l'équilibre de l'air, qui les fait flotter, et des eaux qui les supportent. Si une baleine marchait, ou même rampait sur la terre, elle y creuserait des vallées par sa pesanteur, et en détruirait tous les végétaux.

La nature, comme une bonne mère, supporte non-seulement les animaux qu'elle nourrit et qui la parcourent, mais elle leur offre de toutes parts des asyles et des lieux de repos. C'est en partie pour cette fin que ses rochers sont remplis de fentes et de crevasses, que ses sables sont si mobiles, depuis les rochers caverneux de l'Afrique qui offrent des antres aux lions, jusqu'aux dunes, où les lapins creusent leurs terriers. D'un autre côté, tous les animaux ont reçu des organes, des muscles, des peaux revêtues de poil, et d'autres compensations en rapport avec les diverses densités de la terre, tant pour en parcourir les sites variés, que pour y trouver des asyles et même des tombeaux.

Pour nous donner une idée de leurs harmonies terrestres, nous les considérerons sous les doubles rapports de leur mouvement et de leur repos. Afin de mettre de la clarté dans nos recherches, nous les disposerons dans l'ordre même où nous avons considéré les harmonies de la terre proprement dites. Nous allons donc commencer par celles des animaux qui habitent les montagnes solaires et hyémales.

Les animaux de la zone torride et des contrées chaudes des zones tempérées, ont, pour la plupart, les jambes et le cou fort alongés. C'est là qu'on trouve les gazelles si sveltes, les chameaux, les dromadaires, les girafes ou caméléopards qui ont jusqu'à dix-huit pieds de hauteur ; l'autruche, appelée par les Arabes l'oiseau-chameau ; le cazoar, l'aigrette, l'ibis, et plusieurs quadrupèdes grimpants, tels que le singe, le rat palmiste, le mus jaculus ou rat sauteur, qui franchit les sables de l'Egypte ; enfin beaucoup de reptiles qui s'élancent comme des dards. Je pense que la plupart de ces quadrupèdes et de ces oiseaux ont les organes de la progression plus alongés, afin d'avoir ceux de la respiration élevés au-dessus des réverbérations brûlantes du sol. En effet, il est remarquable que les lions, les chameaux et les singes, ont les narines plus ouvertes que les animaux des pays froids ou des montagnes à glace : on retrouve des différences semblables dans la configuration des hommes qui les habitent. Le Nègre a les jambes et les cuisses plus alongées et le nez plus épaté que le Samoïède et le Lapon, qui sont plus raccourcis dans leurs proportions que les habitants des climats plus tempérés.

Au contraire, les animaux qui vivent dans les zones glaciales, ou dans les montagnes hyémales, ont les jambes et le cou plus courts, afin de les avoir plus rapprochés de leur corps, c'est-à-dire du centre de leur chaleur ; ils les ont, pour cet effet, souvent garnis de poils ou de plumes jusqu'aux extrémités des pieds : les organes de leur respiration sont aussi plus étroits, afin que l'air froid qu'ils respirent n'entre pas dans leurs poumons en trop grand volume à-la-fois. C'est sans doute pour cette raison, que les renards et les ours blancs du Nord ont le museau alongé et pointu, à l'opposite des tigres et des lions du Midi, qui l'ont raccourci, avec des narines évasées; l'élan du nord de l'Amérique a des tubérosités qui semblent protéger l'ouverture des siennes; les Tartares des contrées septentrionales sont même obligés de fendre les naseaux à leurs chevaux, pour leur faciliter la respiration dans les courses rapides qu'ils leur font faire. Si les pieds des animaux des pays froids se ressemblent en ce qu'ils sont plus rapprochés de leur corps, ils diffèrent les uns des autres par leurs formes, en rapport avec le sol qu'ils habitent. Ceux du renne sont très-fendus, et s'écartent en marchant, afin de l'empêcher de s'enfoncer sur les neiges, où il cherche sa pâture. D'autres, comme les oiseaux de marine, tels que les lombs de Norwège, ont des plumes jusqu'au bout des doigts; il en est, comme les ours blancs, qui ont des griffes pour gravir sur les glaces flottantes; quelques-uns, comme les lions marins, ces lourds amphibies, semblables à des tonnes d'huile, ont deux fortes dents recourbées avec lesquelles ils se traînent sur les échoueries du Groënland et du Spitzberg.

Parmi les animaux qui habitent les monts

éoliens, on peut compter sans doute les volatiles, soit oiseaux, soit insectes, qui sont répandus d'ailleurs dans tous les sites. Nous avons donné une idée du vol de ceux-ci, aux harmonies aériennes; nous y avons parlé aussi du vol de quelques quadrupèdes, comme celui de la chauve-souris et de l'écureuil volant, ainsi que de celui de quelques poissons : nous dirons ici un mot du marcher des volatiles. Les oiseaux ont deux pates, divisées pour l'ordinaire en quatre doigts, dont trois en avant, et un en arrière, pour saisir les branches des arbres. Ils s'y attachent avec tant de force, qu'ils résistent pendant leur repos aux plus violentes tempêtes, et que quelquefois ils restent accrochés même après leur mort. Ils ont plusieurs façons de marcher sur la terre. Les uns vont en sautillant, comme les moineaux et les pies; d'autres en dansant, comme les demoiselles de Nubie; d'autres, en se balançant à droite et à gauche, comme les canards et les perroquets; d'autres marchent avec gravité, comme les paons et les coqs. Quant aux insectes, la plupart ont leurs pieds armés de griffes, dont ils s'accrochent aux corps lisses et polis. J'observerai, à ce sujet, que les griffes ou ongles crochus n'ont pas été donnés aux bêtes de proie, parce qu'elles sont carnivores, mais parce qu'elles sont grimpantes. Le chat a des griffes crochues, parce qu'il est destiné à grimper dans les arbres et sur les toits pour y chercher sa proie; le chien, destiné comme lui à vivre de chair, mais sur la terre, n'a que des ongles droits. Il en est de même des griffes du tigre, du lion, de l'ours blanc, habitants grimpants des rochers et des glaces, comparées à celles du renard, du loup, de l'hyène, qui ne sont pas moins carnassiers, mais qui habitent les plaines. Quant aux animaux qui pâturent dans les montagnes escarpées, comme la chèvre, le chevreuil, le daim, le chamois, le pacos des Cordilières, etc., ils ont les pieds fourchus, en deux parties terminées par deux ergots pointus, dont ils se cramponnent sur les rochers les plus durs, où ils trouvent ainsi huit points d'appui. Mais c'est dans les insectes particulièrement que l'on remarque les attentions de la nature pour empêcher ces petits corps si légers de devenir le jouet des vents. Non-seulement ils ont, pour la plupart, des griffes très-aiguës à leurs pieds, pour s'attacher à des corps aussi polis que le verre; mais ils ont des espèces de molettes, entre lesquelles ils font rentrer leurs griffes, comme les chats, afin de ne pas les user lorsqu'ils marchent sur un terrain horizontal. C'est ce qu'on peut voir aux mouches de nos appartements, qui montent et descendent sur nos glaces perpendiculaires. Quelques chenilles, comme celle qui vit sur la feuille toujours tremblante du peuplier, ont, indépendamment des griffes ordinaires attachées à leurs anneaux, des espèces de sabots circulaires, formés de crochets, qui les cramponnent aux feuilles de cet arbre toujours agitées des vents.

Les animaux qui n'habitent que les sommets des montagnes hydrauliques, ou les bases des littorales, ont des moyens différents de progression. Les habitants des premières, dans les contrées méridionales, tels que les singes, sont revêtus d'un poil touffu qui les met à l'abri de l'humidité; ils ont cinq doigts à chaque pied et à chaque main, et des queues souples dont ils s'attachent aux branches élastiques des buissons pour s'élancer au-delà des précipices. J'en ai vu courir, à l'Ile-de-France, le long des plus petites corniches de rochers à pic et très-élevés; sur les flancs desquels ils paraissent comme s'ils avaient été sculptés en relief. Les écureuils qui vivent dans les montagnes neigeuses, ont des fourrures encore plus garnies; quelques espèces du nord de l'Amérique ont des queues en panache, dont ils se couvrent la tête, et qui leur servent en quelque sorte de para-neige. On en trouve une autre espèce qui a une peau membraneuse adhérente à ses quatre pates; et au moyen de laquelle l'animal s'élance d'un rocher à un autre : tel est celui des montagnes marécageuses de Labrador. Les oiseaux des sites élevés et pluvieux, tels que la plupart des oiseaux de proie et de marine, et même les pigeons, ont la partie supérieure de leur plumage fort serrée; de manière que les pluies y glissent, et quelquefois même le plomb des chasseurs; beaucoup d'insectes sont formés de la manière la plus propre pour grimper sur les parois humides de ces sites. C'est là que l'araignée et plusieurs autres insectes fragiles, furent pourvus de l'instinct de prévoir la pluie, si contraire à leurs travaux; mais le limaçon, à l'abri sous son toit, se plaît à parcourir les murailles humides, au moyen de sa membrane musculeuse et gluante.

Les êtres organisés ont différents moyens de marcher sur les bases des montagnes littorales. Le limaçon de mer se promène, comme celui de terre, au moyen d'une membrane musculeuse. Il est remarquable que celle-ci n'a point de glu qui l'aide à glisser, parce que le sol qu'il parcourt au fond des eaux est toujours humide. Les univalves sont les seuls coquillages qui vivent à sec, parce que leur coquille porte tout entière sur l'organe de leur progression. Cette coquille est très-mince dans les limaçons de terre, qui ne sont exposés qu'aux vents; tandis qu'elle est épaisse dans les limaçons de mer, exposés sur les rivages au roulement des cailloux, et toutefois celle-ci est légère, par sa pesanteur relative avec l'eau marine qui la soulève. Il résulte de là que les coquilles marines sont avec les coquilles fluviatiles et les terrestres ou aériennes, dans un rapport d'épaisseur égal à celui de pesanteur où l'eau de mer, imprégnée de sel, est avec l'eau des rivières et avec l'air : ainsi la nature a établi les plus parfaites harmonies entre les éléments et les animaux de la même espèce qui les habitent. Un gros buccin n'est pas plus chargé de son poids au fond de la mer, qui l'aide à surnager, qu'un limaçon terrestre à coque mince, sur la branche où il rampe. Les lourds nautiles, ainsi que les papyracées, s'élèvent à la surface de la mer en formant le vide dans leurs nombreuses cellules. Ils dressent alors une espèce de voile en l'air, et parviennent où la nature les guide, à la faveur des vents et des courants. Il n'y a point de coquillages bivalves sur terre, parce que leurs deux coquilles à charnière ont besoin d'être soulevées latéralement par les eaux, pour s'appuyer sur l'espèce de langue qui leur sert de jambe. C'est par ce moyen de progression que marchent, ou plutôt que se traînent les pétoncles, les pinnes marines, les dails, les moules, etc. Les crustacées, comme l'oursin avec ses longues baguettes, se roulent sur les sables; d'autres, armés de huit pates divisées en trois articulations, comme le homard, l'écrevisse et la langouste, marchent à reculons parmi les rochers, ou de côté comme les cancres proprement dits; ils présentent de plus deux énormes pates armées de tenailles, dont ils écrasent les coquilles qui leur servent de proie. C'est dans les mêmes lieux que se réfugie le congre, qui glisse comme un serpent. C'est sur les rivages de la mer que l'on trouve une multitude d'insectes amphibies ou aquatiques ; c'est là que vit sur les grèves à sec le bernard-l'hermite, dont la nature n'a point revêtu la partie postérieure, afin qu'il la logeât dans une univalve abandonnée. Ainsi rien n'est perdu : le toit d'un limaçon sert à une langouste, l'industrie d'un animal mort sert aux besoins de celui qui est en vie. Les êtres qui habitent les bords des eaux, semblent réunir tous les organes et tous les instincts de ceux qui vivent dans les trois éléments, dont ils peuplent les limites. Qui pourrait nombrer les moyens de progression des oiseaux de mer et des amphibies ? Les premiers ont un réservoir d'huile au croupion, et ils s'en servent pour lustrer leurs plumes, et les préserver de l'humidité au sein des eaux. Ils forment entre eux les plus intéressants contrastes, depuis le veau marin, qui expose ses petits au soleil, sur les bancs de sable, où il se traîne avec ses pieds courts et membraneux ; jusqu'au flamant au long cou et aux longues jambes, qui reste debout les pieds dans l'eau, le croupion posé sur le sommet du cône de vase où il couve ses œufs. L'un, marbré et d'une couleur tannée, ressemble à un rocher ; l'autre, de couleur de feu, apparaît comme une flamme qui sort du sein des eaux.

Les rapports de progression des animaux avec la terre proprement dite, sont encore plus nombreux que les précédents. Leurs pieds ne sont pas terminés par des os, mais par une matière à-la-fois dure et élastique, appelée corne. Cette matière cornée résiste, par son élasticité, bien mieux que les os, qui se seraient usés par le frottement. Elle revêt en entier le corps de quelques amphibies, tels que les tortues, qu'elle défend contre les abordages des rochers et le frottement des sables. Elle paraît formée, dans ceux-ci, d'un amalgame d'écailles dont elle porte le nom, et de poils dans les quadrupèdes. La coupe de ces poils apparaît bien distinctement dans la corne du nez du rhinocéros, comme je l'ai vu dans celui de la Ménagerie, qui avait usé la sienne jusqu'à la racine, à force de la frotter contre les pieux de son enceinte. Ces poils étaient gros et droits dans la corne de ce rhinocéros, dont on peut voir la dépouille au Muséum d'histoire naturelle ; mais ils sont fins et entrelacés dans la corne du pied du cheval, exposé à de plus grandes fatigues. Les cornes des animaux, supportées par des os intérieurs, comme celles de la tête des bœufs, des chèvres, et les ergots de leurs pieds, paraissent être par écailles. Celles des pieds des animaux recroissent sans cesse, quoique usées sans cesse par le frottement, et comprimées par leur poids. Dans le cheval, elle est d'une seule pièce, circulaire par son plan, et un peu creusée en dessous, pour enfoncer moins dans le sol; mais elle est taillée en biseau sur son bord antérieur, pour prendre un point d'appui dans les pentes des montagnes. Il est d'usage, dans presque toute l'Europe, d'en revêtir le contour intérieur d'une bande de fer demi-circulaire, attachée avec des clous à grosse tête. On prétend que cette espèce de semelle empêche la corne du cheval de s'user, et rend son pied plus sûr. Il n'est pas étonnant que dans les pays où les hommes sont chaussés, quelques animaux le soient aussi ; cependant je doute que le marcher des uns et des autres en tire un grand avantage. On ne ferre point les chevaux à l'Ile-de-Bourbon; je les ai vus courir comme des chèvres dans les rochers dont cette île est couverte : leur corne y devient d'une dureté extrême. Les nègres, qui y vont nu-pieds comme eux, ont bien de la peine à les attraper lorsqu'ils veulent les brider ou les seller; cependant ils gravissent mieux dans les montagnes qu'aucun Européen.

Les quadrupèdes destinés à parcourir les terres molles des prairies et les bords marécageux des rivières, ont le pied fourchu : tels sont les bœufs. On les ferre, avec raison, avec de la tôle, lorsqu'ils sont destinés à marcher long-temps sur le pavé de nos routes et de nos villes ; on prend même ces précautions pour les vaches que l'on fait venir de loin : mais elles sont inutiles pour les sites destinés par la nature à ces animaux. Leurs pieds fourchus par l'écartement de leurs ergots, entrent difficilement dans la terre, et de plus ils ont au-dessus et en arrière deux autres ergots en appendices ; ce qui leur donne, en cas de besoin, seize points d'appui différents.

Il en est de même des pieds du porc, qui se plaît dans les marais, où il aime à se vautrer ; mais comme il vit principalement de racines qu'il y cherche, il a de plus, autour d'un museau fort alongé, un groin doué d'un odorat exquis, avec lequel il fouille la terre. Comme ses jambes de derrière sont plus élevées que celles de devant, et que sa tête est fort inclinée, il s'ensuit que tout le poids de son corps favorise sa fouille.

Je ferai observer à ce sujet que les jambes de derrière du porc, ainsi que celles de tous les quadrupèdes, forment deux espèces d'arcs en arrière, non-seulement pour soutenir le corps de l'animal en arc-boutant contre la terre, mais pour favoriser son mouvement en avant. J'en conclus donc, contre l'opinion populaire, que le corps du porc ne ressemble point du tout à celui de l'homme, dont les jambes, au contraire, forment deux courbures en avant vers les genoux, parce qu'étant destiné à marcher debout, elles portent le plus grand poids de son corps en arrière.

Pour revenir à la forme du porc, destiné à

fouiller et à labourer la terre, on peut dire que c'est une charrue vivante. La nôtre, que nous regardons comme une invention sublime du génie des Triptolèmes, n'est qu'une imitation très-imparfaite de la forme d'un animal que nous croyons à peine ébauché par la nature. Le poids de notre charrue diminue son action en pesant en arrière, et celui du porc augmente la sienne en pesant en avant. Notre soc n'ouvre de sillons que d'un côté, et le groin rond du porc en ouvre deux à-la-fois, et laboure en tous sens.

Il faut avouer que les machines de la nature sont bien supérieures aux nôtres; elles servent à-la-fois à plusieurs usages. Les moutons et les chèvres, qui vont chercher leur nourriture sur les pentes escarpées des collines, ont aussi les pieds fendus; ils s'y cramponnent avec leurs ergots, et les chèvres se servent souvent de ceux de leurs pieds de derrière pour se dresser en l'air, afin de brouter les sommités des arbrisseaux.

Les quadrupèdes omnivores, destinés à vivre de toutes sortes de débris, et à pénétrer par-tout, comme les rats, ont des griffes, dont ils se servent pour monter, la nuit, le long des murs raboteux, à trente et à quarante pieds de hauteur. Ils ont de plus quatre dents incisives en saillie, et tranchantes comme des gouges, dont ils percent à contrefil des solives de plus d'un pied d'équarrissage, et d'une extrême dureté. C'est ce que j'ai éprouvé plus d'une fois à l'Ile-de-France, au second étage d'une tour que j'habitais, où ces animaux trouvaient le moyen de pénétrer la nuit par dehors. Ils sont si communs dans cette île, et ils y font de si grands dégâts, qu'on ne peut sauver les comestibles de leurs rapines, qu'en les mettant dans des magasins supportés en l'air par quatre piliers, entourés par le haut de plaques de fer-blanc. Ces sortes de pavillons aériens pourraient être utiles en Europe pour renfermer nos grains; ils les préserveraient des mêmes ravages, et, qui plus est, de l'humidité, souvent plus nuisible dans nos climats.

Les animaux qui habitent les sites de la végétation, et les végétaux eux-mêmes, ont des moyens très-variés de progression : les plus petits ont les plus ingénieux. J'ai parlé de ceux du lourd limaçon, qui rampe sur les branches des arbres, au moyen d'une membrane musculeuse et d'une glu que les plus grands vents ne sauraient ébranler. J'ai parlé aussi des sabots garnis de crochets de la chenille, qui vit sur la feuille toujours mobile du peuplier. Quantité de chenilles ont, avec des anneaux qui leur servent de pieds, des fils qui les suspendent en l'air, et de longs poils autour d'eux, qui préservent leurs corps fragiles dans leurs chûtes. Les insectes qui vivent sous l'herbe touffue des prairies, se glissent au pied de leurs racines, et y courent avec rapidité au moyen de leurs pates peu élevées, de leurs corps lisses ou couverts d'étuis : tels sont les scarabées et les fourmis républicaines. Ceux qui en pâturent les tiges, et qui ne peuvent les parcourir, comme les sauterelles, ont deux longues jambes à ressort, qui leur servent à y faire de grands sauts paraboliques. Elles ont de plus de grandes ailes, au moyen desquelles elles traversent d'immenses contrées, en troupes innombrables. Elles ressemblent à des chevaux équipés pour le combat, et portent à l'extrémité de leur corps un sabre ou une épée. Elles sont les moissonneurs de la nature, et elles se répandent dans toutes les prairies abandonnées des quadrupèdes et des hommes. Le cloporte, sans défense, cherche sa vie sous les pierres et dans l'ombre; mais lorsqu'il est poursuivi par ses ennemis, il ne se fie point à la multitude de ses faibles pates pour leur échapper : nouveau Protée, il se métamorphose tout-à-coup, et d'un insecte rampant, il devient une boule roulante.

Que dire des moyens de progression des animaux qui vivent aux dépens des autres ? L'araignée, forcée d'abandonner son embuscade, ne pouvant trouver de chemin sur terre, s'en fait un en l'air : elle y lâche un fil, et lorsque le vent en a attaché l'extrémité à un point fixe, elle court tout du long comme un danseur de corde. Son pont aérien sert quelquefois à des êtres in-

nocents, tant la nature sait allier les contraires
et mettre tout à profit. C'est sur le fil de l'araignée que la faible cochenille passe de la feuille
épaisse du cactus où elle est née, au lieu où, à
l'abri des épines, elle doit fixer sa trompe fragile. D'autres insectes, comme les poux paresseux, se glissent avec des crochets sous les poils
des animaux; ou, comme les puces, sautent à plus
de cent fois leur hauteur.

Qui pourrait décrire les différents organes du
mouvement dans les animaux de la terre? Ils sont
aussi nombreux que les obstacles qu'ils rencontrent. Le marcher des terrestres est plus varié
que le nager des aquatiques, et le voler des aériens : les pieds des premiers sont en plus grand
nombre, et de formes plus diverses que les nageoires et les ailes des derniers. Très-peu de quadrupèdes ont des nageoires et des ailes; mais la
plupart des amphibies, tous les oiseaux, tous
les insectes volatiles, et même presque tous les
aquatiques, ont des pieds.

En effet, c'est à la terre que les êtres vivants
attachent leur destin : le volatile vient y faire
son nid, et le nageur vient frayer sur ses rivages;
tous, après en avoir fait l'objet de leurs courses,
en font celui de leur repos. Ceux des zones glaciales et des montagnes hyémales, ont été habillés
de pelisses touffues et de peaux emplumées, de
duvets, qui leur servent de litière au sein des

glaces et des neiges. Ceux qui nagent dans les mers boréales et australes, comme les baleines, ont, sous des cuirs élastiques, des couches de lard épaisses de plusieurs pieds, pour conserver leur chaleur naturelle, et les préserver du choc des glaçons flottants. D'autres, comme les lions marins, qui se traînent sur les écueils, sont revêtus d'une graisse molle et d'une peau flottante : semblables à des outres d'huile, ils glissent sans effort et sans danger sur les âpres rochers, et s'y livrent à de profonds sommeils au bruit des flots mugissants. D'autres, au fond des eaux, se réfugient dans les antres des rochers. C'est là qu'une foule de poissons engourdis viennent chercher des asyles contre les hivers, et contre la vieillesse, ce long hiver de la vie. C'est là que les plus faibles ont été mis par la nature à l'abri des tempêtes.

Les coquillages portent avec eux leurs toits et leurs rochers protecteurs. Il n'y a point de duvet qui en tapisse l'intérieur; mais un vernis, brillant des plus riches couleurs de l'Orient, repose leurs tendres chairs, et enduit leurs maisons au dedans et souvent au dehors. La moule, taillée en bateau, s'ancre aux graviers avec des câbles plus sûrs que ceux de nos vaisseaux. Le limaçon de mer s'attache aux rochers par sa membrane; le lépas en y formant le vide avec son entonnoir; l'huître, les vermiculaires, les coraux, les madrépores, s'y collent avec un ciment insoluble aux eaux; d'autres, comme les dails, s'enfoncent dans le flanc même des rochers calcaires, au moyen de leurs coquilles rudes comme des râpes. Quelques-uns savent prévoir les tempêtes et se mettre à l'abri de leurs fureurs. Ils s'enfoncent tout entiers dans les sables, comme les coquillages à robe lisse. Les vermisseaux sans toit et plusieurs petits poissons, les énormes tuilées, restent immobiles sur les récifs, à l'abri sous leurs épaisses voûtes; mais les crustacées, comme les homards et les crabes, se réfugient entre les cailloux roulants; et comme ils y sont exposés à avoir les pates rompues, la nature leur a donné la faculté de les reproduire, comme elle l'a donnée aux arbres dont les branches sont fracassées par les vents.

Mais qu'est-il besoin de pénétrer au fond des mers pour observer les moyens de repos que la nature a préparés aux êtres vivants et mobiles? Ceux de la terre les présentent dans leur propre structure. Nous avons remarqué que les jambes de derrière des quadrupèdes forment un arc-boutant en avant; nous observerons ici que celles de devant sont perpendiculaires : les premières sont les agents de la progression, les secondes sont ceux de la station. En effet, c'est sur celles-ci qu'ils s'arrêtent, et qu'ils reposent même leur tête, lorsqu'ils sont couchés. La nature, de plus, leur a donné un ventre sans os, sur lequel ils appuient mollement tout leur corps, sur-tout dans les fatigues extrêmes. Mais, afin qu'ils pussent varier leurs attitudes stationnaires ainsi que leur marche, elle a revêtu les cuisses et les épaules des plus pesants, comme des chevaux et des bœufs, de muscles charnus et saillants en dehors, qui leur servent se reposer tour-à-tour sur les deux côtés. De plus, elle les a faits pour vivre au sein des prairies, où les graminées leur offrent encore d'épaisses litières. D'autres trouvent des retraites tout arrangées, dans les mousses qui tapissent les cavités des arbres ou celles des rochers : tels sont les écureuils, les marmottes, les porcs-épics. D'autres s'enfoncent dans le sein de la terre, comme les mulots, les rats, les lapins, les taupes, les abeilles maçonnes, les guêpes, les hannetons, les grillons, les fourmis, les vers de terre, et une foule d'insectes qui y cherchent le repos. Ils y déposent les berceaux de leurs petits, et y font pénétrer le soleil et l'air, ces deux premiers éléments de la vie et de la végétation. Quelques-uns s'y multiplient en nombre prodigieux. J'ai vu une prairie voisine de mon habitation, sur les bords de la rivière d'Essonne, toute criblée de trous faits par une espèce de scarabée; il n'y avait pas un pied d'intervalle de l'un à l'autre. Chaque scarabée se tenait au soleil à l'entrée de son souterrain; et lorsque je venais à passer par un sentier qui traversait la prairie, à chaque pas que je faisais, des milliers de ces insectes se retiraient en même temps à droite et à gauche ; ce qui produisait une évolution assez singulière. Je tentai vainement d'en attraper quelqu'un ; mais, à la fin de l'automne, il y vint une multitude de corbeaux qui s'y stationnèrent pendant tout l'hiver. Ils restaient immobiles, et lorsqu'un scarabée se montrait à l'entrée de son trou, ils le gobaient sur-le-champ. Ils en débarrassèrent entièrement la prairie, dont les herbes commençaient déjà à se détruire par les travaux de ces insectes.

C'est sans doute pour pénétrer dans le sein de la terre, que la plupart des scarabées ont leurs ailes revêtues d'étuis polis, et souvent huilés, afin que l'humidité ne les gâte pas.

Dès que le soleil, ce premier mobile de tous les mouvements des animaux, vient à disparaître, chacun d'eux se réfugie dans son site naturel. L'insecte doré va se blottir au sein d'une fleur ; le papillon, les ailes reployées, s'endort sur ses pétales ; l'oiseau se perche sur une branche, à l'abri des feuilles : mais comme sa tête, sur son long cou, le ferait tomber en avant, et de plus serait exposée au froid de la nuit, il la cache sous une de ses ailes, et la réchauffe du feu de sa poitrine ; le quadrupède vient se coucher au pied de l'arbre, en reployant ses jambes sous son corps. Qui contemplerait alors un paysage, en verrait tous les habitants immobiles, et dans des attitudes nouvelles. Les harmonies des animaux du jour cessent au coucher du soleil; mais celles des animaux de la nuit commencent au lever de la lune, afin qu'il y ait toujours des yeux ouverts aux plus petits reflets de la lumière, et attentifs au spectacle de l'univers.

Lorsque l'hiver, cette nuit de l'année, s'approche, que le soleil passe dans l'autre hémisphère, et que l'aquilon, agitant les forêts, les dépouille de leur verdure; la plupart des insectes cherchent des retraites dans le sein des fruits, sous l'écorce des arbres et dans l'épaisseur de leurs troncs; d'autres, changés en nymphes, et jouets des vents, suspendus à des fils, trouvent leur repos dans une agitation perpétuelle; un grand nombre d'oiseaux se réfugient dans les troncs caverneux, et sous les feuillages toujours verts des sapins et des lierres; la marmotte s'endort dans les creux des rochers.

Mais quand un certain nombre de révolutions de la lune et du soleil leur annonce la nuit qui doit être éternelle, chacun d'eux cherche à finir ses jours auprès de son site accoutumé. La mouche des maisons, amie de la lumière, vient expirer auprès des vitres; et le papillon, les ailes étendues, au pied de sa fleur favorite. Le chien fidèle quitte sa litière, et cherche à rendre ses derniers soupirs près du lieu qu'il a défendu, ou aux pieds de son maître, qu'il regarde en gémissant; les éléphants sociables se retirent, pour mourir, sur les bords des eaux, au fond des vallées ombragées des forêts. C'est ce que témoignent les chasseurs de l'Afrique, cités par le voyageur Bosman, qui en rapporte un exemple. Peut-être doit-on attribuer à cet instinct, les nombreux squelettes de ces grands quadrupèdes qu'on trouve aujourd'hui rassemblés sur les bords de quelques fleuves de la Sibérie.

Quoi qu'il en soit, l'homme, fidèle, comme tous les animaux, à ses habitudes naturelles, cherche aussi à mourir dans sa patrie. En expirant, il jette ses derniers regards vers le ciel, et il désire une main amie pour lui fermer les yeux, et pour lui élever un tombeau. Ce double instinct de l'immortalité vers le ciel et vers la terre, est commun aux peuples les plus sauvages, et ne se trouve dans aucun animal.

HARMONIES TERRESTRES

DE L'HOMME.

Inspire-moi, céleste harmonie du mouvement et du repos! Tu n'es point dans l'homme cette aveugle attraction qui le fixe à la surface de la terre, comme tous les corps pesants. Tu n'es point en lui cette loi qui fait décrire aux planètes une ellipse autour du soleil, par deux mouvements combinés; mais tu es une émanation de cette ame universelle du monde, qui organise chaque objet pour sa fin, et à laquelle tous les mouvements et tous les repos sont subordonnés.

C'est toi qui, renfermée par les amours dans le sein maternel, y traças les premiers linéaments du corps humain. Tu disposas ses os comme une charpente, tu les lias par des cartilages, tu les revêtis de muscles fibreux, tu lui donnas des organes en rapport avec toutes les puissances de la nature; et, siégeant dans le cerveau comme une souveraine, tu fis mouvoir ses membres par des nerfs, et son cœur par des ruisseaux de pourpre, comme le soleil, ton père, fait circuler les mondes par les traits de sa lumière et de sa chaleur.

Fille du soleil et de la terre, c'est toi qui ouvres et fermes les yeux de tout ce qui respire ! Lorsque ton père apparaît sur l'horizon, tu fais lever l'homme à ses premiers rayons ; tu l'invites à parcourir le sein de ta mère, couvert des bienfaits de l'astre du jour. C'est par toi que, mis en équilibre sur deux pieds, il franchit les montagnes et les vallons, il secoue l'arbre chargé de fruits, et il charge les gerbes pesantes sur ses larges épaules. C'est toi qui, te combinant avec sa raison, lui appris à employer à son usage tout ce qui se meut autour de lui. C'est par toi que, disposant du feu, le premier des mobiles, il forgea le fer, et, devenu le maître des éléments et des animaux, il attela les vents à son bateau, le ruisseau à son moulin, et le coursier à son char.

C'est toi qui, formant la jeune fille sur un plus doux modèle, lui fis exercer des travaux plus tranquilles. Assise à l'ombre d'un arbre, elle fait pirouetter le fuseau sous ses doigts, et glisser la navette sur sa toile ; mais lorsque l'astre de la nuit répand ses premières clartés sur les prairies, elle se plaît à y former avec ses compagnes des chœurs de danse aussi gracieux que les courbes de son corps. A sa vue, l'homme, fatigué des travaux du jour, se ranime ; sa force se réunit aux graces d'une compagne, et de leurs contrastes naît l'harmonie des amours qui doit les reperpétuer. Mais lorsque la nuit de la mort les couvre l'un et l'autre de son ombre éternelle; lorsque les organes de leurs corps sont usés, les ames qui les faisaient mouvoir abandonnent leurs éléments terrestres; et, dégagées de leur poids, elles retournent sans doute dans ce soleil, source de leurs forces, renouvelées sans cesse par sa présence éternelle.

Cependant cette ame, motrice et ordonnatrice des corps, renfermée dans chacun de nous, paraît nous être étrangère; elle agit sans nous communiquer ses moyens. C'est à notre insu qu'elle fait circuler notre sang, répare nos blessures, forme et développe l'enfant dans le sein de sa mère. Une merveille non moins grande, c'est qu'avec toute sa puissance, cette ame si savante est subordonnée en nous à une ame très-ignorante, et qui toutefois paraît d'un ordre supérieur. Celle-ci, que j'appelle l'ame raisonnable, commande cette autre ame, que j'appelle l'ame corporelle. Elle veut, et le corps est en mouvement; elle ne veut plus, et le corps se repose : elle le fait marcher, sauter, courir, sans connaître les lois de l'équilibre. Elle ignore elle-même le lieu qu'elle occupe dans le corps humain, si elle siége dans son cerveau ou dans son cœur, ou dans ces deux viscères à-la-fois. Elle veut mouvoir un de ses doigts sans remuer le bras, et, par un seul acte de sa volonté, le bras reste immobile, et le doigt se remue ; il semble qu'elle soit venue se loger dans le seul muscle moteur du métacarpe : elle peut remuer de même à-la-fois plusieurs membres, ou seulement leurs extrémités. A-t-elle à sa disposition des nerfs qui correspondent à chacun d'eux ? comment peut-elle en connaître l'usage ? est-ce l'ame corporelle qui lui obéit et la sert de ses lumières ? Pour elle, dans l'ignorance la plus profonde de l'organisation du corps, elle n'a la science d'aucun de ses mouvements ; mais, ce qu'il y a de fort étrange, c'est qu'elle en a la conscience : elle les dirige tous par un seul acte de sa volonté. Elle ressemble en quelque sorte à ces monarques de l'Orient, qui ne connaissent point leurs sujets, mais qui, d'un seul signe transmis par des muets à des visirs habiles, font mouvoir tout leur empire.

Cependant cette ame souveraine qui s'ignore elle-même, veut tout connaître. Peu contente d'un présent obscur, elle cherche à s'étendre dans un passé et un avenir encore plus ténébreux. De cette terre où elle rampe, elle s'élance vers le ciel ; elle est ravie par des sentiments innés d'infini, d'éternité, de gloire et d'immortalité. Elle semble dirigée par une conscience céleste, comme elle l'est par une conscience corporelle. Elle paraît une émanation de cette ame divine qui gouverne le monde, comme celle qui lui est subordonnée paraît en être une du soleil, et son corps un des éléments.

Notre ame raisonnable, dit Marc-Aurèle, est un dieu exilé. En vain, entraînée par son instinct céleste, aidée du secours de ses semblables et de celui des siècles, cherche-t-elle à pénétrer cette nature qui l'environne; elle n'en saisit que les dehors. Elle est dans un corps et dans la vie, comme un navigateur dans une faible nacelle au sein d'une mer orageuse, qui cherche à aborder à des îles dont il aperçoit les rivages. Il en trace bien quelques contours incertains, et il leur donne des noms; mais l'intérieur du pays et les mœurs des habitants lui restent inconnus. Ainsi nos arts et nos sciences, malgré leurs noms pompeux, ne sont que des apparences lointaines et illusoires des ouvrages de la nature. La peinture ne nous présente que des images superficielles de la terre et des cieux : il n'y a réellement dans ses tableaux ni lumière, ni air, ni eau, ni sol, ni végétaux. La sculpture ne nous offre de même que de vains simulacres. Ses statues n'ont ni os, ni chair, ni sang; elles ne peuvent ni se mouvoir, ni sentir, ni parler. L'histoire est aussi trompeuse. Ses personnages n'existent plus pour nous; ils ne sont plus que des fantômes de notre imagination, que l'historien fait penser et agir à son gré. Ceux de la poésie sont encore plus mensongers; l'imagination fit des dieux de tout ce qui n'était que l'ouvrage d'un Dieu. Nos sciences, soi-disant exactes, ne saisissent que des notions souvent incertaines. La géométrie admet des points sans surface, et des lignes formées de points qui ont de la longueur sans largeur, ce qui est une double contradiction. Elle ignore jusqu'à présent le rapport précis de la circonférence du cercle au rayon qui l'engendre. Ses théorèmes ne sont que des aperçus de quelques propriétés de la sphère morte ou métaphysique; mais celles de la sphère vivante, virtuelle et actuelle du soleil, lui sont totalement inconnues. L'astronomie n'est qu'une science bien superficielle de quelques mouvements apparents des planètes. Comment pourrions-nous les connaître, puisque nous ne connaissons pas encore la surface de cette terre que nous habitons?

Cependant, pour connaître les rapports de l'homme, n'hésitons pas à suivre la route que les astres, premiers moteurs de nos éléments, semblent nous tracer. Si nous nous égarons, ce sera sur les pas de la raison universelle, et non sur ceux de la nôtre, si faible et si versatile. Nous allons rapporter l'homme aux harmonies terrestres, comme nous l'avons fait aux aquatiques, aux aériennes et aux solaires. Nous avons vu qu'il était en consonnance avec la chaleur du soleil par son cœur, et avec la présence et l'absence de la lumière de cet astre par son cerveau; par ses yeux, avec la veille et le sommeil; avec l'air; par ses poumons; avec l'eau, par sa bouche, ses viscères, et les méplats mêmes de ses muscles. Nous allons voir que son corps tout entier est en harmonie avec la terre, qui est, pour ainsi dire, sa mère, comme le soleil est son père.

La terre est composée de rochers, qui en sont comme les os; de métaux, qui les lient comme des nerfs; de montagnes, qui les couvrent comme des muscles; et de vallons, qui servent d'aqueducs aux rivières. Le corps humain est soutenu de même par une charpente osseuse; cette charpente est liée par des nerfs, sur lesquels l'électricité agit comme sur les métaux, ainsi que le prouvent les expériences du galvanisme. Elle est recouverte par des muscles en saillie, qui en sont comme les montagnes, et qui sont séparés par des méplats et aqueducs qui y forment des espèces de vallons.

La terre est arrosée de fleuves, tant extérieurs qu'intérieurs, qui transpirent à travers sa surface, et qui viennent tous se rendre à la mer : le corps humain est arrosé de même de vaisseaux lymphatiques et sanguins, qui transpirent à travers la peau.

La terre est entourée d'un océan salé et ferrugineux, lequel a un courant semi-annuel d'un pôle à l'autre, et un reflux semi-journalier en sens contraire, dont le soleil et la lune sont les premiers mobiles : le corps humain est baigné de toutes parts par un sang salé et ferrugineux, qui a un flux par les artères, et un reflux par les veines, tous deux coordonnés au cours du soleil et à celui de la lune, sur-tout dans les femmes. Nous avons vu, aux harmonies aquatiques de l'homme, que le nombre des révolutions totales de son sang, dans un jour, était à-peu-près égal à celui des marées dans un an, c'est-à-dire de sept cent quarante environ. Peut-être ce nombre de révolutions sanguines varie-t-il avec celui des marées dans plusieurs parties du globe, où celles-ci durent douze heures, et n'arrivent qu'une fois en vingt-quatre heures ; ce qui ne donne que trois cent soixante-cinq flux et reflux dans l'année. Il est certain du moins que la circulation du sang étant plus rapide dans les enfants et plus lente dans les vieillards, il doit y avoir plus de feu dans les premiers, et plus de flegme dans les seconds. Peut-être pourrait-on expliquer par la variation des marées celle des caractères, qui sont évidemment plus actifs et plus inconstants chez les peuples de l'hémisphère nord, et notamment les Européens, qui ont sept cent quarante marées par an, que chez les habitants de l'hémisphère sud, qui n'en ont à-peu-près que la moitié.

La terre paraît avoir son principe de rotation sur elle-même dans les fluides, dont le soleil change sans cesse l'équilibre par la dilatation, l'évaporation et la condensation : le vaste Océan méridional est donc la cause principale de son mouvement journalier. Le corps humain, ainsi que le corps des animaux, est aussi en activité par son sang, et il a aussi l'organe de son mouvement de progression dans sa partie inférieure.

Enfin la terre est couverte de végétaux dans tout son hémisphère septentrional, et sur-tout vers son pôle ; de même le corps humain a des poils qui croissent sur sa partie supérieure, et principalement sur la tête.

Ces analogies sont communes à tous les animaux, comme si tous les enfants de la terre participaient en quelque sorte du tempérament et de la constitution de leur mère commune; mais elles se trouvent dans un rapport plus parfait dans le corps de l'homme. En effet, ses muscles sont plus saillants, et ressemblent mieux à des collines que ceux des quadrupèdes et des oiseaux, revêtus de poils et de plumage, et que ceux des poissons qui n'ont point du tout de relief. Il semble que les harmonies terrestres de l'homme, ainsi que toutes les autres, doivent se juger de l'équateur, où il a pris d'abord naissance; et que celles de la plupart des autres animaux ne soient en rapport qu'avec des latitudes particulières du globe.

Le corps humain offre mille harmonies avec toutes les puissances de la nature, mais sur-tout avec celles de la terre. Le paysage le plus varié n'a rien d'aussi ravissant dans ses forêts aériennes, les croupes de ses montagnes, les sinuosités de ses vallons, les projections lointaines de ses plaines. Décrivez un cercle en marchant autour d'une belle statue, vous y verrez autant de points de vue différents que vous ferez de pas; considérez l'homme assis, couché, debout, dans un fond, sur une hauteur, vous découvrirez dans toutes ses attitudes et ses positions de nouvelles beautés. Les artistes qui le dessinent depuis tant de siècles, trouvent ses formes aussi inépuisables, que les moralistes qui l'étudient, ses passions; il semble que son cœur ait autant d'instincts différents que son corps a de muscles. C'est avoir atteint le comble de l'art en tous genres, de savoir rendre ses graces, ses proportions, les affections variées qui l'animent, et tout son ensemble. Les animaux n'offrent rien de semblable; leurs facultés, bornées à une seule industrie, sont enchaînées par la nécessité; leurs formes sont offusquées de poils, de plumes, d'écailles; vous apercevez en eux, non une raison libre, mais des instincts circonscrits; non un corps, mais un vêtement. L'homme seul étend son intelligence à toute la nature, lui seul montre sa beauté personnelle à découvert ; il est nu, non pour être exposé aux injures de l'air, comme le disent les calomniateurs de la Providence, mais pour qu'il apparaisse avec toutes ses beautés, et qu'il puisse les accroître encore de toutes celles des animaux, comme il se sert de tous leurs aliments et de toutes leurs industries. Ainsi les dépouilles de tous servent à sa parure, depuis la peau du lion qui couvre les épaules d'Hercule, jusqu'aux fils transparents du ver-à-soie dont se voile Déjanire. Ah! sans doute ce fut sa robe, bien plus que le sang du centaure, qui consuma des feux de l'amour son vainqueur.

Considérez la femme dans un jardin, cueillant des fleurs ou des fruits, ou folâtrant dans les prairies avec ses jeunes compagnes, et formant avec elles des chœurs de danse : des graces ineffables sont répandues dans les mouvements de sa tête, de ses bras, de ses mains, de son corps, de ses pieds. Mais voyez-la plus majestueuse, entourée de sa famille, accompagner son époux avec toute la dignité maternelle, en portant un nourrisson dans ses bras ; ce ne sont là cependant que les attitudes de son corps. Les affections de son ame sont encore plus aimables et plus variées : voyez-les se peindre tour-à-tour sur son visage ; les muscles en devraient porter, non les noms anatomiques d'extenseurs, de supinateurs, d'adducteurs, etc., mais ceux des vertus qui les meuvent et les animent. La candeur est sur son front, l'amour conjugal dans ses yeux, la pudeur sur ses joues, et le sourire maternel sur ses lèvres. Elle parle ; l'oreille est enchantée des doux sons de sa voix ; l'ame en est émue ; la consolation, l'espérance, le contentement, les sentiments célestes, coulent de sa bouche dans les cœurs de ses chers enfants et de son heureux époux. Ah ! si vous la voyiez et si vous l'entendiez, vous diriez sans doute : Un dieu a formé ce beau corps, afin qu'un autre dieu l'habitât !

Viens donc, belle figure humaine, soit que tu revêtisses un homme, une femme, un enfant ; viens donc, et reçois mes hommages ; que la terre reconnaisse en toi son maître ; parcours-en les monts les plus escarpés et les vallées les plus profondes ; traverses-en les différentes zones : toi seule, de tous les êtres animés, en as le pouvoir. Que l'argile, les rochers, les métaux obéissent à tes lois, et qu'ils entrent dans la construction de ton habitation passagère ; qu'ils figurent ta propre image sous tes mains ; mais que la beauté de cette image disparaisse devant la tienne. O homme ! n'admire point les chefs-d'œuvre des Grecs : l'Apollon du Belvédère n'est que le chef-d'œuvre de Phidias, et toi tu es celui de la nature ; il est le fruit de la guerre, et toi celui des amours : fusses-tu contrefait comme Ésope, toi seul es digne de ton admiration. Jamais le marbre n'a palpité sous le ciseau du sculpteur : il reçoit au dehors la forme humaine; mais il reste toujours, au dedans, sans vie et sans reconnaissance. Pour toi, tu es sensible aux bienfaits de ton auteur, tu es à toi-même la preuve la plus touchante de sa providence. En couvrant la terre de biens, il donna le mouvement de progression à tes muscles pour la parcourir; mais il t'éleva au-dessus de ta sphère, en te donnant l'idée de lui-même : il a fait servir ses ouvrages de modèle à ton intelligence, afin de t'approcher de lui, et de te faire connaître que tu étais réservé à de célestes destinées.

La nature, après avoir offert à l'homme les moyens d'escalader les lieux les plus escarpés, par les lianes et les buissons qu'elle y fait croître, a préparé pour son repos de molles litières dans les graminées qui couvrent la terre, et dans les mousses même qui tapissent les rochers. C'est là que, dans l'état sauvage, il passe souvent la nuit sur le sein maternel, sans aucun inconvénient. Pour nous, accoutumés à une vie casanière, il nous est difficile de reposer, même le jour, sur une terre humide, sans courir les risques d'être rhumatisés. Cependant l'exercice peut nous rendre encore notre tempérament naturel. Nos armées ont fait toutes leurs campagnes sans tentes, et couchant toutes les nuits à la belle étoile. Les soldats chantaient de joie le matin, quand on leur annonçait qu'ils coucheraient le soir dans des vignobles. Des sillons leur semblaient de bons lits. Avec ces mœurs, ils ont fortifié leur corps et remporté de nombreuses victoires sur des ennemis qui se reposaient à l'abri de leurs tentes.

Les vapeurs de la terre, loin d'être nuisibles au corps humain, lui sont souvent très-salutaires: J'ai vu des scorbutiques guérir en mettant leurs jambes nues dans le sable pur; j'en ai fait moi-même l'expérience dans le sable calcaire de l'île de l'Ascension. Si on se trouve surpris de la boulimie, ou par une simple faiblesse, on reprend des forces en se couchant à terre, et en en respirant les vapeurs. Semblables à Antée, nous reprenons des forces en touchant le sein de notre mère.

En effet, c'est là que nous allons chercher machinalement des asyles contre les chagrins. Nous aimons alors à errer solitairement dans les vallons détournés, entre des montagnes escarpées; comme si leurs rochers étaient des remparts contre l'infortune. C'est parmi ceux des bords de la mer, retentissants du mugissement des flots, qu'Homère représente Chrysès se plaignant au soleil, dont il était le prêtre, de l'injustice d'Agamemnon qui lui avait enlevé sa fille. C'est dans une grotte profonde que Sabinus échappa, pendant plusieurs années, à la vengeance de Vespasien, et fut comblé des plus tendres faveurs de l'amour conjugal. C'est en sortant de là pour aller à la mort, que sa fidèle compagne, qui lui avait donné deux enfants dans sa retraite, amenée devant l'empereur, lui dit ces paroles à jamais mémorables : « J'ai passé des jours plus » heureux avec Sabinus dans un souterrain, que » toi sur ton trône, à la lumière du soleil. »

Enfin, c'est dans le sein de la terre que nous allons chercher un éternel repos, ou plutôt c'est là que nous allons déposer les éléments que nous lui avons empruntés. Il n'est pas douteux que nous n'en augmentions tous les ans la masse par notre destruction, ainsi que font tous les corps organisés. Je ferai à ce sujet quelques réflexions qui donneront à penser. Les géographes politiques évaluent les hommes vivant actuellement sur la terre à mille millions. Selon quelques-uns, les mourants sont aux naissants comme deux cent soixante est à deux cent quatre-vingt-quinze ; selon d'autres, comme cinquante-cinq est à soixante-sept : d'où il résulte d'abord que le nombre des hommes va en croissant toutes les années. Mais comme, par un autre calcul, les générations se succèdent environ tous les trente ans, il s'ensuit qu'il meurt à-peu-près trois mille six cents hommes par heure, soixante par minute, et un par seconde. Or, comme le pouls bien réglé dans l'homme bat les secondes, il s'ensuit qu'à chaque battement du pouls d'un homme, il en sort un du monde et il y en rentre un.

Nous savons que le soleil est le premier mobile de tous les mouvements des corps organisés sur la terre : or, en considérant les scintillations de sa lumière, très-sensibles au loin sur les vitres lorsqu'il se lève ou qu'il se couche, on pourrait les considérer comme les premiers éléments du temps ; elles sont aussi rapides que des clins d'œil, et il y en a plusieurs dans une seconde : on pourrait donc les regarder comme des révolutions solaires instantanées, premier mobile des générations, qui, comme elles, naîtraient à chaque clin d'œil, et seraient en harmonie avec les différentes périodes solaires et lunaires, qui produisent les tierces, les secondes, les minutes, les heures, les jours, les semaines, les mois, les années, les cycles, etc.

Quoi qu'il en soit de l'origine de notre ame, nous devons les dépouilles de notre corps à la terre. Cependant, quoique la même fin soit commune à tous, les hommes ont adopté différentes manières de rendre les derniers devoirs à leurs morts. Les peuples, à cet égard, paraissent avoir suivi le sentiment des différentes puissances de la nature avec lesquelles ils étaient le plus en harmonie : les uns les jetaient dans le feu des bûchers, comme les Romains. Plutarque remarque, à cette occasion, que les brûleurs de corps en mettaient un de femme sur huit ou dix d'hommes, pour les faire flamber davantage, comme si les feux de l'amour subsistaient encore en nous après la mort. Les Taïtiens dessèchent leurs morts en l'air, sur des estrades, à l'ombre des arbres. Les Indiens des bords du Gange les abandonnent au cours de ce fleuve, qu'ils regardent comme sacré. Les anciens Égyptiens, au contraire, les enduisaient des résines aromatiques des arbres, les entouraient de bandelettes de lin, et les conservaient dans des troncs de sycomores. Les Guèbres les mettent debout dans une enceinte entourée de murs, et les abandonnent aux oiseaux de proie. D'autres leur ont donné pour sépulture leurs propres estomacs, comme ces anciens peuples de la Scythie, dont parle Hérodote. Pline observe qu'aucun animal ne prend soin des funérailles de ses semblables, excepté l'homme. C'est donc là encore un trait qui le caractérise. Mais quelque variété qu'il mette à remplir ces derniers devoirs inspirés par la nature, notre cendre vient toujours se réunir à la terre. Son globe n'est qu'un vaste tombeau, formé, jusque dans ses rochers, de débris de corps qui jadis ont été vivants.

Je le dis avec douleur : Paris, où l'on vient apprendre la décence et l'urbanité, est le lieu du monde où l'on a le moins de respect pour les restes des objets qui nous ont été chers.

L'homme, livré dans cette vaste capitale à une infinité de goûts frivoles, ne conserve aucun souvenir de ses semblables dès qu'ils sont morts. Ils n'ont d'autres lieux de sépulture que des fosses profondes, où l'on précipite chaque jour, sans aucune distinction de sexe ni d'âge, les femmes, les enfants, les vieillards, jusqu'à ce qu'elles soient remplies. L'ami ne peut plus reconnaître les cendres de son ami dans ces voiries humaines; il craint même de s'approcher de ces gouffres de la mort, d'où s'exhalent sans cesse des vapeurs funestes aux vivants.

Il n'en est pas ainsi chez les Chinois, ce peuple le plus ancien de la terre, parce que son gouvernement est fondé sur les lois de la nature. Leurs tombeaux font un des principaux ornements des environs de leurs villes. Chaque famille a en propriété une petite portion de terre dans les collines du voisinage. Elle y fait creuser une grotte, où elle dépose avec un respect religieux les corps de ses parents; l'entrée de la grotte est décorée de quelques arbres, à l'ombre desquels se reposent souvent les voyageurs. Lorsqu'un corps est consommé par le temps et par la chaux, on l'ensevelit. Le plus proche parent, vêtu d'une grosse étoffe de chanvre, et ceint d'une corde, vient, à la tête de sa famille, en recueillir les ossements; il les dépose dans une urne de porcelaine, qu'il place avec celles de ses ancêtres; dans une chambre particulière de sa maison. C'est là qu'il retrouve des urnes pleines de pleurs, suivant l'expression de Juvénal. Il y voit aussi d'un coup-d'œil ses nombreux aïeux, qui se sont succédés pendant plusieurs siècles. Le sentiment d'une longue antiquité est dans sa famille, comme il est dans l'empire. Elle voit, à la suite les uns des autres, les auteurs auxquels elle doit le jour, et plusieurs fois par an elle invoque, par des sacrifices et des libations, leurs esprits, qu'elle croit retournés dans les cieux; elle les prie de lui inspirer de bons conseils et de présider à ses destinées. C'est sans doute à des rites aussi touchants, et à ces sentiments religieux envers leurs parents morts, que les Chinois doivent l'amour qu'ils portent à leurs parents vivants et à leur patrie. Leurs tombeaux sont les fondements de leur empire, qui dure depuis plus de quatre mille ans.

HARMONIES TERRESTRES

DES ENFANTS.

PRÉSIDEZ aux exercices et aux jeux de nos enfants, esprits invisibles qui animez toute la nature, Zéphyrs, Aures, Génies, Amours! Les poëtes, les peintres vous représentent sous les formes d'enfants ailés, comme les papillons et les oiseaux; mais vous n'avez pas besoin d'ailes pour parcourir la terre. Plus transparents que l'air, plus actifs que l'électricité, plus rapides que la pensée, vous vous jouez dans la lumière, sur les flots, parmi les fleurs et les brillants fossiles. Habitants du ciel, doués d'une enfance immortelle et divine, vous vous amusez chaque jour à bâtir de nouveaux palais à l'aurore, avec des nuages d'or et de pourpre; à faire tourner notre globe sur ses pôles glacés, à l'entourer des rayons du soleil, de couronnes de fruits et de verdure. Soyez favorables à vos frères, les enfants de la terre. Ils aiment comme vous à se jouer avec les éléments; ils élèvent dans les airs des boules d'eau resplendissantes de mille couleurs; ils arrondissent l'argile dans leurs mains;

ils y plantent des végétaux. Ils entrent dans la carrière de la vie avec les ris et les jeux; environnez-les de tous les prestiges de l'amitié et de l'amour, jusqu'à ce que leurs ames innocentes, dégagées du poids de leur corps, se joignent à vous dans les cieux.

Nous avons vu que l'homme et la femme réunissaient en eux les plus belles courbes que puisse engendrer la sphère, mais elles ne sont point encore développées dans l'enfance. Elles y sont renfermées, comme les pétales d'une fleur dans son bouton. Ce sont les facultés de l'ame qui semblent leur donner leurs graces et la perfection de leurs formes; c'est l'affection envers sa mère qui donne à la bouche de l'enfant son premier sourire; c'est la curiosité qui meut ses yeux dans leur orbite, et renfle par l'exercice les muscles de ses bras et de ses jambes. L'amour ensuite développe son sexe, tandis que l'innocence gonfle et colore ses joues de pudeur. La joie trace des rides légères aux angles de ses yeux, mais le chagrin en creuse bientôt de plus profondes sur son front. Ce n'est donc point le corps qui donne à l'ame son caractère, c'est l'ame qui le donne au corps. D'un autre côté, l'ame ne développe ses facultés et ses passions qu'après plusieurs révolutions du soleil, comme si elle tirait de lui son origine, sa nourriture et ses accroissements.

Considérons donc l'enfant lorsqu'il vient au monde. Les groupes de ses muscles sont comme des boutons de fleurs dans leur bourre. Il ne semble d'abord formé que de portions sphériques ; tous ses membres sont arrondis, et ce n'est que lorsque ses premières passions commencent à poindre, que ses os s'alongent, et que les groupes musculaires affectent les courbes les plus convenables au service de chaque organe en particulier, et à celui de tout son corps en général. De dire si une vie intérieure et expansive, inhérente à l'ame, pousse les muscles du dedans du corps, ou si le soleil les attire au dehors, comme chez les Noirs, qui ont les mollets plus élevés, et dont le corps est plus alongé que celui des peuples du Nord, c'est ce que je ne sais pas. Il est bien certain toutefois que tout ce qui est organisé pour la vie se dirige, dans ses accroissements, vers le soleil et la lumière, comme le prouvent les végétaux, même plantés à l'ombre. Quoi qu'il en soit, je crois que ces deux forces agissent à-la-fois dans le développement des corps organisés, d'autant plus que la première est sans cesse en harmonie avec la seconde, comme le démontrent la veille et le sommeil, qui résultent de la présence et de l'absence du soleil dans les végétaux et les animaux. Cependant, en regardant cet astre comme le premier mobile de tout ce qui est vivant sur la terre, je ne veux pas dire qu'il soit l'auteur de la vie ; car alors elle n'aurait point d'autre terme que la durée de l'astre du jour, et les corps qu'elle anime iraient toujours en croissant. Mais celui qui donne des lois au soleil, dont il a rempli l'univers, a réglé les proportions des corps sur la terre ; il leur a distribué à tous une portion de vie, et lorsqu'elle est dans sa plénitude pour chacun d'eux, il la fait circuler et passer à d'autres générations par la médiation des amours.

L'enfant, qui en est le fruit, en venant à la lumière, semble d'abord fait pour le repos. Tous ses muscles arrondis sont des coussins, et le sein maternel qui le reçoit est composé de coussins hémisphériques, élastiques et chauds. Quoiqu'il ne puisse se soutenir sur ses jambes, il invoque par ses cris celles de sa mère, pour aller respirer au grand air, et voir les rayons du soleil, qui le réjouissent et le fortifient. Vers l'âge de six mois, il essaie de se lever tout droit : on peut alors, s'il est fort, l'exercer à marcher avec des chaises autour d'une chambre. Quelquefois une nourrice mercenaire pose son nourrisson debout dans un trou en terre, sous prétexte de l'accoutumer à se tenir droit sur ses jambes, mais en effet pour n'être pas obligée de le porter elle-même. Dans cette attitude perpendiculaire, le poids de l'enfant affaisse les os encore tendres du tibia et du péroné, qui en deviennent cambrés.

Il est donc dangereux de faire marcher les enfants de trop bonne heure. Ne précipitons jamais rien : un fruit précoce n'est souvent qu'un fruit avorté. A la vérité, j'ai vu souvent, à l'Ile-de-France, de petits nègres de sept ou huit mois marcher tout seuls ; mais c'est l'influence du soleil qui en est la cause : c'est elle qui développe rapidement l'activité des puissances de la nature dans toute l'étendue de la zone torride ; c'est elle qui y fait porter deux fois par an des fruits à l'oranger, et qui y rend les filles nubiles avant l'âge de douze ans. Mais dans nos climats froids, un enfant ne peut marcher avant un an.

Quand on veut apprendre à marcher aux enfants, il ne faut se servir ni de chariots, ni de lisières, qui, en les soutenant par les épaules, les rendent hautes, et, les accoutumant à être toujours soutenus, les empêchent de se soutenir eux-mêmes. Un moyen plus simple, que j'ai vu pratiquer par une paysanne, est d'attacher à deux chaises deux longs bâtons parallèles, et de mettre l'enfant entre deux. Alors il pose ses mains à droite et à gauche sur les bâtons, il se promène entre eux comme dans une galerie, et il apprend à-la-fois à se soutenir et à marcher. C'est ainsi que ma fille marchait à dix mois ; mais un de ses supports s'étant un jour détaché, elle tomba avec lui, et depuis ne voulut plus se fier au mur le plus solide : elle ne marcha qu'à l'âge de quatorze mois. C'est ainsi que ceux qui débutent dans le monde, venant à trouver un ami infidèle, s'éloignent de tous les hommes, et ne veulent plus se fier même aux sages.

Je regarde comme indispensable d'élever chaque enfant pour lui-même en même temps qu'on l'élève pour les autres : il faut le former pour la solitude avant de le dresser pour la société. A la vérité, la nature nous donne les éléments en commun, mais nous en usons tous en particulier. Chacun de nous doit voir, respirer, boire, manger, marcher, se reposer, dormir et mourir pour lui seul. Si nous ne pouvions jouir de ces biens physiques que dans la société de nos semblables et avec leur secours, combien de fois serions-nous obligés de nous en passer ! Il en est de même des jouissances morales : combien ne sont-elles pas troublées par l'opinion des autres ! Ce qui est vertu dans une maison, est souvent un vice dans la maison voisine. La patience du philosophe est une lâcheté aux yeux du soldat. Sous le même toit, le monarchiste et le républicain se regardent avec horreur. Si donc un enfant n'est élevé que pour la société, à qui aura-t-il recours lorsqu'elle se divisera d'opinions, et qu'elle lui deviendra contraire ? Où se réfugiera-t-il, s'il n'a appris à rentrer en lui-même ? Je regarde donc les principes de l'éducation solitaire de l'Émile de Jean-Jacques, comme devant être les bases préliminaires de l'éducation publique. Enveloppons notre élève, dans le malheur, du manteau de la philosophie; il l'étendra, dans le bonheur, sur ses semblables.

Au reste, toute cette éducation privée consiste uniquement à le bien pénétrer de l'existence de Dieu : les preuves en sont répandues dans toute la nature. Mais dussent les sophismes et les cachots des tyrans en voiler les bienfaits à ses yeux, il en retrouvera le sentiment dans son propre cœur. C'est ce sentiment qui fait de la conscience un asyle imperturbable, et du monde un séjour enchanté. Sans lui, les éléments inconstants, et les astres qui traversent l'immensité des cieux, ne paraîtraient à l'homme que des masses énormes, mues au hasard par des puissances aveugles, toujours prêtes à l'anéantir. Mais le sentiment d'une Providence le rassure, et tient son cœur en repos, tandis que tout l'univers est en mouvement. C'est lui qui, dans l'excès de la douleur, élève les yeux et les mains de l'infortuné vers le ciel, et lui fait s'écrier : Ah mon Dieu ! Il est le mobile de l'éloquence. C'est par lui que le sage persuade, que le législateur commande, et que le faible supplie. Il est nécessaire à toutes les conditions de la vie pour les rendre supportables, et à tous les peuples de la terre pour les lier entre eux. C'est lui qui soutint Scipion dans la solitude; Épaminondas, à la tête des armées; Socrate, dans une république inconstante et cruelle; Épictète, dans l'esclavage; Marc-Aurèle, sur le trône le plus élevé du monde. L'amour des hommes n'est qu'une consonnance de l'amour de Dieu, et tous deux sont les deux pôles de la vie physique et morale.

Je crois l'avoir dit ailleurs, mais je le répète ici, afin d'en imprimer plus profondément l'image : la sphère de notre vie est comme celle du monde, et sa révolution comme celle de l'année. Les éléments du globe reposent d'abord sur le pôle terrestre de notre hémisphère, comme dans leur berceau. L'atmosphère et l'Océan y sont dans un état de stagnation, et leurs brumes y laissent à peine apercevoir une terre informe; mais à peine le soleil, à l'équateur, y fait-il sentir ses influences, que les vents et les torrents qui en descendent, entraînent de longues chaînes de glaces flottantes, qui vont renouveler les mers et revivifier les fleuves et les continents. Un grand nombre de ces glaces échouent dans la zone glaciale même; d'autres s'évaporent dans la zone tempérée; d'autres, totalement fondues, roulent leurs eaux à travers la zone torride, d'où elles se dissipent en orages; d'autres, après un long cours, viennent de nouveau se fixer en glace sur le pôle opposé, couvert des ombres de la nuit. Ainsi l'océan de la vie entraîne, chaque année, du pôle de l'enfance une longue génération de mortels, comme des glaces flottantes et fragiles. Les uns échouent sur les écueils du premier âge, les autres circulent et s'évanouissent dans la zone de l'adolescence; d'autres s'évaporent en météores brillants et orageux dans celle de la jeunesse ardente; un petit nombre, après avoir traversé l'âge viril, vient se fixer sur le pôle de la vieillesse par les glaces de la mort.

Combien d'enfants sont descendus du pôle de la vie sans avoir fait le tour de la sphère ! Ils n'apparaissent sur notre horizon que comme des aurores boréales, qui n'annoncent aucun jour et qui n'éclairent qu'une nuit. Ils sont dans le drame du monde, comme ces personnages qui ne paraissent point sur la scène, et qui cependant font couler les larmes; ils ne sont connus que par les regrets et le désespoir de leurs mères. Mais pourquoi les plaindre ? On devrait bien plutôt les féliciter d'être parvenus au port en quittant le rivage.

La mort n'est point un mal. La vie d'un enfant est comme le cours d'un ruisseau, qui, après avoir arrosé une prairie, s'épuise avec la neige qui le produit. Qui sait si les éléments évaporés de cette vie ne vont pas, comme ceux du ruisseau, ranimer d'autres objets, comme le prétendait le sage Pythagore, d'après les philosophes les plus anciens de la terre ? Qui sait si la mort du vieillard n'est point un retour à une nouvelle enfance, comme le glacier polaire de notre hiver redevient à son tour la source de nos eaux pendant l'été? Pourquoi donc craindrions-nous la mort, si nous avons vécu dans la justice ou dans le repentir? Les enfants innocents n'en ont point de peur; les superstitions seules peuvent les troubler. Ces oiseaux de ténèbres voltigent en foule autour des berceaux et des tombeaux des hommes, cherchant une proie facile dans la faiblesse des naissants et des mourants : il ne faut que la lumière du jour pour les dissiper.

LIVRE V.

HARMONIES ANIMALES.

Viens me réchauffer de tes feux et m'éclairer de ta lumière, cœur du monde, œil de la nature, vivante image de la Divinité ! Viens m'enseigner l'ordre où tu développas la matière, quand tu lui communiquas les couleurs, les formes, les mouvements et la vie ! Les planètes glacées et ténébreuses étaient stationnaires au milieu de l'espace et du silence. Si quelque clarté lointaine, échappée des étoiles, eût permis de les entrevoir, elles eussent paru ensevelies au sein de l'obscurité et des neiges, comme de vastes tombeaux couverts des sombres crêpes de la nuit et des pâles suaires de la mort. Si par hasard une affreuse avalanche se précipitait de leurs sommets informes dans leurs profonds abymes, en vain les échos en répétaient au loin les lugubres sons : il n'y avait aucun œil pour les voir, ni aucune oreille pour les entendre; elles étaient comme ces vaisseaux immobiles surpris par l'hiver au sein des glaces boréales, où il n'est resté aucun voyageur pour en faire l'histoire.

Mais tu parus, brillant soleil. La terre, attirée par tes rayons, s'approcha de toi; son orient étincela des feux de l'aurore, son atmosphère s'alluma, ses vents alizés soufflèrent, les glaces de son équateur se fondirent, ses flancs furent allégés, ses mers circulèrent, et, tournant sur elle-même, elle s'arrondit en globe. Bientôt elle inclina tour-à-tour vers toi ses pôles surchargés de glaces, et, circulant autour de ton disque, elle te présenta successivement ses hémisphères verdoyants. De son mouvement de rotation naquirent les jours et les nuits; du balancement alternatif de ses pôles, les étés et les hivers; et de son mouvement de circulation, les années et les siècles. Les planètes, ses sœurs, prirent, comme elle, leur place autour de toi. Les plus éloignées furent accompagnées de réverbères; la terre, d'une lune; Jupiter et Herschell, de plusieurs satellites; et Saturne joignit aux siens un double anneau. Elles formèrent toutes autour de toi un chœur de danse, comme des filles autour d'un père, comme des épouses entourées de leurs enfants autour d'un époux, s'éclairant le jour de tes rayons, et la nuit de leurs reflets.

Cependant les eaux de la terre, liquéfiées et

fécondées par tes feux, en laboûrèrent la circonférence. L'Océan se creusa des bassins profonds, autour desquels s'élevèrent les Alpes, les Cordilières, et toutes les grandes chaînes des hautes montagnes surmontées de neiges et de glaciers. Les fleuves en descendirent en mugissant, et, parcourant les vastes plaines, portèrent à l'Océan le tribut de leurs eaux, qu'ils devaient à ses évaporations. Chemin faisant, ils excavèrent les vallées ondoyantes, et arrondirent les croupes des coteaux le long de leurs ondes azurées. Cependant les continents, les mers et leurs îles, encore nus, s'imbibaient en vain de ta lumière; mais bientôt les noirs rochers se tapissèrent de mousses, et les vallons de prairies. Les collines se couronnèrent de vergers, et les monts escarpés virent sortir de leurs flancs les majestueuses forêts. Les algues et les fucus flottèrent sur les écueils au gré des flots marins. Chaque végétal porta sa semence, sa graine ou son fruit. La terre, comme une mère, fut couverte de mamelles. Elle n'avait point encore d'enfants doués d'une vie sensible; mais bientôt on en vit éclore en foule sous tes rayons. Des nuées d'oiseaux volèrent dans les airs, des légions de poissons nagèrent dans les eaux, d'immenses troupeaux de quadrupèdes marchèrent sur la terre. Chacune de tes gerbes lumineuses et fugitives parcourut un cercle de sa circonférence, et en féconda tous les sites; chaque site nourrit plusieurs végétaux, et chaque végétal alimenta des convives et des orateurs. Le bœuf, taillé comme un rocher, pâtura les prairies, se coucha sur leurs molles graminées, et fit retentir les vallées de ses mugissements. L'oiseau, peint comme une fleur, se percha au sommet des plus grands arbres, picora leurs semences, et, niché dans leurs troncs caverneux, fit entendre les sons éclatants de la reconnaissance. Les tumultes de l'allégresse et les doux murmures de l'amour retentirent dans les lieux les plus désolés. Le lourd éléphant poursuivit, en pantelant de désir, sa femelle jusque dans les sables brûlants de l'Afrique. Les noires baleines bondirent de joie et de volupté au milieu des glaces flottantes des pôles; les cétacées prirent naissance où expiraient les végétaux, et ces colosses de la vie s'embrasèrent des feux de l'amour dans les régions de la mort.

O. soleil! est-ce de toi que sont sortis tant d'attractions, de couleurs, de formes, de mouvements, de passions si diverses en particulier, et si concordantes dans leur ensemble? Est-ce dans ton sein qu'elles rentrent tour-à-tour? Es-tu le créateur de ces mondes divers qui tournent autour de toi, que tu meus et que tu réchauffes? Non, tu n'es toi-même qu'une petite étoile de la constellation de la terre; qu'un de ces astres lumineux et innombrables que nous découvrent les nuits, un de ces palais célestes où le Dieu de l'univers a renfermé les moindres de ses trésors. Ah! si l'homme a l'empire de cette terre, que tu éclaires, prête-toi à mes désirs. Je ne demande point que tu m'entr'ouvres, comme à Herschell, ton atmosphère ondoyante, pour me découvrir tes montagnes et tes vallons : je n'ai pour télescope que des yeux affaiblis par soixante-quatre hivers. Le plus petit de tes rayons me suffit; laisse-moi suivre ses traces fugitives dans la puissance animale; permets à mon ame de s'y ranimer elle-même comme à un jet de l'immortalité; qu'elle s'y baigne, et s'y plonge, comme l'insecte humide, qui sort de terre, sèche à ta lumière ses ailes irisées. Puisse mon ame y secouer de même toutes les sollicitudes de cette mort vivante que nous appelons la vie, jusqu'à ce qu'elle s'élève dans l'océan immense de ta lumière, et se réunisse à tes heureux habitants !

Pourquoi, me dira-t-on, étendez-vous vos idées vers un passé et un avenir qui vous sont également inconnus? Contentez-vous du présent, que vous connaissez à peine. Oui; si je pouvais m'en contenter. Mais qui peut avoir des pensées bornées dans un monde aussi vaste, un cœur insensible au milieu des maux de la terre et des bienfaits du ciel, et le sentiment du néant dans une ame immortelle ? L'insecte même porte ses inquiétudes au-delà de son horizon et de sa vie.

Au printemps, il bourdonne de reconnaissance au sein des fleurs; il dépose ses œufs dans leur ovaire, et donne à ses petits un fruit pour berceau. Il étend sa prévoyance paternelle à un hiver qu'il n'a pas vu et qu'il ne doit point voir. Son instinct passe de génération en génération dans sa postérité, et se perpétue d'avenir en avenir; ainsi il renferme en lui-même le sentiment de l'immortalité. Et moi qui suis un homme, pourquoi ne déposerais-je pas dans les fruits de mon expérience et de celle de mes semblables, le bonheur de mes enfants? Ces feuilles, aussi légères que celles des végétaux, formeront peut-être un jour leur seul patrimoine : heureux encore s'ils n'en sont pas privés, comme leur père, par les insectes dévorants de la cupidité et de l'envie!

Le présent atteste ce qui a été et ce qui sera. La terre se présente encore à nous comme elle parut aux premiers temps du monde, montrant sur un de ses hémisphères les sombres tableaux de la nuit, de l'hiver et de la mort; tandis que l'hémisphère opposé développe toutes les harmonies du jour, du printemps et de la vie. Le pôle austral, en s'éloignant du soleil, se surcharge de glaces de nuit en nuit; son atmosphère, remplie des vapeurs de l'Océan qui l'environne, se décharge en neiges épaisses sur sa vaste coupole glaciale, dont le centre s'élève à une hauteur que l'œil de l'homme n'a jamais vue. Les bords en sont encore si exhaussés, même au milieu de l'été austral, que Cook, qui les vit alors à près de cinq cents lieues de distance du pôle, les compare aux plus hauts promontoires. Ces glaces s'élèvent au-dessus des nues, comme des monts de cristal entassés les uns sur les autres. Dans leur hiver, elles s'étendent à plusieurs centaines de lieues au-delà; et dans leur été, leurs débris, semblables à de grandes îles flottantes, descendent jusqu'au quarante-deuxième degré de latitude, en conservant encore plus de cent pieds d'élévation au-dessus de la mer. Mais dans leur hiver elles sont immobiles. L'Océan se congèle tout autour en vastes plaines, d'où sortent d'épais tourbillons de fumée. Des neiges immenses couvrent au loin les terres qu'il baignait de ses flots, les îles désolées de la Chandeleur, les écueils de la Terre-de-Feu, les roches du cap Horn. Elles s'étendent en longues zones sur les crêtes pyramidales des Cordilières, jusqu'au sein de l'Amérique méridionale, où elles résistent à toutes les ardeurs du tropique. Quel être sensible pourrait habiter, dans l'absence du soleil, ces terres polaires australes, où l'été même glace les durs Européens, comme l'éprouvèrent par leur mort deux infortunés de l'équipage du voyageur Banks? Les pétrels et les manchots doivent fuir maintenant ces mers concrètes et ces terres pétrifiées. Aucun vaisseau n'a osé, jusqu'à présent, voguer dans leur hiver sous un ciel voilé d'une nuit profonde, et éclairé seulement de la pâle lueur des étoiles, de la lune, et de la flamme cérulée des aurores boréales. Peut-être la bonne nature a-t-elle employé quelques autres compensations dans ces affreux climats. Les courants attiédis de l'océan torridien, qui se portent à présent vers le pôle austral, doivent tempérer son atmosphère. L'arbre de Winsther, avec tous les parfums des aromates, et revêtu d'un feuillage toujours vert, ombrage les vallons du cap Horn. L'hiver doit être doux pour celui à qui l'été est rude; ainsi, sans doute, la mort a des douceurs pour celui qui fut accablé des rigueurs de la vie.

Mais si le pôle sud est, dans notre mois de mai, le tombeau de la nature, le pôle nord en est le berceau. Le soleil, au milieu de sa course torridienne, vogue jour et nuit autour de la coupole de glace qui couronne notre hémisphère; il en couvre les sommets de ses teintes d'or et de pourpre. Les vents du midi accourent du sein brûlant du Zara, et viennent en démolir les énormes voussoirs. Les flots attiédis et agités des mers septentrionales en battent les contours, et y creusent de toutes parts des voûtes profondes. D'immenses rochers de glaces, supportés par de trop faibles piédestaux, se détachent tout-à-coup de ses flancs, mille fois plus volumineux que ces avalanches qui se précipitent des glaciers des Alpes dans leurs vallées profondes, en renversant les villages et les forêts. Ils roulent dans l'Océan avec les bruits des tonnerres et des volcans; ils entraînent avec eux les masses de granit, les bases des montagnes qui leur servaient d'appui, et en dispersent les débris sur les rivages des mers. Emportés par les courants du pôle, ils vont achever de se fondre dans les latitudes plus tempérées. Quelques-uns, comme ceux que rencontra le navigateur Ellis, ont trois cents toises d'élévation au-dessus des flots, et plus d'une lieue de circonférence. Des fleuves tombent en cataractes de leurs sommets. Il est tel de ces réservoirs flottants de l'Océan, qui y verse plus d'eaux que le Rhin et le Danube à-la-fois n'en apportent dans son sein. Ils sont entourés d'un champ mobile de glaces brisées, de plus de deux cents lieues de longueur et de cinquante de largeur, comme celui qui s'opposa aux dernières tentatives de l'intrépide Cook. Quelquefois ces glaces se resserrent, se congèlent, et servent de pont au détroit du Nord, qui sépare l'Asie de l'Amérique. Quelquefois elles s'entassent en glissant les unes sur les autres. Elles forment alors de leurs cristaux mille édifices fantastiques, des obélisques, des arcades, des temples gothiques, des palais chinois, tout éclatants du bleu du saphir, et du vert de l'émeraude. Cependant l'Océan, comme un fleuve immense qui coule en mille torrents des sources du Nord, les entraîne vers le Midi. Il circule autour du globe, et va porter la fraîcheur de la zone boréale aux zones torridiennes, et la chaleur des torridiennes aux extrémités de la zone australe. Les dernières îles du Nord apparaissent au sein des mers septentrionales. Vogelsang, Cloven, Clif, Hackluyt, lèvent leurs têtes noires et humides du milieu des flots mugissants. La terre présente au soleil toutes les mamelles et tous les enfants de notre hémisphère. Le père du jour, pour les réchauffer, se reflète dans leurs brumes, en arcs-en-ciel, en anneaux lumineux, en éblouissantes parélies. Les écueils azurés se tapissent, sous les flots, d'algues brunes ; et les rouges granits dans les airs, de mousses et de lichen verdoyants. Des troupeaux de rennes accourent en bramant de joie dans ces prairies nouvelles ; les bouleaux au feuillage d'un vert tendre, et les sombres sapins tout jaunes d'étamines, entourent les grands lacs de la Laponie. Des nuées d'oiseaux aquatiques viennent du Midi faire leurs nids dans les roseaux. D'un autre côté, des légions de poissons descendent du Nord, côtoient nos rivages, et vont frayer dans les fleuves du Midi, ombragés de forêts. La vie animale, diversifiée sous mille formes, est répandue dans tout notre hémisphère, depuis les sables du brûlant Zara, où l'affreux céraste se lève avec sa hideuse femelle, et où la panthère fait entendre la nuit ses amoureux rugissements, jusqu'aux échoueries du Spitzberg, où les chevaux marins aux longs crocs, rangés au soleil par bataillons avec leurs petits, et les ours blancs acharnés, au milieu des glaces flottantes, sur les cadavres des baleines, disputent, la gueule béante, à l'audacieux Européen les dernières limites de l'empire du jour, de la terre et des mers.

Mais c'est sur-tout dans nos climats tempérés que le mois de mai présente les plus douces harmonies de la vie animale. L'aurore, couronnée de roses, entr'ouvre dans les cieux les portes de l'Orient, et annonce aux êtres sensibles le matin du jour et de l'année. Le zéphyr se lève au sein des mers, fait ondoyer leurs flots azurés, les myrtes de leurs rivages, les fleurs des prairies, et les primeurs étincelantes de rosée. Des légions d'insectes, revêtus de robes brillantes, soulèvent les mottes de leurs souterrains, et, réjouis de voir la lumière, se répandent, en bourdonnant de joie, sur les plantes qui leur sont destinées. Les collines retentissent du bêlement des brebis, et les vallées profondes du mugissement des bœufs. Sur les lisières des bois, le bouvreuil, caché dans l'épine blanche, charme, par son doux ramage, sa compagne dans son nid, tandis que l'alouette matinale contemplant la sienne du haut des airs, fait retentir les bocages de ses chants d'allégresse. Le soleil paraît dans toute sa splendeur, et chaque degré de l'arc qu'il parcourt dans les cieux, voit éclore de nouvelles vies et de nouvelles amours. On entend dans l'atmosphère, sur les eaux, au sein des rochers, des voix qui appellent et des voix qui leur répondent. La nuit même a ses concerts. Le rossignol, ami de la solitude et du silence, module, à la clarté de la lune, ses chants mélodieux. En vain le jaloux coucou leur oppose son cri monotone ; il ne fait que redoubler, par ce triste contraste, leur harmonie ravissante : le héraut du printemps fait répéter aux échos lointains ses joies, ses peines et ses amours. Tout est animé le jour et la nuit, à la lumière et dans l'ombre. Des chants mélodieux, des bruits confus, de doux murmures, font retentir les mousses, les roseaux, les herbes, les vergers et les forêts.

La puissance végétale ne fut créée que pour la puissance animale. En effet, si la terre ne produisait que des végétaux, ce serait en vain que les fleurs orneraient les prairies de leurs diverses couleurs, et que les fruits suspendus aux vergers exhaleraient au loin leurs parfums. Il n'y aurait point d'yeux pour les voir, d'odorat pour les sentir, de goût pour les savourer ; bientôt le globe entier ne serait couvert que d'herbes flétries et de fruits en dissolution. Les forêts, renversées par la vieillesse, n'offriraient que des végétaux parasites croissant sur les débris de leurs troncs. En vain quelques arbres, sortant du milieu de leurs ruines, s'éleveraient vers les cieux, et brilleraient le matin des feux et des larmes de l'aurore; en vain les vents en balanceraient les cimes décorées de toute la pompe de la végétation : leurs sombres murmures n'annonceraient point, dans le silence des bois, une Providence qui n'aurait fait lever le soleil que sur des êtres insensibles, et qui n'aurait fait résulter du luxe de la vie végétale que l'inertie de la mort. Que dis-je ! les bouleversements mêmes du globe, ses rochers brisés, ses monts entr'ouverts, les plus affreuses secousses des tremblements de terre, ne présenteraient que les ruines de la matière; mais l'ordre dans toutes les parties de la végétation et le désordre dans son ensemble, ses plans à-la-fois ébauchés et imparfaits, montreraient son organisation comme l'ouvrage d'un être doué à-la-fois d'un pouvoir immense et d'une intelligence bornée.

Sans doute l'homme, frappé de ces inconséquences, pourrait craindre que cet être ne vînt à confondre lui-même les lois primitives des éléments; et, tremblant pour sa propre existence, il aimerait mieux admettre pour premier principe un mouvement aveugle et constant dans l'univers, qu'un dieu capricieux dans la nature.

Mais les puissances de la terre ne sont abandonnées ni aux jeux du hasard ni aux lois monotones du mouvement : une sagesse infinie harmonie leurs destins ; elle ne créa les végétaux que pour les besoins des animaux ; elle fit voler les oiseaux dans les airs, nager les poissons dans les eaux, marcher les quadrupèdes sur la terre ; et distribuant leurs tribus innombrables dans tous les sites de la végétation, elle en fit résulter une infinité d'harmonies nouvelles. Les prairies furent pâturées par les quadrupèdes, les algues par les poissons, les fruits des arbres par les oiseaux ; la fourmi essémina les graines des hauts cyprès, et le ver, avec sa tarière, réduisit en poudre les troncs noueux des chênes renversés par les vents.

La puissance animale est d'un ordre bien supérieur à la végétale. Le papillon est plus beau et mieux organisé que la rose. Voyez la reine des fleurs, formée de portions sphériques, teinte de la plus riche des couleurs, contrastée par un feuillage du plus beau vert, et balancée par le zéphyr ; le papillon la surpasse en harmonies de couleurs, de formes et de mouvements. Considérez avec quel art sont composées les quatre ailes dont il vole, la régularité des écailles qui les recouvrent comme des plumes, la variété de leurs teintes brillantes, les six pates, armées de griffes, avec lesquelles il résiste aux vents dans son repos, la trompe roulée dont il pompe sa nourriture au sein des fleurs; les antennes, organes exquis du toucher, qui couronnent sa tête; et le réseau admirable d'yeux dont elle est entourée au nombre de plus de douze mille. Mais ce qui le rend bien supérieur à la rose, il a, outre la beauté des formes, les facultés de voir, d'ouïr, d'odorer, de savourer, de sentir, de se mouvoir, de vouloir, enfin une ame douée de passions et d'intelligence. C'est pour le nourrir que la rose entr'ouvre les glandes nectarées de son sein; c'est pour en protéger les œufs, collés comme un bracelet autour de ses branches, qu'elle est entourée d'épines. La rose ne voit ni n'entend l'enfant qui accourt pour la cueillir; mais le papillon, posé sur elle, échappe à la main prête à le saisir, s'élève dans les airs, s'abaisse, s'éloigne, se rapproche, et, après s'être joué du chasseur, il prend sa volée, et va chercher sur d'autres fleurs une retraite plus tranquille.

Ici le philosophe m'arrête : L'Être tout-puissant, dit-il, est sans doute infiniment intelligent; mais il n'est pas bon, puisqu'il a livré à l'inquiétude et à la mort un être innocent et sensible.

La mort est une suite nécessaire des générations de la vie. Si le papillon ne mourait pas, s'il vivait seulement la vie d'un homme, la terre ne suffirait pas à sa postérité; mais il vit sans craindre la mort, et il meurt sans regretter la vie; il voltige çà et là sans se soucier de l'embuscade perfide de l'araignée, ni du vol infatigable de l'hirondelle, qui l'engloutit quelquefois tout entier. Peu lui importe pour lui-même l'avenir avec ses perspectives de terreur ou de gloire. Il ne s'inquiète point si un naturaliste barbare le clouera tout vivant avec une épingle sous un cristal où il sera rongé des mites, ou si la bonne nature, attendant la fin de sa carrière, destinera son brillant squelette à l'immortalité, en versant sur lui une larme d'ambre jaune. Quand les Hyades pluvieuses ramènent les frimas et les autans, il ne s'afflige point de la rapidité de ses jours; il confie à la nature le soin de ses enfants, qu'il ne doit jamais voir. Content d'avoir prévu leurs premiers besoins et d'y avoir pourvu, sans s'embarrasser de leur reconnaissance, il meurt satisfait de sa propre destinée. Que pourrait-il désirer désormais sur la terre? Il a vécu sur les fleurs; et il a vu le soleil près d'entrer dans la région des ténèbres; il cherche un peu d'ombre au pied de la plante qu'il a aimée, et, comme cet empereur qui voulut mourir debout, en empereur, se ressouvenant de sa beauté, il se pose sur ses pates, et, les ailes étendues, il expire en papillon. Oh! que le philosophe lui-même serait sage, si, comme le papillon, il vivait et mourait sans autre souci que de parcourir avec la vertu la carrière que la nature lui a tracée!

Nous allons jeter d'abord un coup-d'œil sur les facultés de la puissance animale. Des savants trop accrédités ont pris plaisir à les confondre avec celles des puissances précédentes. A les entendre, il n'existe que des passages et des nuances entre les trois règnes du minéral, du végétal et de l'animal; selon eux, une huître ne diffère de sa coquille que par des modifications; et l'homme, qu'ils rangent parmi les animaux, n'est lui-même qu'une matière organisée, soumise aux simples lois de la physique, dont l'attraction est encore, suivant leur opinion, le seul mobile. Quant aux puissances élémentaires, ils ont omis de les comprendre dans leur système; de sorte que le temple qu'ils ont prétendu élever à la nature, manque à-la-fois de comble et de fondements. Où placeront-ils donc les lois de la morale, qui doivent régir les sociétés humaines, s'ils n'aperçoivent dans l'univers que quelques lois physiques ? Nous verrons, dans le cours de cet ouvrage, les harmonies morales régir les harmonies physiques elles-mêmes, et les réunir dans une vaste sphère autour de l'homme, qui en est le centre et l'objet principal. En attendant, nous commencerons à lever un coin du voile dont le matérialisme a couvert les destinées sublimes du genre humain.

Toutes les puissances de la nature ont un caractère qui leur est propre : leurs facultés, même physiques, vont toujours en croissant et en se multipliant de l'une à l'autre. Je n'entreprendrai point d'analyser leurs principes ; leur nature m'est inconnue : pour les connaître et les distinguer les unes des autres relativement à nos besoins, il suffit de les comparer à leurs effets.

La puissance solaire est sans contredit la première de toutes; peut-être les a-t-elle renfermées dans son sein; peut-être ne sert-elle qu'à leur donner les couleurs, les formes, les mouvements et la vie. Elle me paraît exister par elle-même; c'est une puissance céleste qui n'a pas besoin de celles de la terre, comme celles-ci ont besoin d'elle. Je conçois aisément un soleil sans terre, mais non une terre sans soleil ; je ne peux même me former une idée des propriétés de l'astre du jour, qu'en les rapportant à celles qu'il communique aux autres puissances; et celles-ci ne peuvent être caractérisées qu'en les combinant avec l'action du soleil. C'est par leur harmonie avec lui que je vois chacune d'elles se distinguer des autres, et croître en facultés, depuis la puissance aérienne jusqu'à la puissance humaine. C'est aussi par les sens en rapport avec les qualités, que l'homme en assigne les différences.

L'air paraît le plus simple des éléments de notre globe. Si nous étions ensevelis dans une nuit profonde, nous le respirerions sans connaître aucune de ses qualités : mais le soleil vient-il à se lever? l'atmosphère se dilate, le vent souffle, et je juge par l'action de l'astre du jour que l'air est transparent, fluide, et susceptible de compression et de dilatation. C'est à-peu-près tout ce que j'en sais. Quelques naturalistes ajoutent qu'il est composé de parties branchues et rameuses; je serais plutôt porté à croire que ses parties intrinsèques sont rayonnantes autour du centre, à en juger par la figure de la neige et de l'eau qui se gèle, exposée à son action, si toutefois les formes rayonnantes n'appartiennent pas aux principes de l'eau.

L'eau a des qualités plus étendues que l'air. Sa nature est d'être solide ou glacée. C'est le soleil qui la rend fluide. L'absence du soleil n'a jamais changé l'air en rocher, en le rendant à ses principes. Le soleil, en échauffant l'eau, non-seulement la fait fondre, mais il la réduit en vapeurs par la médiation de l'air. Il décompose ses rayons en mille couleurs sur cette eau évaporée, comme on le voit dans l'arc-en-ciel qui apparaît dans les nuages pluvieux, et dans ceux de l'aurore et du couchant.

La terre réunit en elle les qualités de l'air et de l'eau, et elle y en joint d'autres qui lui sont propres. Réduite en poussière, elle se volatilise et devient susceptible de dilatation et de compression. Elle est transparente comme la glace dans ses cristaux; elle décompose, dans cet état, les rayons du soleil, et se liquéfie comme l'eau par la réunion des feux de cet astre dans le miroir ardent. Elle renferme dans son sein une multitude de fossiles opaques, dont les couleurs et les formes sont d'une variété infinie. On y distingue sur-tout les métaux, remarquables par leur pesanteur, leur électricité, leurs attractions, leur dureté, leur ductilité et leur éclat. Quelques-uns, comme l'or et l'argent, ont un peu de l'éclat du soleil et de la lune, dont ils portent les noms; ils semblent devoir leur origine à ces deux astres. L'or, sur-tout, paraît aussi ductile que la lumière, comme on le voit par les feuilles et les fils qu'on en tire à l'infini; il est inaltérable comme elle. Harmonié, dans l'expérience du galvanisme, avec l'argent ou d'autres métaux, il produit dans les nerfs des animaux, même après leur mort, des effets électriques, comme en produisent sur eux, pendant leur vie, les rayons combinés du soleil et de la lune, ou des autres planètes. On ne le trouve guère que dans la zone torride, que le soleil pénètre de sa plus grande influence; enfin, par sa pesanteur, qui surpasse de beaucoup celle de tous les autres métaux, il présente sur la terre une nouvelle analogie avec l'astre qui occupe dans les cieux le centre du système planétaire.

FIN DU TOME SECOND DES HARMONIES.

TABLE DES HARMONIES

CONTENUES DANS CE VOLUME.

SUITE DU LIVRE II.

HARMONIES AÉRIENNES DES ANIMAUX............ page 1
   Art de guérir chez les Japonais................ 2
   Observation ingénieuse sur la dissolution des végétaux et des êtres organisés................ 3
   Découverte de Bazin et de Géer.............. 7
   Respiration des poissons.................... 9
   Vessie aérienne des poissons................. 12
   Insectes aériens............................ 13
   La mouche................................ 15
   Variétés infinies du vol des oiseaux........... 19
   Oiseaux de marine......................... 26
   Souvenir de La Peyrouse.................... 28
HARMONIES AÉRIENNES DE L'HOMME ET DES ENFANTS.. 29
   L'air sous la puissance de l'homme........... ibid.
   Virgile cité................................ 30
   Cris d'un enfant nouveau-né................. 33
   Lahire saluait les moulins à vent............. 40
   Pronostic de la lune....................... 42
   Sagesse des plans de la Providence........... 43

LIVRE III.

HARMONIES AQUATIQUES...................... 45
   Invocation aux Naïades..................... ibid.

TABLE

HARMONIES AQUATIQUES DE L'AIR 47
    Origine des couleurs de l'aurore. .... *ibid.*
    Des parélies. 49
    Secret singulier d'un homme de l'Ile-de-France. . . 52
    Observations du peintre Vernet 54
    Fée Morgane. 55
    Aurores boréales. 58
    Harmonies du mois de mai et de l'aurore 63
    Spectacle des nuages sur mer; beau tableau 64
HARMONIES AQUATIQUES DE L'EAU. 68
    Sur l'Océan. 72
HARMONIES AQUATIQUES DE LA TERRE. 80
    Le ruisseau. .... *ibid.*
    L'Océan abandonne ses rivages 85
    Explication nouvelle de la cause des fractures des rochers. 87
    Les Mille et une Nuits citées. 98
    Rochers de la Finlande. 103
    Les pôles du globe changent avec le centre de gravité de la terre. 106
    Océan souterrain. 107
    Tremblement de terre observé par le P. Kircher. . . 109
    Comparaison du monde et d'une serinette 114
    Naissance du monde 116
HARMONIES AQUATIQUES DES VÉGÉTAUX. 119
    Quatre océans : l'aérien, le glacial, l'aquatique et le souterrain .... *ibid.*
    Océan végétal. .... *ibid.*
    Rapports des végétaux avec les eaux. 122
    Anatomie du bois 127
    Sur les feuilles. 129
    Sur les mousses 131
    Plantes qui fleurissent sur le bord des eaux. ... 134

DES HARMONIES. 441

Plantes de la mer.................. 135
Le fucus giganteus.................. 137
Influence de la lune sur les poissons et les plantes
   marines...................... 141
Réfutation d'une expérience de Bouguer....... *ibid.*
Tableaux et harmonies des plantes marines...... 145
Bords de l'Océan................... 148

HARMONIES AQUATIQUES DES ANIMAUX......... 151
Anatomie comparée des animaux et des poissons... *ibid.*
Sur les insectes................... 155
Observations nouvelles sur l'œstrum......... 158
Insecte qui renaît après plusieurs années de mort.. *ibid.*
Animalcules..................... 160
Harmonies des animaux avec les eaux........ 164
Mécanisme du nager des animaux très-varié..... *ibid.*
Des amphibies................... 166
Formes des poissons................ 168
Poisson qui brûle comme un charbon ardent..... 178
Araignée aquatique................. 180

HARMONIES AQUATIQUES DE L'HOMME.......... 184
Winckelman réfuté................. 186
Inventions de l'homme............... 190
Voyage singulier le long des rivages de la mer, à la
   manière des sauvages.............. 194

HARMONIES AQUATIQUES DES ENFANTS, OU HISTOIRE
D'UN RUISSEAU.................... 197
Explication de la réfraction............ 200
Harmonies des reflets............... 201
L'oculus mundi................... 203

LIVRE IV.

HARMONIES TERRESTRES................. 216
Invocation à Cybèle................ 217

TABLE

Raisonnement d'une fourmi sur le Panthéon. 219
DES MONTAGNES 222
Divisions nouvelles des montagnes. 223
HARMONIES TERRESTRES DU SOLEIL ET DE LA LUNE . . . 225
Des montagnes à parasol, destinées à garantir les végétaux et les animaux des rayons du soleil . . . . *ibid.*
Aventure du botaniste Commerçon 226
Montagnes d'Éthiopie. 227
Montagnes à réverbères, ou qui réfléchissent le soleil. 234
Harmonies des montagnes à réverbères; elles sont toutes situées dans les pays froids 235
Sur Maupertuis. 239
Tableau du Spitzberg 243
Montagnes qui exhalent de doux parfums 245
Montagnes hyémales, ou dont le sommet est toujours couvert de glaces. 249
Montagnes volcaniques. 254
Beaux vers de Virgile sur les volcans. 257
Phénomène inexplicable de la larme batavique . . . 262
Oiseau singulier qui habite les volcans. 264
HARMONIES TERRESTRES DE L'AIR 270
Montagnes qui ont des harmonies avec l'air . . . . *ibid.*
Montagnes anti-éoliennes . . . . *ibid.*
Montagnes qui produisent du vent. 273
Explication de la cause des vents diurnes de mer, et nocturnes de terre. 274
Harmonies des plantes, des montagnes et des vents. 285
Les montagnes éoliennes. 286
Cheminées à vent des Perses. 290
HARMONIES TERRESTRES DE L'EAU. 291
Montagnes hydrauliques 292
Sur une caverne de l'Ile-de-France. 302
Audace singulière d'un homme de l'Ile-de-France. . 308

DES HARMONIES. 443

Montagnes en amphithéâtre. 309
Le bouquetin des Alpes 314
Montagnes littorales maritimes. 317
Origine de la ville de Dunkerque 319
Anecdote sur l'ingénieur Lamandé. 320
Montagnes littorales maritimes saxatiles 322
L'Océan est le berceau et le tombeau de la terre. . . 326
Falaises de Normandie. 328

HARMONIES TERRESTRES DE LA TERRE. 332
Grandes chaînes de montagnes. . . . . *ibid.*
L'attraction seule a suffi pour organiser la terre telle
qu'elle est aujourd'hui 336
Éloge des montagnes. 344

HARMONIES TERRESTRES DES VÉGÉTAUX. 347
Couche végétale de la terre . . . . *ibid.*
Sur les racines des végétaux 351
Sur les mousses. 352
Aspect d'une forêt. 360

HARMONIES TERRESTRES DES ANIMAUX. 363
Force de progression des animaux . . . . *ibid.*
Mouvement de l'éléphant. 367
Taille diverse des animaux en harmonie avec les con-
trées chaudes ou tempérées 368
Mouvements variés des oiseaux. 371
Mouvements des coquillages. 374
Mouvements des quadrupèdes 378
Mouvements des insectes. 381
Utilité des insectes et des animaux qui creusent la
terre. 386
L'hiver et la mort 388

HARMONIES TERRESTRES DE L'HOMME. 390
Invocation . . . . *ibid.*

TABLE DES HARMONIES.

Deux espèces d'ames, l'ame corporelle et l'ame raisonnable............................ 392
L'ame est un dieu exilé.................. 394
Structure du corps humain; comparaison du corps de l'homme avec la terre................. 396
L'homme est nu, non pour être exposé aux injures de l'air, mais pour montrer sa beauté......... 399
Hommage à la figure humaine.............. 401
Éponine et Sabinus..................... 403
Remarque singulière de Plutarque........... 405
Tombeaux des Chinois................... 407

HARMONIES TERRESTRES DES ENFANTS.......... 409
Invocation aux Zéphyrs, aux Génies, aux Amours.. *ibid.*
Développements de l'enfant................ 410
Premiers préceptes de l'éducation des enfants..... 413
La vie des enfants est comme le cours d'un ruisseau. 417

LIVRE V.

HARMONIES ANIMALES...................... 419
Apostrophe au soleil.................... *ibid.*
Tableau de la création du monde............ 420
Inquiétude de la pensée de l'homme.......... 423
Le pôle sud, tombeau de la nature........... 424
Le pôle nord, berceau de la nature........... 426
Peinture du mois de mai.................. 428
Mois de mai dans nos climats.............. 429
La puissance végétale est créée pour la puissance animale............................. 430
Comparaison du papillon et de la rose........ 432
Vie et mort du papillon.................. 433
Coup-d'œil sur les puissances de la nature...... 435

FIN DE LA TABLE DU TOME SECOND DES HARMONIES.